시·도교육청
교육공무직원

인성검사 및 면접

시·도교육청
교육공무직원
인성검사 및 면접시험

개정 4판 1쇄 발행   2024년 01월 26일
개정 5판 1쇄 발행   2025년 02월 03일

편 저 자 | 공무원시험연구소
발 행 처 | (주)서원각
등록번호 | 1999-1A-107호
주　　소 | 경기도 고양시 일산서구 덕산로 88-45(가좌동)
대표번호 | 031-923-2051
팩　　스 | 031-923-3815
교재문의 | 카카오톡 플러스 친구 [서원각]
홈페이지 | goseowon.com

교육공무직원은 교사들이 학생지도에 전념할 수 있도록 보조하는 업무를 담당합니다. 안정적인 직장을 오래 유지할 수 있다는 점에서 많은 인원이 시험에 응시하고 있습니다. 각 시·도 교육청의 필요에 따라 공개경쟁으로 교육공무직원을 채용합니다. 각 채용 시·도 교육청에서 공통적으로 시험을 보는 것은 인성검사와 면접입니다.

인성검사는 교육청이 원하는 인재상으로 적합한가를 평가하는 것이 주요한 목적입니다. 제일 중요한 것은 교육청에서 원하는 인재상을 파악하고, 인성검사에서 어떠한 질문이 원하는 인재상을 물어보는 질문인가를 판단하는 것이 중요합니다. 본서에서는 인성검사 질문지를 평가영역별로 분류하여 수험생이 부족한 시간에 확인해야 하는 200문항이 되는 인성검사에서 실수를 하지 않고 교육청이 원하는 인재상에 맞도록 선택하는 것을 돕고자 하였습니다.

면접은 매우 중요하게 치뤄지는 전형입니다. 최근에 들어서 지원자가 늘어나면서 면접의 난도도 올라갔으며 평정요소별로 나누어 질문을 하고 직종별로 전문지식을 자주 물어봅니다. 이에 대비하여 수험생 여러분이 당황하지 않고 당당하게 면접에 답을 할 수 있도록 다양한 직종의 실제 면접장에서 물어본 질문을 수록하였습니다.

1 인성검사 파트는 실제 교육공무직원 채용시험에서 주요하게 보는 인성검사 유형을 분석하여 어떠한 질문을 하는지 명확하게 파악할 수 있도록 하였습니다.

2 인성검사 질문지를 검사결과를 대략적으로 확인할 수 있도록 하였습니다. 인성검사 질문을 분석하여 시험장에서 수험생 분들이 인성검사에서 질문의 의도를 이해를 돕기 위해 꼼꼼히 정리하였습니다.

3 면접의 기본적인 상식을 수록하였습니다. 또한 평정요소별/직종별로 면접 기출을 수록하여 지원하시는 분야별 면접 기출을 한 눈에 파악이 가능하도록 하였습니다.

4 면접을 준비할 때 알아두면 좋은 상식을 수록하였습니다. 면접장에서 실제 주로 물어보는 전문지식 요점을 수록하였습니다.

5 원활한 면접 준비를 위해서 면접 질문 작성 카드를 수록하였습니다.

6 직무능력검사 준비에도 도움이 될 수 있도록 영역별 간단한 이론을 수록하였습니다.

본서를 통하여 교육공무직원 시험을 다각도로 대비할 수 있기를 바라며 교육공무직원 채용을 꿈꾸는 모든 수험생의 합격을 기원합니다.

Structure

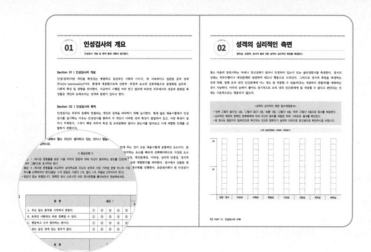

인성검사의 이해

인성검사의 개념, 목적이 무엇인지를 확인할 수 있습니다. 또한 인성검사의 시험유형과 함께 질문의 의도를 파악할 수 있도록 정리하였습니다.

인성검사 테스트

성격의 심리적, 행동적, 의욕적인 측면을 유형별로 질문지를 정리하여 간단하게 테스트 결과를 볼 수 있도록 하였습니다.

면접의 기본

면접을 준비하기 위해서 알아야 하는 상식과 교육공무직원 면접의 평가방법과 관련하여 상세하게 설명하였습니다.

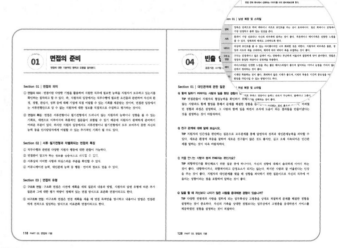

빈출 인성질문 답변 TIP

교육공무직원에서 공통적으로 자주 물어보는 인성질문을 주제별로 분류하여 답변TIP과 함께 수록하였습니다.

평정요소별 면접기출

공통적으로 자주 물어보는 면접질문을 평정요소별로 구분하여 수록하였습니다.

직종별 면접기출

늘봄실무사, 교무행정사, 특수교육실무원 등 교육공무직원에서 채용하는 다양한 직종별로 필요능력, 업무내용, 빈출 면접질문을 수록하였습니다.

면접 전 알아두면 좋은 상식

늘봄학교, 행동강령, 행정·교무 지원, 수업 지원, 급식 지원, 복지 지원, 시설 지원 등 면접장에 들어가기 전에 알아두면 유용한 정보를 분류하여 수록하였습니다. 실제 교육공무직원의 기출을 기반으로 요점만 정리하여 시험장에 들어가기 전에 볼 수 있도록 정리하였습니다.

면접 답변지 카드 수록

면접 질문리스트에 따라서 질문에 답변을 직접 수기로 작성을 해보고 원활하게 암기할 수 있도록 키워드를 작성할 수 있도록 하였습니다.

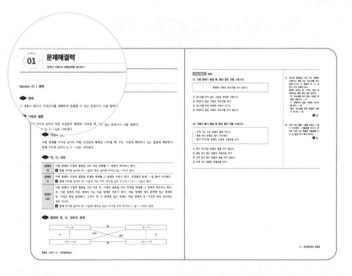

직무능력검사

교육공무직원 필기시험에 포함되는 문제해결력, 수리력, 언어논리력, 이해력, 공간지각력, 관찰탐구력을 요점 이론과 에제문제를 함께 수록하였습니다.

Contents

06 면접 자료

07 직무능력검사

인성검사는 대체로 많은 유형의 문항을 빠른 시간 안에 정확하게 푸는 것이 모든 채용시험에 공통적인 요소이다. 문장을 읽고 빠른 시간 안에 내용을 파악한 후에 나와 일치하는 요소를 빠르게 선택해야하므로 거짓된 요소가 들어가지 않고 빠르게 평가하여 검사하는 것이다. 성실성, 대인관계성, 이타성, 심리적 안정성, 정서적 특징 등 다방면의 인성 및 성격을 검사하면서 회사의 인재상과 적합한지를 파악한다. 검사에서 산출된 점수를 집단 평균 중심으로 구성한 뒤에 표준편차 단위로 표준점수화를 진행한다. 표준점수화가 된 인성검사 점수를 결과에 반영하여 채용기관에서 요구하는 인재가 맞는지 판단하고 합·불을 결정한다.

PART
01

인성검사의
이해

인성검사의 개요

chapter 01

인성검사 개념 및 목적 등에 대해서 알아본다.

Section 01 | 인성검사의 개념

인성(성격)이란 개인을 특징짓는 평범하고 일상적인 사회적 이미지, 즉 지속적이고 일관된 공적 성격 (Public-personality)이다. 환경에 대응함으로써 선천적·후천적 요소의 상호작용으로 결정화된 심리적·사회적 특성 및 경향을 의미한다. 지금까지 시행된 여러 연구 결과에 따르면 직무에서의 성공과 관련된 특성들은 개인의 능력보다는 성격과 관련이 있다고 한다.

Section 02 | 인성검사의 목적

인성검사는 직무의 성패와 연결되는 개인의 성격을 파악하기 위해 실시한다. 현재 많은 채용시험에서 인성검사를 실시하는 이유는 인성검사를 통하여 각 개인이 어떠한 성격 특성이 발달되어 있고, 어떤 특성이 얼마나 부족한지, 그것이 해당 직무의 특성 및 조직문화와 얼마나 맞는지를 알아보고 이에 적합한 인재를 선발하기 위함이다.

Section 03 | 인성검사의 시행

인성검사는 대체로 많은 유형의 문항을 빠른 시간 안에 푸는 것이 모든 채용시험에 공통적인 요소이다. 문장을 읽고 빠른 시간 안에 내용을 파악한 후에 나와 일치하는 요소를 빠르게 선택해야하므로 거짓된 요소가 들어가지 않고 빠르게 평가하여 검사하는 것이다. 성실성, 대인관계성, 이타성, 심리적 안정성, 정서적 특징 등 다방면의 인성 및 성격을 검사하면서 회사의 인재상과 적합한지를 파악한다. 검사에서 산출된 점수를 집단 평균 중심으로 구성한 뒤에 표준편차 단위로 표준점수화를 진행한다. 표준점수화가 된 인성검사 점수를 결과에 반영하여 합·불을 결정한다.

Section 04 | 인성검사에서 성격의 특성

Section 05 | 시·도교육청 교육공무직원 인성검사의 특징

전 직종에서 공통적으로 근면성, 책임감, 사교성, 적극성, 지도력, 준법성, 배려심, 침착성, 감정, 정서 10가지 영역을 중점적으로 확인한다. 난이도 구분은 따로 하지 않는다. 정답이 없는 시험이므로 솔직하게 자신의 생각을 표현하면 된다. 검사지 구성은 진위형(예/아니오), 보기 2가지 선택형, 보기 4가지 선택형, 보기 5가지 선택형으로 나온다. 교육청에서 업무수행에 적합한 인성을 평가할 수 있도록 다양한 문항이 출제되어 인성을 검사한다. 요구하는 인재상에 맞게 유형별로 나오는 질문을 확인하여 그에 맞는 유형을 솔직하게 선택한다.

Section 06 | 인성검사에 임하는 자세

① 솔직하게 있는 그대로 표현한다.

인성검사는 평범한 일상생활 내용들을 다룬 짧은 문장과 어떤 대상이나 일에 대한 선호를 선택하는 문장으로 구성되었으므로 평소에 자신이 생각한 바를 너무 골똘히 생각하지 말고 문제를 보는 순간 떠오른 것을 표현한다.

② 모든 문제를 신속하게 대답한다.

인성검사는 시간제한이 없는 것이 원칙이지만 현실적인 여건상 일정한 시간제한을 두고 있다. 인성검사는 개인의 성격과 자질을 알아보기 위한 검사이기 때문에 정답이 없다. 다만, 채용기관에서 바람직하게 생각하거나 기대되는 결과가 있을 뿐이다. 따라서 신속히 대답하되, 시간에 쫓겨서 대충 대답을 하는 것은 바람직하지 못하다.

③ 일관성 있게 대답한다.

간혹 반복되는 문제들이 출제되기 때문에 일관성 있게 답하지 않으면 감점될 수 있으므로 유의한다. 실제로 인사부 직원의 인터뷰에 따르면 일관성이 없게 대답한 응시자들이 감점을 받아 탈락했다고 공통적으로 대답한다. 거짓된 응답을 하다보면 일관성 없는 결과가 나타날 수 있으므로, 위에서 언급한 대로 신속하고 솔직하게 답해 일관성 있는 응답을 하는 것이 중요하다.

④ 마지막까지 집중해서 검사에 임한다.

장시간 진행되는 검사에 지치지 않고 마지막까지 집중해서 정확히 답할 수 있도록 해야 한다.

성격의 심리적인 측면

침착성, 감정적, 정서적 등에 대한 성격의 심리적인 측면을 측정한다.

평소 마음의 당연시하는 자세나 정신상태가 얼마나 안정되어 있는지 또는 불안정한지를 측정한다. 정서의 상태는 직무수행이나 대인관계와 관련하여 태도나 행동으로 드러난다. 그러므로 정서적 측면을 측정하는 것에 의해, 장래 조직 내의 인간관계에 어느 정도 잘 적응할 수 있을까(또는 적응하지 못할까)를 예측하는 것이 가능하다. 아무리 능력이 좋아도 장기적으로 조직 내의 인간관계에 잘 적응할 수 없다고 판단되는 인재는 기본적으로는 채용되지 않는다.

<성격의 심리적인 측면 점수채점방식>

- '전혀 그렇지 않다'는 1점, '그렇지 않다' 2점, '보통' 3점, '그렇다' 4점, '매우 그렇다' 5점으로 점수를 책정한다.
- 심리적인 측면에 정해진 분류항목에 따라 자신의 점수를 색칠한 뒤에 그래프로 결과를 확인한다.
- 본 검사는 질문지의 일부만으로 확인하는 것으로 정확도가 실제와 다르므로 참고용으로 확인하시길 바랍니다.

나의 심리안정도 그래프 그려보기

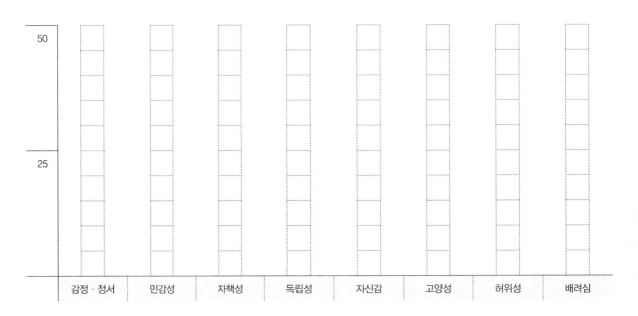

01 감정 · 정서

감정변화가 자주 일어나거나, 생각이나 감정적인 면에서 불안을 느끼는 정도가 어느 정도인지를 측정하는 것이다.

	질 문	전혀 그렇지 않다	그렇지 않다	보통	그렇다	매우 그렇다
1	기분이 쉽게 변한다.	①	②	③	④	⑤
2	타인의 문제를 책임져야 할 것 같은 부담감을 느낀다.	①	②	③	④	⑤
3	의지가 약한 편이라고 생각한다.	①	②	③	④	⑤
4	금방 싫증을 내는 성격이라는 말을 자주 듣는다.	①	②	③	④	⑤
5	한 가지 일을 끝내기 어렵다.	①	②	③	④	⑤
6	힘들다고 생각이 들면 쉽게 그만둔다.	①	②	③	④	⑤
7	실수할까봐 어떤 일을 시작하는 것이 두렵다.	①	②	③	④	⑤
8	충동적으로 필요 없는 물건을 산다.	①	②	③	④	⑤
9	계획대로 일이 성사되지 않으면 초조하다.	①	②	③	④	⑤
10	물건이 선에 맞게 정리가 되어있지 않으면 불안하다.	①	②	③	④	⑤

'매우 그렇다'가 많은 경우	평가유형	감정의 기복이 많은 유형
	면접관의 평가	의지력보다 기분에 따라 행동하기 쉽다.
	면접관의 심리	'감정적인 것에 약하며, 상황에 따라 생산성이 떨어지지 않을까?'
	면접대책	주변 사람들과 항상 협조한다는 것을 강조하고 한결같은 상태로 일할 수 있다는 평가를 받도록 한다.

'전혀 그렇지 않다'가 많은 경우	평가유형	감정의 기복이 적은 유형
	면접관의 평가	감정의 기복이 없고, 안정적이다.
	면접관의 심리	'안정적으로 업무에 임할 수 있다.'
	면접대책	어떠한 일에 감정이나 정서적 스트레스의 변화의 폭이 적은 편으로 보인다. 검사결과처럼 침착하게 대응하며 면접에 임한다.

02 민감성(신경도)

꼼꼼함, 섬세함, 성실함 등의 요소를 통해 일반적으로 신경질적인지 또는 자신의 존재를 위협받는다는 불안을 갖기 쉬운지를 측정한다.

	질 문	전혀 그렇지 않다	그렇지 않다	보통	그렇다	매우 그렇다
1	배려를 자주 하는 편이라고 생각한다.	①	②	③	④	⑤
2	이메일을 수시로 정리한다.	①	②	③	④	⑤
3	실패 후에는 계속 생각이 난다.	①	②	③	④	⑤
4	세세한 것까지 신경을 쓴다.	①	②	③	④	⑤
5	이유 없이 불안할 때가 있다.	①	②	③	④	⑤
6	약속을 지키지 않는 사람을 이해할 수 없다.	①	②	③	④	⑤
7	여행을 할 경우 계획대로 움직이는 것을 좋아한다.	①	②	③	④	⑤
8	핸드폰 알림이 오면 바로바로 처리한다.	①	②	③	④	⑤
9	나에 대한 평판을 중요하게 생각한다.	①	②	③	④	⑤
10	항상 누가 지켜보고 있는 것 같다.	①	②	③	④	⑤

'매우 그렇다'가 많은 경우	평가유형	상처받기 쉬운 유형
	면접관의 평가	사소한 일에 신경 쓰고 다른 사람의 사소한 한마디 말에 상처를 받기 쉽다.
	면접관의 심리	'동료들과 잘 지낼 수 있을까?', '실패할 때마다 위축되지 않을까?'
	면접대책	신경질적이라도 능력을 발휘할 수 있다는 평가를 얻도록 한다. 주변과 충분한 의사소통이 가능하고, 결정한 것을 실행할 수 있다는 것을 보여주어야 한다.

'전혀 그렇지 않다'가 많은 경우	평가유형	정신적으로 안정적인 유형
	면접관의 평가	사소한 일에 신경 쓰지 않고 넘어가거나 빠르게 해결하며, 주위 사람의 말에 과민하게 반응하지 않는다.
	면접관의 심리	'계약할 때 필요한 유형이고, 사고 발생에도 유연하게 대처할 수 있다.'
	면접대책	자신감 있는 모습을 보여준다. 플러스 요소로 작용할 수 있지만 과하게 높은 경우는 꼼꼼하지 않다는 평가를 받을 수 있으므로 업무에 임할 때 꼼꼼하다는 것을 보여준다.

03 **자책성(과민도)**

자신이 한 행동에 대해서 얼마나 과민하게 생각하는지와 함께 자신의 감정과 생각을 비난하거나 책망하는 정도를 측정한다.

	질 문	전혀 그렇지 않다	그렇지 않다	보통	그렇다	매우 그렇다
1	후회하는 일이 많다.	①	②	③	④	⑤
2	자신이 하찮은 존재라 생각된다.	①	②	③	④	⑤
3	문제가 발생하면 자기의 탓이라고 생각한다.	①	②	③	④	⑤
4	무슨 일이든지 끙끙대며 진행하는 경향이 있다.	①	②	③	④	⑤
5	온순한 편이다.	①	②	③	④	⑤
6	항상 실수를 할까봐 두렵다.	①	②	③	④	⑤
7	다른 사람의 주장이 틀려도 반박하지 못한다.	①	②	③	④	⑤
8	나는 다른 사람들이 부럽다.	①	②	③	④	⑤
9	사람이 살아가는 이유에 대해서 생각하곤 한다.	①	②	③	④	⑤
10	상대방이 어떤 생각을 하는지 신경 쓰인다.	①	②	③	④	⑤

'매우 그렇다'가 많은 경우	평가유형	자책하는 유형
	면접관의 평가	비관적이고 후회하는 유형이다.
	면접관의 심리	'끙끙대며 괴로워하고, 일을 진행하지 못할 것 같다.'
	면접대책	기분이 저조해도 항상 의욕을 가지고 임하고 자신의 업무에 대한 책임감이 강하다는 것을 보여준다.

'전혀 그렇지 않다'가 많은 경우	평가유형	낙천적인 유형
	면접관의 평가	기분이 항상 밝은 편이다.
	면접관의 심리	'안정된 대인관계를 맺을 수 있고, 외부의 압력에도 흔들리지 않는다.'
	면접대책	스스로에 대한 자신감이 있고 긍정적인 사람이라는 인상을 준다. 과하게 높은 경우에는 타인의 시선에 무관심하다고 여겨질 수 있다. 타인에 대한 배려심과 이타심이 있다는 것을 보여준다.

04 독립성

어떠한 행동에 따라 주변에 대한 관심과 자신의 견해나 생각이 어느 정도로 속박하는 느낌을 가지고 있는지를 측정한다.

	질 문	전혀 그렇지 않다	그렇지 않다	보통	그렇다	매우 그렇다
1	창의적 사고방식을 가지고 있다.	①	②	③	④	⑤
2	융통성이 있는 편이다.	①	②	③	④	⑤
3	혼자 있는 편이 많은 사람과 있는 것보다 편하다.	①	②	③	④	⑤
4	개성적이라는 말을 듣는다.	①	②	③	④	⑤
5	교제는 번거로운 것이라고 생각하는 경우가 많다.	①	②	③	④	⑤
6	팀 과제보다 개인 과제를 좋아하는 편이다.	①	②	③	④	⑤
7	혼자만의 생각에 빠지곤 한다.	①	②	③	④	⑤
8	시끄러운 것을 참지 못한다.	①	②	③	④	⑤
9	혼자서 여행하는 것을 좋아한다.	①	②	③	④	⑤
10	영화를 볼 때 혼자보는 것이 집중이 더 잘된다.	①	②	③	④	⑤

	평가유형	개인적인 유형
'매우 그렇다'가 많은 경우	면접관의 평가	자기의 관점을 중요하게 생각하는 유형으로, 주위의 상황보다 자신의 느낌과 생각을 중시한다.
	면접관의 심리	'제멋대로 행동하지 않을까?', '단체활동에 회피적이지 않을까?'
	면접대책	주위 사람과 협조하여 일을 진행할 수 있다는 것과 상식에 얽매이지 않는다는 인상을 심어준다.

	평가유형	이타적인 유형
'전혀 그렇지 않다'가 많은 경우	면접관의 평가	상식적으로 행동하고 주변 사람의 시선에 신경을 쓴다.
	면접관의 심리	'다른 직원들과 협조하여 업무를 진행할 수 있겠다.'
	면접대책	협조성이 요구되는 직종에서는 좋은 평가를 받을 수 있다. 과도하게 높게 나오는 경우 의존적인 인상을 줄 수 있으므로 스스로 독립적으로 일을 잘 할 수 있다는 것을 보여준다.

05 자신감(자존심도)

어떠한 행동이나 상황에 따라서 자기 자신에 대해 얼마나 긍정적으로 자신감 있게 평가하는지와 함께 가지고 있는 자존심 정도를 측정한다.

	질 문	전혀 그렇지 않다	그렇지 않다	보통	그렇다	매우 그렇다
1	다른 사람보다 능력이 뛰어나다고 생각한다.	①	②	③	④	⑤
2	반대의견이 있어도 나만의 생각으로 행동할 수 있다.	①	②	③	④	⑤
3	나는 다른 사람보다 기세가 좋은 편이다.	①	②	③	④	⑤
4	동료가 나를 모욕해도 무시할 수 있다.	①	②	③	④	⑤
5	일을 목적한 대로 헤쳐 나아갈 수 있다고 생각한다.	①	②	③	④	⑤
6	다른 사람의 의견은 관심이 없다.	①	②	③	④	⑤
7	리더가 모든 것을 결정 한다면 버티지 못한다.	①	②	③	④	⑤
8	다른 사람 앞에 서는 것을 좋아한다.	①	②	③	④	⑤
9	모임에서 주도적으로 결정을 내리는 편이다.	①	②	③	④	⑤
10	내 의견에 반박을 하면 불쾌하다.	①	②	③	④	⑤

'매우 그렇다'가 많은 경우	평가유형	자신감이 높은 유형
	면접관의 평가	자기 능력이나 외모 등에 자신감이 있고, 비판당하는 것을 좋아하지 않는다.
	면접관의 심리	'자만하여 지시에 잘 따를 수 있을까?'
	면접대책	다른 사람의 조언을 잘 받아들이고, 겸허하게 반성하는 면이 있다는 것을 보여주고, 동료들과 잘 지내며 리더의 자질이 있다는 것을 강조한다.

'전혀 그렇지 않다'가 많은 경우	평가유형	자신감이 낮은 유형
	면접관의 평가	자신감이 없고 다른 사람의 비판에 약하다.
	면접관의 심리	'패기가 부족하지 않을까?', '쉽게 좌절하지 않을까?'
	면접대책	극도의 자신감 부족으로 평가되지는 않는다. 그러나 마음이 약한 면은 있지만 의욕적으로 일을 하겠다는 마음가짐을 보여준다.

06 고양성(분위기에 들뜨는 정도)

어떠한 상황에 따라서 흥분하는 정도와 함께 자유분방함, 명랑함과 같이 감정(기분)의 높고 낮음의 정도를 측정한다.

	질 문	전혀 그렇지 않다	그렇지 않다	보통	그렇다	매우 그렇다
1	기분이 좋으면 침착하지 못한 편이다.	①	②	③	④	⑤
2	다른 사람보다 쉽게 우쭐해진다.	①	②	③	④	⑤
3	모든 사람이 아는 유명인사가 되고 싶다.	①	②	③	④	⑤
4	모임이나 집단에서 분위기를 이끄는 편이다.	①	②	③	④	⑤
5	취미 생활이 꾸준히 지속되지 않는 편이다.	①	②	③	④	⑤
6	즉흥적인 편이다.	①	②	③	④	⑤
7	개성적이라는 소리를 들으면 기분이 좋다.	①	②	③	④	⑤
8	의욕이 넘쳐서 행동을 먼저 하는 편이다.	①	②	③	④	⑤
9	모임에 가면 벽 쪽에 있기보다 중앙으로 나간다.	①	②	③	④	⑤
10	좋아하는 것이 항상 새롭게 생긴다.	①	②	③	④	⑤

	평가유형	고양성이 높은 유형
'매우 그렇다'가 많은 경우	면접관의 평가	자극이나 변화가 있는 일상을 원하고 기분을 들뜨게 하는 사람과 친밀하게 지내는 경향이 강하다.
	면접관의 심리	'일을 진행하는 데 변덕스럽지 않을까?'
	면접대책	밝은 태도는 플러스 평가를 받을 수 있지만, 착실한 업무능력이 요구되는 직종에서는 마이너스 평가가 될 수 있다. 따라서 자기조절이 가능하다는 것을 보여준다.

	평가유형	고양성이 낮은 유형
'전혀 그렇지 않다'가 많은 경우	면접관의 평가	감정이 항상 일정하고, 속을 드러내 보이지 않는다.
	면접관의 심리	'안정적인 업무 태도를 기대할 수 있겠다.'
	면접대책	'고양성'의 낮음은 대체로 플러스 평가를 받을 수 있다. 그러나 '무엇을 생각하고 있는지 모르겠다' 등의 평을 듣지 않도록 주의한다.

07 허위성(진위성)

필요 이상으로 자기를 좋게 보이려 하거나 원하는 '이상형'에 맞춘 대답을 하고 있는 것은 아닌지 과하게 긍정적인 요소만 강조하려는 선택지는 없는지를 측정한다.

	질 문	전혀 그렇지 않다	그렇지 않다	보통	그렇다	매우 그렇다
1	약속을 깨뜨린 적이 단 한 번도 없다.	①	②	③	④	⑤
2	다른 사람을 부럽다고 생각해 본 적이 없다.	①	②	③	④	⑤
3	꾸지람을 들은 적이 없다.	①	②	③	④	⑤
4	사람을 미워한 적이 없다.	①	②	③	④	⑤
5	화를 낸 적이 한 번도 없다.	①	②	③	④	⑤
6	거짓말을 해 본 적이 없다.	①	②	③	④	⑤
7	지위가 높은 사람 앞에 있어도 긴장을 하지 않는다.	①	②	③	④	⑤
8	살아가면서 힘든 일을 겪어보지 않았다.	①	②	③	④	⑤
9	모든 일은 내가 원하는 대로 해결되었다.	①	②	③	④	⑤
10	모든 사람들이 나를 좋아한다.	①	②	③	④	⑤

	평가유형	진위성이 낮은 유형
'매우 그렇다'가 많은 경우	면접관의 평가	실제의 자기와는 다른, 말하자면 원칙으로 해답할 가능성이 있다.
	면접관의 심리	'거짓을 말하고 있다.'
	면접대책	거짓말을 하려는 마음이 없어도 결과적으로는 정직하게 답하지 않는다는 것이 되어 좋게 보이려고 하는 '거짓말쟁이'로 평가될 수 있다. 모든 질문에 솔직하게 답하되 자기 자신과 너무 동떨어진 이미지로 답하면 면접에서 '허위성' 질문에서 모순된 답변을 하게 된다. 겉치레를 하거나 무리한 욕심을 부리지 말고 성장한 자신을 표현하는 정도가 적당하다.

	평가유형	진위성이 높은 유형
'전혀 그렇지 않다'가 많은 경우	면접관의 평가	냉정하고 정직하며, 외부의 압력과 스트레스에 강한 유형이다. '대쪽 같음'의 이미지가 굳어지지 않도록 주의한다.
	면접관의 심리	'진실성 있게 대답을 하겠다.', '과하게 좋은 사람으로 보이려고 하지 않을까?'
	면접대책	있는 그대로의 솔직한 답변을 한다.

08 배려심

타인에게 지나치게 양보를 한다거나 내 자신을 먼저 챙기지 않고 과하게 긍정적으로 선택하려고 해서 진위성이 의심받을 수 있으므로 나와 비슷한 요소를 솔직하게 측정한다.

	질 문	전혀 그렇지 않다	그렇지 않다	보통	그렇다	매우 그렇다
1	내가 해야 할 일을 끝나면 다른 사람을 돕는다.	①	②	③	④	⑤
2	키오스크에서 헤매는 어르신을 보면 방법을 직접 알려준다.	①	②	③	④	⑤
3	중요한 약속을 가는 길에 곤경에 처한 사람을 보면 돕는다.	①	②	③	④	⑤
4	내가 힘들더라도 타인이 편안해하면 기분이 좋다.	①	②	③	④	⑤
5	좁은 길에서는 타인이 먼저 지나가도록 양보하는 편이다.	①	②	③	④	⑤
6	함께 하면 금방 끝날 일이라면 퇴근시간에도 기꺼이 돕는다.	①	②	③	④	⑤
7	봉사나 기부를 하면 뿌듯하다.	①	②	③	④	⑤
8	인도에서 경로를 방해하는 쓰레기를 발견하면 치운다.	①	②	③	④	⑤
9	과자를 살 때에는 동료에게 줄 것도 생각하며 산다.	①	②	③	④	⑤
10	난감해하는 동료를 보면 도움을 준다.	①	②	③	④	⑤

	평가유형	배려심이 많은 유형
'매우 그렇다'가 많은 경우	면접관의 평가	타인에 대해 관심 많고 공감능력이 있다.
	면접관의 심리	'지나치게 타인을 위하다가 쉽게 지치지 않을까?', '타인 때문에 자신이 해야 할 일을 못하는 것은 아닐까?'
	면접대책	자기 자신을 잘 챙기면서 타인을 배려하는 모습을 보여준다. 또한 사람에 대한 공감능력을 강점으로 두면서 단체 활동에 적합한 사람이라는 것을 알린다.

	평가유형	배려심이 적은 유형
'전혀 그렇지 않다'가 많은 경우	면접관의 평가	타인에게 관심이 없고 자기 자신의 목적을 달성하기만을 위한다.
	면접관의 심리	'사람들과 갈등이 생기지는 않을까?', '민원인과 소통이 원활할까?'
	면접대책	타인에게 적절한 정도의 관심을 보여주는 인상을 보여준다. 소통능력과 타인에 대한 이해도가 높다는 것을 알 수 있도록 봉사나 선의로 누군가를 도왔던 경험을 말한다.

성격의 행동적인 측면

chapter 03

성격의 행동적인 측면은 행동으로 드러나기 쉬운 성격을 측정한다.

사람의 행동 특징 자체에는 선도 악도 없으나, 일반적으로는 일의 내용에 의해 원하는 행동이 있다. 때문에 행동적 측면은 주로 직종과 깊은 관계가 있는데 자신의 행동 특성을 살려 적합한 직종을 선택한다면 플러스가 될 수 있다. 행동 특성에서 보이는 특징은 면접장면에서도 드러나기 쉬운데 본서의 모의 테스트의 결과를 참고하여 자신의 태도, 행동이 면접관의 시선에 어떻게 비치는지를 점검하도록 한다.

<성격의 행동적인 측면 점수채점방식>

• 'A'는 0점, 'B' 5점으로 점수를 책정한다.
• 행동적인 측면의 정해진 분류항목에 따라 자신의 점수를 색칠한 뒤에 그래프로 결과를 확인한다.
• 본 검사는 질문지의 일부만으로 확인하는 것으로 정확도가 실제와 다르므로 참고용으로 확인하시길 바랍니다.

나의 행동적인 측면 그래프 그려보기

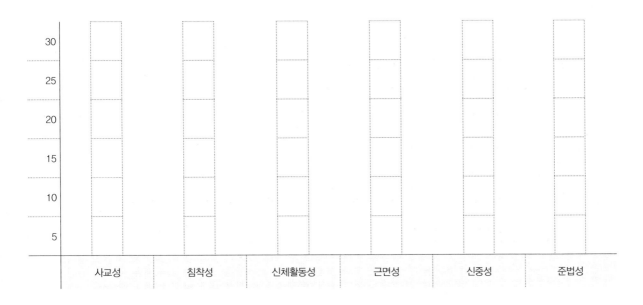

01 사교성

대인관계에서 나타나는 행동경향으로 사교적인지 낮을 가리는지를 측정한다.

	질 문	A	B
1	A : 파티에서는 사람을 소개받는 편이다. B : 파티에서는 사람을 소개하는 편이다.		
2	A : 처음 보는 사람과는 어색하게 시간을 보내는 편이다. B : 처음 보는 사람과는 즐거운 시간을 보내는 편이다.		
3	A : 자신의 의견을 말하는 경우가 적다. B : 자신의 의견을 말하는 경우가 많다.		
4	A : 사교적인 모임에 참석하는 것을 좋아하지 않는다. B : 사교적인 모임에 항상 참석한다.		
5	A : 모임에서 분위기에 따르는 편이다. B : 모임에서 분위기를 이끄는 편이다.		
6	A : 새로운 사람들과 적응하려면 시간이 오래 걸린다. B : 새로운 사람들과 적응하는 시간이 짧다.		

	평가유형	소극적인 유형
'A'가 많은 경우	면접관의 평가	내성적이고 소극적이다. 자신의 의견을 말하지 않고 조심스러운 편이다.
	면접관의 심리	'소극적인데 동료와 잘 지낼 수 있을까?'
	면접대책	대인관계를 맺는 것을 싫어하지 않고 의욕적으로 일을 할 수 있다는 것을 보여준다.

	평가유형	사교적인 유형
'B'가 많은 경우	면접관의 평가	사교적이고 자기의 생각을 명확하게 전달할 수 있다.
	면접관의 심리	'사교적이고 활동적인 것은 좋지만, 자기주장이 너무 강하지 않을까?'
	면접대책	협조성을 보여주고, 자기주장이 너무 강하다는 인상을 주지 않도록 주의한다.

02 **침착성**

자신의 행동과 일에 대해 감정의 기복 없이 침착하게 생각하는 정도를 측정한다.

	질 문	A	B
1	A : 시간이 걸려도 침착하게 생각하는 경우가 많다. B : 짧은 시간에 결정을 하는 경우가 많다.		
2	A : 실패의 원인을 찾고 반성하는 편이다. B : 실패를 해도 크게 개의치 않는다.		
3	A : 결론이 도출되어도 몇 번 정도 생각을 바꾼다. B : 결론이 도출되면 신속하게 행동으로 옮긴다.		
4	A : 여러 가지 생각하는 것이 능숙하다. B : 여러 가지 일을 재빨리 능숙하게 처리하는 데 익숙하다.		
5	A : 여러 가지 측면에서 사물을 검토한다. B : 행동한 후 생각을 한다.		
6	A : 메시지를 보내기 전 다시 확인한다. B : 메시지를 작성하고 바로 보낸다.		

	평가유형	감정의 기복이 많은 유형
'A'가 **많은 경우**	면접관의 평가	행동하기 보다는 생각하는 것을 좋아하고 신중하게 계획을 세워 실행한다.
	면접관의 심리	'행동으로 실천하지 못하고, 대응이 늦은 경향이 있지 않을까?'
	면접대책	직접 발로 뛰면서 활동적으로 일을 할 수 있다는 인상을 준다. 일을 더디게 한다는 인상을 주지 않도록 한다.

	평가유형	감정의 기복이 적은 유형
'B'가 **많은 경우**	면접관의 평가	차분하게 생각하는 것보다 우선 행동하는 유형이다.
	면접관의 심리	'생각하는 것을 싫어하고 경솔한 행동을 하지 않을까?'
	면접대책	계획을 세우고 행동하며 사려깊다는 인상을 남기도록 한다.

03 신체활동성

몸을 움직이는 것을 좋아하는가와 함께 활동성 있는 일을 좋아하는가를 측정한다.

	질 문	A	B
1	A : 민첩하게 활동하는 편이다. B : 준비행동이 없는 편이다.		
2	A : 일을 척척 해치우는 편이다. B : 일을 더디게 처리하는 편이다.		
3	A : 활발하다는 말을 듣는다. B : 얌전하다는 말을 듣는다.		
4	A : 몸을 움직이는 것을 좋아한다. B : 가만히 있는 것을 좋아한다.		
5	A : 스포츠를 하는 것을 즐긴다. B : 스포츠를 보는 것을 좋아하지 않는다.		
6	A : 머리를 쓰는 것보다 몸을 쓰는 활동이 좋다. B : 땀을 흘리는 것보다 가만히 앉아있는 것이 좋다.		

	평가유형	신체활동성이 높은 유형
'A'가 많은 경우	면접관의 평가	활동적이고, 몸을 움직이게 하는 것이 컨디션이 좋다.
	면접관의 심리	'활동적으로 활동력이 좋아 보인다.', '집중력이 부족하진 않을까?'
	면접대책	활동하고 얻은 성과와 주어진 상황의 대응능력을 보여준다. 신중함이 필요한 업무에서는 실수하지 않고 집중해서 하는 일에 적합하게 잘 할 수 있다는 인상을 준다.

	평가유형	신체활동성이 낮은 유형
'B'가 많은 경우	면접관의 평가	침착한 인상으로, 차분하게 있는 타입이다.
	면접관의 심리	'일을 빠르게 처리할 수 있을까?'
	면접대책	먼저 행동하기 보다는 생각을 하고 계획하는 사람으로 '신중함'을 보여준다. 또한 일에 있어서는 빠르게 움직인다는 것을 보여줘야 한다.

04 근면성

무슨 일이든 포기하지 않고 끈기 있게 하려는 정도를 측정한다.

	질 문	A	B
1	A : 일을 하다 어려움에 부딪히면 단념한다. B : 일단 시작한 일은 시간이 걸려도 끝까지 마무리한다.		
2	A : 하기 싫은 일은 하지 않는다. B : 하기 싫더라도 주어진 일은 참고 한다.		
3	A : 금방 싫증을 낸다는 말을 듣는다. B : 인내가 강하다는 말을 듣는다.		
4	A : 재미가 없으면 하지 않는다. B : 재미가 없더라도 익숙해질 때까지 한다.		
5	A : 해결되지 않는 일은 체념하는 것이 좋다고 생각한다. B : 일이 해결될 때까지 어려워도 버텨내는 편이다.		
6	A : 궁금한 점이 있어도 금방 잊는다. B : 궁금한 점이 있으며 해결할 때까지 찾아낸다.		

'A'가 많은 경우	평가유형	끈기가 없는 유형
	면접관의 평가	뒤끝이 없고, 조그만 실패로 일을 포기하기 쉽다.
	면접관의 심리	'쉽게 질리는 경향이 있고, 일을 정확히 끝낼 수 있을까?'
	면접대책	지속적인 노력으로 성공했던 사례를 준비하도록 한다.

'B'가 많은 경우	평가유형	끈기가 있는 유형
	면접관의 평가	시작한 것은 어려움이 있어도 포기하지 않고 인내심이 높다.
	면접관의 심리	'한 가지의 일에 너무 구애되지 않을까?', '업무의 진행이 원활할까?'
	면접대책	인내력이 있는 것은 플러스 평가를 받을 수 있지만 집착이 강해 보일 수 있다.

05 신중성

자신이 처한 주변상황을 즉시 파악하고 자신의 행동이 어떤 영향을 미치는지를 측정한다.

	질 문	A	B
1	A : 여러 가지로 생각하면서 완벽하게 준비하는 편이다. B : 행동할 때부터 임기응변으로 대응을 하는 편이다.		
2	A : 신중해서 타이밍을 놓치는 편이다. B : 준비 부족으로 실패하는 편이다.		
3	A : 자신은 어떤 일에도 신중히 대응하는 편이다. B : 순간적인 충동으로 활동하는 편이다.		
4	A : 시험을 볼 때 시험시간이 끝날 때까지 재검토를 하는 편이다. B : 시험을 볼 때 시간에 딱 맞게 문제를 푸는 편이다.		
5	A : 일에 대해 계획표를 만들어 실행한다. B : 일에 대한 계획표 없이 진행한다.		
6	A : 가방 안에 물건이 잘 있는지 자주 확인한다. B : 물건을 아무 곳에다가 두는 편이다.		

	평가유형	감정의 기복이 많은 유형
'A'가 많은 경우	면접관의 평가	주변 상황에 민감하고, 예측하여 계획 있게 일을 진행한다.
	면접관의 심리	'너무 신중해서 적절한 판단을 할 수 있을까?', '다양한 업무에 불안을 느끼지 않을까?'
	면접대책	예측을 하고 실행을 하는 것은 플러스 평가가 되지만, 너무 신중하면 일의 진행이 정체될 가능성을 보이므로 추진력이 있다는 강한 의욕을 보여준다.

	평가유형	감정의 기복이 적은 유형
'B'가 많은 경우	면접관의 평가	주변 상황을 살펴보지 않고 착실한 계획 없이 일을 진행 시킨다.
	면접관의 심리	'사려 깊지 않고, 실패하는 일이 많지 않을까?', '판단이 빠르고 유연한 사고를 할 수 있을까?'
	면접대책	사전준비를 중요하게 생각하고 있다는 것 등을 보여주고, 경솔한 인상을 주지 않도록 한다. 또한 판단력이 빠르거나 유연한 사고 덕분에 일 처리를 잘 할 수 있다는 것을 강조한다.

06 준법성

법, 규칙, 규율 등과 같이 정해진 것을 잘 지킬 수 있는지 측정한다.

	질 문	A	B
1	A : 차와 사람이 없는 횡단보도에서 신호를 지키지 않는다. B : 차와 사람이 없는 횡단보도에서 신호를 지켜서 횡단보도를 건넌다.		
2	A : 차가 없다면 규정 속도 10km 정도는 넘어도 괜찮다. B : 다른 차가 경적을 울려도 규정 속도를 지킨다.		
3	A : 입장금지 현수막이 있더라도 다른 사람들이 안에 있으면 들어가 본다. B : 입장금지 현수막이 있으면 절대 들어가지 않는다.		
4	A : 친한 사람에게 업무에 대한 이야기를 자주 한다. B : 공직자에게 부정청탁을 하면 해야 하는 대처방법을 알고 있다.		
5	A : 법에 어긋나더라도 관행이라면 상사의 지시를 따른다. B : 상사의 지시가 관행이더라도 법에 어긋나면 건의를 한다.		
6	A : 약속시간에 10분 정도는 늦게 도착해도 괜찮다. B : 펜션에서 내가 사용한 쓰레기는 챙겨 나와서 쓰레기장에 버린다.		

'A'가 많은 경우	평가유형	준법정신이 부족한 유형
	면접관의 평가	자유분방하고 규칙과 규율이 기준에 맞지 않는다면 지키지 않는다.
	면접관의 심리	'회사에서 정한 규칙을 잘 지킬 수 있을까?'
	면접대책	규칙과 규율을 잘 지키기 위해서 노력할 의욕과 정직한 사람임을 보여준다.

'B'가 많은 경우	평가유형	준법정신이 투철한 유형
	면접관의 평가	규칙과 규율을 잘 지킨다.
	면접관의 심리	'융통성 없이 자신이 옳다고 생각하는 의견만 고집하지 않을까?'
	면접대책	정해진 법을 잘 지키지만 자기가 옳다고 생각하는 것만 따르려는 인상을 줄 수도 있다. 다양한 의견을 잘 수용하는 사람이이라는 인식을 보여준다.

성격의 의욕적인 측면

의욕의 정도, 활동력의 유무 등의 성격의 의욕적인 부분을 측정한다.

의욕이란 우리들이 보통 말하고 사용하는 '하려는 의지'와는 뉘앙스가 다르다. '하려는 의지'란 그 때의 환경이나 기분에 따라 변화하는 것이지만, 여기에서는 조금 더 변화하기 어려운 특징, 말하자면 정신적 에너지의 양으로 측정하는 것이다.

의욕적 측면은 행동적 측면과는 다르고, 전반적으로 어느 정도 점수가 높은 쪽을 선호한다. 모의검사의 의욕적 측면의 결과가 낮다면, 평소 일에 몰두할 때 조금 의욕 있는 자세를 가지고 서서히 개선하도록 노력해야 한다.

<성격의 의욕적인 측면 점수채점방식>

- 'A'는 0점, 'B' 5점으로 점수를 책정한다.
- 의욕적인 측면의 정해진 분류항목에 따라 자신의 점수를 색칠한 뒤에 그래프로 결과를 확인한다.
- 본 검사는 질문지의 일부만으로 확인하는 것으로 정확도가 실제와 다르므로 참고용으로 확인하시길 바랍니다.

나의 의욕적인 측면 그래프 그려보기

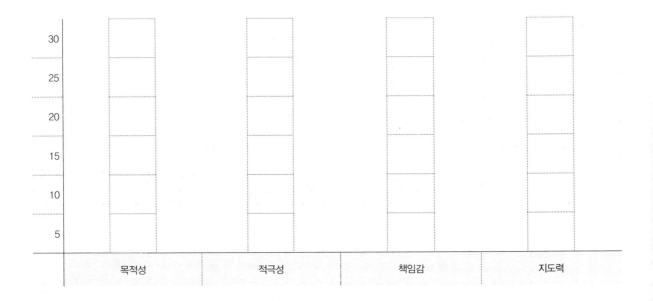

01 목적성

목적의식을 가지고 높은 이상을 가지고 있는지를 측정한다.

	질 문	A	B
1	A : 경쟁심이 강한 편이다. B : 경쟁심이 약한 편이다.		
2	A : 어떤 한 분야에서 1인자가 되고 싶다고 생각한다. B : 어느 분야에서든 성실하게 임무를 진행하고 싶다고 생각한다.		
3	A : 규모가 큰일을 해보고 싶다. B : 맡은 일에 충실히 임하고 싶다.		
4	A : 아무리 노력해도 실패한 것은 아무런 도움이 되지 않는다. B : 가령 실패했을 지라도 나름대로의 노력이 있었으므로 괜찮다.		
5	A : 높은 목표를 설정하여 수행하는 것이 의욕적이다. B : 실현 가능한 정도의 목표를 설정하는 것이 의욕적이다.		
6	A : 결과가 과정보다 중요하다. B : 과정이 있어야 결과가 있다고 생각한다.		

'A'가 많은 경우	평가유형	목적의 달성 의욕이 높은 유형
	면접관의 평가	큰 목표와 높은 이상을 가지고 승부욕이 강한 편이다.
	면접관의 심리	'열심히 일을 해줄 것 같은 유형이다.'
	면접대책	달성의욕이 높다는 것은 어떤 직종이라도 플러스 평가가 된다. 다만 너무 강하게 의견을 제시하는 고집이 느껴지는 인상을 주지 않도록 한다.

'B'가 많은 경우	평가유형	목적의 달성 의욕이 낮은 유형
	면접관의 평가	현재의 생활을 소중하게 여기고 비약적인 발전을 위하여 기를 쓰지 않는다.
	면접관의 심리	'외부의 압력에 약하고, 기획입안 등을 하기 어려울 것이다.'
	면접대책	일을 통하여 하고 싶은 목표에 대한 의지를 표현한다. 목적을 위해 성취하려는 뚜렷한 계획이 있다는 인상을 보여준다.

02 적극성

자신에게 잠재된 에너지의 크기로, 정신적인 측면의 활동력이라 할 수 있다.

	질 문	A	B
1	A : 하고 싶은 일을 실행으로 옮기는 편이다. B : 하고 싶은 일을 좀처럼 실행할 수 없는 편이다.		
2	A : 어려운 문제를 해결해 가는 것이 좋다. B : 어려운 문제를 해결하는 것을 잘하지 못한다.		
3	A : 일반적으로 결단이 빠른 편이다. B : 일반적으로 결단이 느린 편이다.		
4	A : 곤란한 상황에도 도전하는 편이다. B : 사물의 본질을 깊게 관찰하는 편이다.		
5	A : 시원시원하다는 말을 잘 듣는다. B : 꼼꼼하다는 말을 잘 듣는다.		
6	A : 새로운 것을 만나면 도전하고 싶다. B : 새로운 것에 도전하고 싶지 않다.		

'A'가 많은 경우	평가유형	활동의욕이 높은 유형
	면접관의 평가	꾸물거리는 것을 싫어하고 재빠르게 결단해서 행동하는 타입이다.
	면접관의 심리	'일을 처리하는 솜씨가 좋고, 일을 척척 진행할 수 있을 것 같다.'
	면접대책	활동의욕이 높은 것은 플러스가 되므로 사교성과 활동성이 강하다는 것을 보여준다.

'B'가 많은 경우	평가유형	활동의욕이 낮은 유형
	면접관의 평가	안전하고 확실한 방법을 모색하고 차분하게 시간을 아껴서 일하는 타입이다.
	면접관의 심리	'재빨리 행동을 못하고, 일의 처리속도가 느린 것이 아닐까?'
	면접대책	활동성이 있는 것을 좋아하고 움직임이 더디다는 인상을 주지 않도록 한다.

03 **책임감**

주어진 것을 포기하지 않고 끝가지 해내는 지를 측정한다.

	질 문	A	B
1	A : 선약이 해야 하는 일보다 중요하다. B : 주어진 일이 있다면 다른 것은 생각하지 않는다.		
2	A : 하고 싶은 것이 있다면 즉흥적으로 시도한다. B : 하고 싶은 것은 하고 있던 일을 끝내고 한다.		
3	A : 실수를 할까봐 불안하다. B : 실수를 했다면 해결하는 방법을 찾는다.		
4	A : 타인의 비판을 듣는 것보다 직접 공부하는 것이 좋다. B : 타인의 비판을 수용하여 반영한다.		
5	A : 요청하지 않는 이상 동료가 한 실수를 도와주지 않는다. B : 내가 한 잘못이 아니더라도 동료의 실수는 함께 해결한다.		
6	A : 업무량이 많아지면 혼란스럽다. B : 단체가 함께한 일의 결과를 함께 제재를 받는다.		

	평가유형	책임감이 낮은 유형
'A'가 많은 경우	면접관의 평가	책임을 지기보다 제재 없이 일을 하는 것을 좋아한다.
	면접관의 심리	'어려운 업무를 회피하지 않고 해낼 수 있을까?'
	면접대책	어렵더라도 극복해낸 경험을 이야기하면서 쉽게 포기하는 유형은 아님을 보여준다.

	평가유형	책임감이 높은 유형
'B'가 많은 경우	면접관의 평가	목표 지향적이고 주어진 것을 포기하지 않고 인내력이 강하다.
	면접관의 심리	'지나치게 책임지다가 금방 지치지 않을까?', '스트레스가 많지 않을까?'
	면접대책	주어진 업무를 계획적으로 잘 해내고 있으며 정신적으로 스트레스를 잘 관리하는 것을 보여주도록 한다. 주어진 일을 강박적으로 하는 인상을 보여주지 않도록 한다.

06 지도력

타인을 통솔하고 이끌면서 책임지는 것에 재능이 있는지를 측정한다.

	질 문	A	B
1	A : 어려운 일이 있으면 혼자 공부한다. B : 어려운 일이 있을 때에 사람들에게 물어본다.		
2	A : 목표가 있다면 주변을 보지 않는다. B : 뒤처지는 사람이 있으면 기다린다.		
3	A : 나와 의견이 다른 사람과 대화하는 것을 즐기지 않는다. B : 나와 의견이 다른 사람을 이해시키기 위해 노력할 때 열정이 생긴다.		
4	A : 친구들과 있을 때 무엇을 할지 선택을 하지 않는 편이다. B : 친구들과 있을 때 주도적으로 나서서 선택을 한다.		
5	A : 나의 의견을 주장하지 않는다. B : 나의 의견에 사람들이 따라오게 하는 것이 편하다.		
6	A : 다수의 의견에 따라서 행동하는 것이 편하다. B : 사람들이 우왕좌왕할 때 먼저 나서서 상황을 해결하는 편이다.		

'A'가 많은 경우	평가유형	지도력이 낮은 유형
	면접관의 평가	주도적으로 선택하기보다는 따르는 것을 편하게 생각한다.
	면접관의 심리	'선택을 할 때 회피하지 않을까?', '후임이 들어오면 잘 통솔할까?'
	면접대책	다수의 사람을 이끌기는 어렵더라도 가까운 사람들을 잘 챙긴다는 것을 강조한다. 또한 지도력은 부족하더라도 해야 하는 업무를 주도적으로 잘 이행할 수 있음을 보여준다.

'B'가 많은 경우	평가유형	지도력이 높은 유형
	면접관의 평가	사람을 통솔하여 뒤처지는 사람이 없이 잘 이끌어간다.
	면접관의 심리	'지나치게 사교적이라서 일보다 사람을 더 좋아하지 않을까?', '과도하게 주도적으로 행동하여 동료를 불편하게 하지는 않을까?'
	면접대책	높은 지도력으로 업무에 최대한 도움을 줄 수 있다는 인상을 보여준다.

chapter 05 성격의 유형

성격유형의 척도와 함께 그에 따른 특징을 알아본다.

인적성검사 유형의 4가지 척도

정서적인 측면, 행동적인 측면, 의욕적인 측면의 요소들은 성격 특성이라는 관점에서 제시된 것들로 각 개인의 장·단점을 파악하는 데 유용하다. 그러나 전체적인 개인의 인성을 이해하는 데는 한계가 있다.

성격의 유형은 개인의 '성격적인 특색'을 가리키는 것으로, 사회인으로서 적합한지, 아닌지를 말하는 관점과는 관계가 없다. 따라서 채용의 합격 여부에는 사용되지 않는 경우가 많으며, 입사 후의 적정 부서 배치의 자료가 되는 편이라 생각하면 된다. 그러나 채용과 관계가 없다고 해서 아무런 준비도 필요 없는 것은 아니다. 자신을 아는 것은 면접 대책의 밑거름이 되므로 모의검사 결과를 충분히 활용하도록 하여야 한다.

본서에서는 4개의 척도를 사용하여 기본적으로 16개의 패턴으로 성격의 유형을 분류하고 있다. 각 개인의 성격이 어떤 유형인지 재빨리 파악하기 위해 사용되며, '적성'에 맞는지, 맞지 않는지의 관점에 활용된다.

<성격의 유형 점수채점방식>

- 'A'는 0점, 'B' 5점으로 점수를 책정한다.
- 성격의 유형에 정해진 분류항목에 따라 자신의 점수를 계산하고 아래 표에 작성한다.
- 본 검사는 질문지의 일부만으로 확인하는 것으로 정확도가 실제와 다르므로 참고용으로 확인하시길 바랍니다.

나의 성격의 유형 점수 써보기

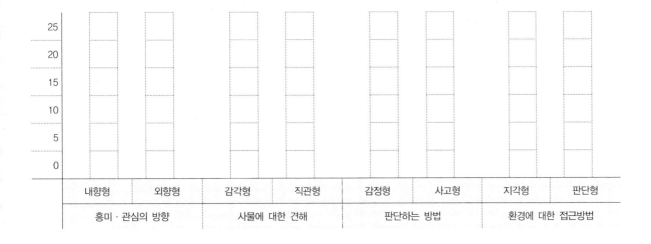

01 흥미 · 관심의 방향

흥미 · 관심의 방향이 자신의 내면에 있는지, 주위환경 등 외면에 향하는 지를 가리키는 척도이다.

	질 문	A	B
1	A : 내성적인 성격인 편이다. B : 개방적인 성격인 편이다.		
2	A : 항상 신중하게 생각을 하는 편이다. B : 바로 행동에 착수하는 편이다.		
3	A : 경험에 의존하는 편이다. B : 경험하지 못한 것은 곧바로 실천하는 편이다.		
4	A : 한 가지 일에 몰두하는 편이다. B : 여러 가지 일을 동시에 처리하는 편이다.		
5	A : 책을 읽으면 혼자 생각하는 편이다. B : 책을 읽으면 다른 사람에게 추천하고 공유한다.		

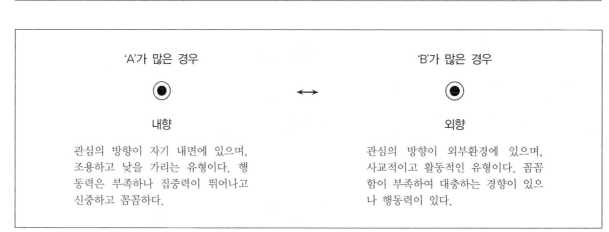

'A'가 많은 경우 ↔ 'B'가 많은 경우

내향

관심의 방향이 자기 내면에 있으며, 조용하고 낯을 가리는 유형이다. 행동력은 부족하나 집중력이 뛰어나고 신중하고 꼼꼼하다.

외향

관심의 방향이 외부환경에 있으며, 사교적이고 활동적인 유형이다. 꼼꼼함이 부족하여 대충하는 경향이 있으나 행동력이 있다.

02 일(사물)을 보는 방법

일(사물)을 보는 법이 직감적으로 형식에 얽매이는지, 감각적으로 상식적인지를 가리키는 척도이다.

	질 문	A	B
1	A : 현실주의적인 편이다. B : 상상력이 풍부한 편이다.		
2	A : 경험에서 가장 적합한 방법으로 선택한다. B : 지금까지 없었던 새로운 방법을 개척하는 것을 좋아한다.		
3	A : 다른 생각을 하느라 무언가 잊은 적은 없다. B : 생각에 잠겨 다른 무언가를 잊은 적이 있다.		
4	A : 상대방이 무엇을 하고 어디에 가는지 궁금하지 않다. B : 상대방이 무엇을 하고 어디에 가는지 궁금하다.		
5	A : 어떤 일이 일어난 결과만 생각한다. B : 어떤 일이 일어난 원인을 찾기 위해 생각한다.		

'A'가 많은 경우   ↔   'B'가 많은 경우

◉   ◉

감각   직관

현실적이고 경험주의적이며 보수적인 유형이다.

새로운 주제를 좋아하며, 독자적인 시각을 가진 유형이다.

03 판단하는 방법

일을 감정적으로 판단하는지, 논리적으로 판단하는지를 가리키는 척도이다.

	질 문	A	B
1	A : 인간관계를 중시하는 편이다. B : 일의 내용을 중시하는 편이다.		
2	A : 결론을 자기의 신념과 감정에서 이끌어내는 편이다. B : 결론을 논리적 사고에 의거하여 내리는 편이다.		
3	A : 다른 사람보다 동정적이고 눈물이 많은 편이다. B : 다른 사람보다 이성적이고 냉정하게 대응하는 편이다.		
4	A : 남의 이야기를 듣고 감정몰입이 빠른 편이다. B : 고민 상담을 받으면 해결책을 제시해주는 편이다.		
5	A : 다른 사람에게 화가 나도 참는다. B : 화가 난 이유를 자세히 설명한다.		

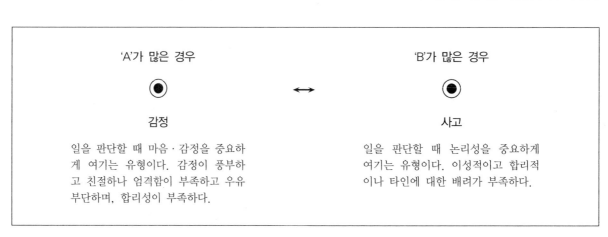

'A'가 많은 경우 ↔ 'B'가 많은 경우

감정

일을 판단할 때 마음·감정을 중요하게 여기는 유형이다. 감정이 풍부하고 친절하나 엄격함이 부족하고 우유부단하며, 합리성이 부족하다.

사고

일을 판단할 때 논리성을 중요하게 여기는 유형이다. 이성적이고 합리적이나 타인에 대한 배려가 부족하다.

04 환경에 대한 접근방법

주변상황에 어떻게 접근하는지, 그 판단기준을 어디에 두는지를 측정한다.

	질 문	A	B
1	A : 사전에 계획을 세우지 않고 행동한다. B : 반드시 계획을 세우고 그것에 의거해서 행동한다.		
2	A : 자유롭게 행동하는 것을 좋아한다. B : 조직적으로 행동하는 것을 좋아한다.		
3	A : 조직성이나 관습에 속박당하지 않는다. B : 조직성이나 관습을 중요하게 여긴다.		
4	A : 계획 없이 낭비가 심한 편이다. B : 예산을 세워 물건을 구입하는 편이다.		
5	A : 목표가 이루어지지 않을 경우 다음을 기약한다. B : 목표가 이루어지지 않으면 불안하다.		

'A'가 많은 경우   ⟷   'B'가 많은 경우

◉   ◉

지각   판단

일의 변화에 융통성을 가지고 유연하게 대응하는 유형이다. 낙관적이며 질서보다는 자유를 좋아하나 임기응변식의 대응으로 무계획적인 인상을 줄 수 있다.

일의 진행 시 계획을 세워서 실행하는 유형이다. 순차적으로 진행하는 일을 좋아하고 끈기가 있으나 변화에 대해 적절하게 대응하지 못하는 경향이 있다.

'PART 02. 인성검사의 실제'에서 제공하는 인성검사 질문지 활용 공부법

1. 인성검사 질문지를 제공된 검사 소요시간에 맞춰서 체크해보세요.

2. 시간에 맞춰서 풀어보신 후에 회독하면서 적절하게 체크를 했는지 검토해보세요. 제시된 문항이 나와 적합하게 맞는지,
   체크한 질문에 스스로 솔직하게 답변을 한 것이 맞는지 체크해보세요.

다량의 질문을 짧은 시간 안에 풀어야 하는 인성검사를 정해진 시간 안에 정확하게 풀어내기 위해서 속독능력과 나에 대해서
정확하게 파악하고 있는 것이 중요합니다. 제공하는 다량의 문제를 풀어보면서 속독능력 향상하기 위한 연습을 해보세요.

PART

02

인성검사의 실제

인성검사의 유형

인성검사에서 시행하는 다양한 유형과 특징과 함께 예시문항에 대해 알아본다.

Section 01 | 복합형 p.042

평소에 자신이 생각하고 1있는 것이나 행동하고 있는 것에 대해 응답하는 유형이다. 주어진 문항에서 응답 Ⅰ은 ①(전혀 그렇지 않다) ~ ⑤(매우 그렇다) 중에서 선택하고 응답 Ⅱ에서는 멀다와 가깝다 중에서 선택한다.

▶ 문항예시

예 시 문 항	응답 Ⅰ					응답 Ⅱ	
						멀다	가깝다
A. 몸을 움직이는 것을 좋아하지 않는다.	①	②	③	④	⑤	○	○
B. 쉽게 질리는 편이다.	①	②	③	④	⑤	○	○
C. 경솔한 편이라고 생각한다.	①	②	③	④	⑤	○	○
D. 인생의 목표는 손이 닿을 정도면 된다.	①	②	③	④	⑤	○	○

Section 02 | 생각일치형 p.052

문제에서 제시된 4개의 질문 중에서 자신의 생각과 일치하거나 자신을 가장 잘 나타내는 질문과 가장 거리가 먼 질문을 고르는 유형이다.

▶ 문항예시

예 시 문 항		가깝다	멀다
1	나는 무엇이든 쉽게 배우는 편이다.		
	나는 대화를 이끌어 나가는 편이다.		
	나는 객관적인 관찰력과 분석력을 갖고 있다.		
	나는 어떠한 일을 하던 끈기 있게 몰두한다.		

Section 03 | 행동일치형 p.061

주어진 질문에서 자신과 가장 가깝다고 생각하는 것은 'ㄱ'에 표시하고, 자신과 가장 멀다고 생각하는 것은 'ㅁ'에 표시하며 검사하는 유형이다.

▶ 문항예시

① 평범하고 평온하게 행복한 인생을 살고 싶다.
② 모험하는 것이 좋다.
③ 특별히 소극적이라고 생각하지 않는다.
④ 이것저것 평하는 것이 싫다.

ㄱ	① ② ③ ④
ㅁ	① ② ③ ④

Section 04 | 진위형 p.064

제시된 질문을 확인하고 괄호 안에 해당사항이 있으면 'YES', 그렇지 않다면 'NO'를 선택하는 유형이다.

▶ 문항예시

YES NO

1. 사람들이 붐비는 도시보다 한적한 시골이 좋다. ·································· (   )(   )

Section 05 | 도형선택형 p.073

제시된 이미지에서 마음에 드는 도형을 선택하는 유형이다. 정답은 없으니 마음에 드는 이미지를 선택하면 된다.

▶ 문항예시

① 　② 　③ 　④ 　⑤

[1 ~ 38] 다음 질문에 대해서 평소 자신이 생각하고 있는 것이나 행동하고 있는 것에 대해 박스에 주어진 응답요령에 따라 답하시오.

< 응답요령 >

• 응답 Ⅰ : 제시된 문항들을 읽은 다음 각각의 문항에 대해 자신이 동의하는 정도를 ①(전혀 그렇지 않다) ~ ⑤(매우 그렇다)로 표시하면 된다.
• 응답 Ⅱ : 제시된 문항들을 비교하여 상대적으로 자신의 성격과 가장 가까운 문항 하나와 가장 거리가 먼 문항 하나를 선택하여야 한다(응답 Ⅱ의 응답은 가깝다 1개, 멀다 1개, 무응답 2개이어야 한다).
• 정답이 없는 유형입니다. 정해진 검사 소요시간 내로 검사문항을 풀어보면서 연습해보세요.

1

문 항	응답 Ⅰ					응답 Ⅱ	
						멀다	가깝다
A. 무슨 일도 좀처럼 시작하지 못한다.	①	②	③	④	⑤	○	○
B. 초면인 사람과도 바로 친해질 수 있다.	①	②	③	④	⑤	○	○
C. 행동하고 나서 생각하는 편이다.	①	②	③	④	⑤	○	○
D. 쉬는 날은 집에 있는 경우가 많다.	①	②	③	④	⑤	○	○

2

문 항	응답 Ⅰ					응답 Ⅱ	
						멀다	가깝다
A. 조금이라도 나쁜 소식은 절망의 시작이라고 생각해 버린다.	①	②	③	④	⑤	○	○
B. 언제나 실패가 걱정이 되어 어쩔 줄 모른다.	①	②	③	④	⑤	○	○
C. 다수결의 의견에 따르는 편이다.	①	②	③	④	⑤	○	○
D. 혼자서 술집에 들어가는 것은 두렵지 않다.	①	②	③	④	⑤	○	○

3

문 항	응답 Ⅰ					응답 Ⅱ	
						멀다	가깝다
A. 승부근성이 강하다.	①	②	③	④	⑤	○	○
B. 자주 흥분해서 침착하지 못하다.	①	②	③	④	⑤	○	○
C. 지금까지 살면서 타인에게 폐를 끼친 적이 없다.	①	②	③	④	⑤	○	○
D. 소곤소곤 이야기하는 것을 보면 내 험담을 하고 있는 것 같다.	①	②	③	④	⑤	○	○

4

문 항	응답 Ⅰ					응답 Ⅱ	
						멀다	가깝다
A. 무엇이든지 자기가 나쁘다고 생각하는 편이다.	①	②	③	④	⑤	○	○
B. 자신을 변덕스러운 사람이라고 생각한다.	①	②	③	④	⑤	○	○
C. 고독을 즐기는 편이다.	①	②	③	④	⑤	○	○
D. 자존심이 강하다고 생각한다.	①	②	③	④	⑤	○	○

5

문 항	응답 Ⅰ					응답 Ⅱ	
						멀다	가깝다
A. 금방 흥분하는 성격이다.	①	②	③	④	⑤	○	○
B. 거짓말을 한 적이 없다.	①	②	③	④	⑤	○	○
C. 신경질적인 편이다.	①	②	③	④	⑤	○	○
D. 끙끙대며 고민하는 타입이다.	①	②	③	④	⑤	○	○

6

문 항	응답 Ⅰ					응답 Ⅱ	
						멀다	가깝다
A. 감정적인 사람이라고 생각한다.	①	②	③	④	⑤	○	○
B. 자신만의 신념을 가지고 있다.	①	②	③	④	⑤	○	○
C. 다른 사람을 바보 같다고 생각한 적이 있다.	①	②	③	④	⑤	○	○
D. 금방 말해버리는 편이다.	①	②	③	④	⑤	○	○

7

문 항	응답 Ⅰ					응답 Ⅱ	
						멀다	가깝다
A. 싫어하는 사람이 없다.	①	②	③	④	⑤	○	○
B. 대재앙이 오지 않을까 항상 걱정을 한다.	①	②	③	④	⑤	○	○
C. 쓸데없는 고생을 하는 일이 많다.	①	②	③	④	⑤	○	○
D. 자주 생각이 바뀌는 편이다.	①	②	③	④	⑤	○	○

8

문 항	응답 Ⅰ					응답 Ⅱ	
						멀다	가깝다
A. 문제해결을 위해 여러 사람과 상의한다.	①	②	③	④	⑤	○	○
B. 내 방식대로 일을 한다.	①	②	③	④	⑤	○	○
C. 영화를 보고 운 적이 많다.	①	②	③	④	⑤	○	○
D. 어떤 것에 대해서도 화낸 적이 없다.	①	②	③	④	⑤	○	○

9

문 항	응답 Ⅰ					응답 Ⅱ	
						멀다	가깝다
A. 사소한 충고에도 걱정을 한다.	①	②	③	④	⑤	○	○
B. 자신은 도움이 안 되는 사람이라고 생각한다.	①	②	③	④	⑤	○	○
C. 금방 싫증을 내는 편이다.	①	②	③	④	⑤	○	○
D. 개성적인 사람이라고 생각한다.	①	②	③	④	⑤	○	○

10

문 항	응답 Ⅰ					응답 Ⅱ	
						멀다	가깝다
A. 자기주장이 강한 편이다.	①	②	③	④	⑤	○	○
B. 뒤숭숭하다는 말을 들은 적이 있다.	①	②	③	④	⑤	○	○
C. 학교를 쉬고 싶다고 생각한 적이 한 번도 없다.	①	②	③	④	⑤	○	○
D. 사람들과 관계 맺는 것을 보면 잘하지 못한다.	①	②	③	④	⑤	○	○

11

문 항	응답 I					응답 II	
						멀다	가깝다
A. 사려 깊은 편이다.	①	②	③	④	⑤	○	○
B. 몸을 움직이는 것을 좋아한다.	①	②	③	④	⑤	○	○
C. 끈기가 있는 편이다.	①	②	③	④	⑤	○	○
D. 신중한 편이라고 생각한다.	①	②	③	④	⑤	○	○

12

문 항	응답 I					응답 II	
						멀다	가깝다
A. 인생의 목표는 큰 것이 좋다.	①	②	③	④	⑤	○	○
B. 어떤 일이라도 바로 시작하는 타입이다.	①	②	③	④	⑤	○	○
C. 낯가림을 하는 편이다.	①	②	③	④	⑤	○	○
D. 생각하고 나서 행동하는 편이다.	①	②	③	④	⑤	○	○

13

문 항	응답 I					응답 II	
						멀다	가깝다
A. 쉬는 날은 밖으로 나가는 경우가 많다.	①	②	③	④	⑤	○	○
B. 시작한 일은 반드시 완성시킨다.	①	②	③	④	⑤	○	○
C. 면밀한 계획을 세운 여행을 좋아한다.	①	②	③	④	⑤	○	○
D. 야망이 있는 편이라고 생각한다.	①	②	③	④	⑤	○	○

14

문 항	응답 I					응답 II	
						멀다	가깝다
A. 활동력이 있는 편이다.	①	②	③	④	⑤	○	○
B. 많은 사람들과 왁자지껄하게 식사하는 것을 좋아하지 않는다.	①	②	③	④	⑤	○	○
C. 돈을 허비한 적이 없다.	①	②	③	④	⑤	○	○
D. 운동회를 아주 좋아하고 기대했다.	①	②	③	④	⑤	○	○

15

문 항	응답 Ⅰ					응답 Ⅱ	
						멀다	가깝다
A. 하나의 취미에 열중하는 타입이다.	①	②	③	④	⑤	○	○
B. 모임에서 회장에 어울린다고 생각한다.	①	②	③	④	⑤	○	○
C. 입신출세의 성공이야기를 좋아한다.	①	②	③	④	⑤	○	○
D. 어떠한 일도 의욕을 가지고 임하는 편이다.	①	②	③	④	⑤	○	○

16

문 항	응답 Ⅰ					응답 Ⅱ	
						멀다	가깝다
A. 학급에서는 존재가 희미했다.	①	②	③	④	⑤	○	○
B. 항상 무언가를 생각하고 있다.	①	②	③	④	⑤	○	○
C. 스포츠는 보는 것보다 하는 게 좋다.	①	②	③	④	⑤	○	○
D. 일을 잘 한다는 말을 자주 듣는다.	①	②	③	④	⑤	○	○

17

문 항	응답 Ⅰ					응답 Ⅱ	
						멀다	가깝다
A. 흐린 날은 반드시 우산을 가지고 간다.	①	②	③	④	⑤	○	○
B. 주연상을 받을 수 있는 배우를 좋아한다.	①	②	③	④	⑤	○	○
C. 공격하는 타입이라고 생각한다.	①	②	③	④	⑤	○	○
D. 리드를 받는 편이다.	①	②	③	④	⑤	○	○

18

문 항	응답 Ⅰ					응답 Ⅱ	
						멀다	가깝다
A. 너무 신중해서 기회를 놓친 적이 있다.	①	②	③	④	⑤	○	○
B. 시원시원하게 움직이는 타입이다.	①	②	③	④	⑤	○	○
C. 야근을 해서라도 업무를 끝낸다.	①	②	③	④	⑤	○	○
D. 누군가를 만나기 전에는 약속을 잡는다.	①	②	③	④	⑤	○	○

19

문 항	응답 Ⅰ					응답 Ⅱ	
						멀다	가깝다
A. 노력해도 결과가 따르지 않으면 의미가 없다.	①	②	③	④	⑤	○	○
B. 무조건 행동해야 한다.	①	②	③	④	⑤	○	○
C. 유행에 둔감하다고 생각한다.	①	②	③	④	⑤	○	○
D. 정해진 대로 움직이는 것은 시시하다.	①	②	③	④	⑤	○	○

20

문 항	응답 Ⅰ					응답 Ⅱ	
						멀다	가깝다
A. 꿈을 계속 가지고 있고 싶다.	①	②	③	④	⑤	○	○
B. 질서보다 자유를 중요시하는 편이다.	①	②	③	④	⑤	○	○
C. 혼자서 취미에 몰두하는 것을 좋아한다.	①	②	③	④	⑤	○	○
D. 직관적으로 판단하는 편이다.	①	②	③	④	⑤	○	○

21

문 항	응답 Ⅰ					응답 Ⅱ	
						멀다	가깝다
A. 영화나 드라마 속 등장인물의 감정에 이입된다.	①	②	③	④	⑤	○	○
B. 과거로 역행해서라도 자신을 관철하고 싶다.	①	②	③	④	⑤	○	○
C. 다른 사람의 소문에 관심이 없다.	①	②	③	④	⑤	○	○
D. 창조적인 편이다.	①	②	③	④	⑤	○	○

22

문 항	응답 Ⅰ					응답 Ⅱ	
						멀다	가깝다
A. 비교적 눈물이 많은 편이다.	①	②	③	④	⑤	○	○
B. 융통성이 있다고 생각한다.	①	②	③	④	⑤	○	○
C. 친구의 휴대전화 번호를 잘 모른다.	①	②	③	④	⑤	○	○
D. 스스로 고안하는 것을 좋아한다.	①	②	③	④	⑤	○	○

23

문 항	응답 Ⅰ					응답 Ⅱ	
						멀다	가깝다
A. 정이 두터운 사람으로 남고 싶다.	①	②	③	④	⑤	○	○
B. 조직의 일원으로 별로 안 어울린다.	①	②	③	④	⑤	○	○
C. 세상의 일에 별로 관심이 없다.	①	②	③	④	⑤	○	○
D. 변화를 추구하는 편이다.	①	②	③	④	⑤	○	○

24

문 항	응답 Ⅰ					응답 Ⅱ	
						멀다	가깝다
A. 업무는 인간관계로 선택한다.	①	②	③	④	⑤	○	○
B. 환경이 변하는 것에 구애받지 않는다.	①	②	③	④	⑤	○	○
C. 불안감이 강한 편이다.	①	②	③	④	⑤	○	○
D. 인생은 살 가치가 없다고 생각한다.	①	②	③	④	⑤	○	○

25

문 항	응답 Ⅰ					응답 Ⅱ	
						멀다	가깝다
A. 의지가 약한 편이다.	①	②	③	④	⑤	○	○
B. 다른 사람이 하는 일에 별로 관심이 없다.	①	②	③	④	⑤	○	○
C. 사람을 설득시키는 것은 어렵지 않다.	①	②	③	④	⑤	○	○
D. 심심한 것을 못 참는다.	①	②	③	④	⑤	○	○

26

문 항	응답 Ⅰ					응답 Ⅱ	
						멀다	가깝다
A. 다른 사람을 욕한 적이 한 번도 없다.	①	②	③	④	⑤	○	○
B. 다른 사람에게 어떻게 보일지 신경을 쓴다.	①	②	③	④	⑤	○	○
C. 금방 낙심하는 편이다.	①	②	③	④	⑤	○	○
D. 다른 사람에게 의존하는 경향이 있다.	①	②	③	④	⑤	○	○

27

문 항	응답 Ⅰ					응답 Ⅱ	
						멀다	가깝다
A. 그다지 융통성이 있는 편이 아니다.	①	②	③	④	⑤	○	○
B. 다른 사람이 내 의견에 간섭하는 것이 싫다.	①	②	③	④	⑤	○	○
C. 낙천적인 편이다.	①	②	③	④	⑤	○	○
D. 숙제를 잊어버린 적이 한 번도 없다.	①	②	③	④	⑤	○	○

28

문 항	응답 Ⅰ					응답 Ⅱ	
						멀다	가깝다
A. 밤길에는 발소리가 들리기만 해도 불안하다.	①	②	③	④	⑤	○	○
B. 상냥하다는 말을 들은 적이 있다.	①	②	③	④	⑤	○	○
C. 자신은 유치한 사람이다.	①	②	③	④	⑤	○	○
D. 잡담을 하는 것보다 책을 읽는 게 낫다.	①	②	③	④	⑤	○	○

29

문 항	응답 Ⅰ					응답 Ⅱ	
						멀다	가깝다
A. 나는 영업에 적합한 타입이라고 생각한다.	①	②	③	④	⑤	○	○
B. 술자리에서 술을 마시지 않고 흥을 돋울 수 있다.	①	②	③	④	⑤	○	○
C. 한 번도 병원에 간 적이 없다.	①	②	③	④	⑤	○	○
D. 나쁜 일은 걱정이 되어서 어쩔 줄을 모른다.	①	②	③	④	⑤	○	○

30

문 항	응답 Ⅰ					응답 Ⅱ	
						멀다	가깝다
A. 금세 무기력해지는 편이다.	①	②	③	④	⑤	○	○
B. 비교적 고분고분한 편이라고 생각한다.	①	②	③	④	⑤	○	○
C. 독자적으로 행동하는 편이다.	①	②	③	④	⑤	○	○
D. 적극적으로 행동하는 편이다.	①	②	③	④	⑤	○	○

31

문 항	응답 Ⅰ					응답 Ⅱ	
						멀다	가깝다
A. 금방 감격하는 편이다.	①	②	③	④	⑤	○	○
B. 어떤 것에 대해서도 불만을 가진 적이 없다.	①	②	③	④	⑤	○	○
C. 밤에 못잘 때가 많다.	①	②	③	④	⑤	○	○
D. 자주 후회하는 편이다.	①	②	③	④	⑤	○	○

32

문 항	응답 Ⅰ					응답 Ⅱ	
						멀다	가깝다
A. 뜨거워지기 쉽고 식기 쉽다.	①	②	③	④	⑤	○	○
B. 자신만의 세계를 가지고 있다.	①	②	③	④	⑤	○	○
C. 많은 사람들 앞에서도 긴장하는 일은 없다.	①	②	③	④	⑤	○	○
D. 말하는 것을 아주 좋아한다.	①	②	③	④	⑤	○	○

33

문 항	응답 Ⅰ					응답 Ⅱ	
						멀다	가깝다
A. 인생을 포기하는 마음을 가진 적이 한 번도 없다.	①	②	③	④	⑤	○	○
B. 어두운 성격이다.	①	②	③	④	⑤	○	○
C. 금방 반성한다.	①	②	③	④	⑤	○	○
D. 활동범위가 넓은 편이다.	①	②	③	④	⑤	○	○

34

문 항	응답 Ⅰ					응답 Ⅱ	
						멀다	가깝다
A. 자신을 끈기 있는 사람이라고 생각한다.	①	②	③	④	⑤	○	○
B. 좋다고 생각하더라도 좀 더 검토하고 나서 실행한다.	①	②	③	④	⑤	○	○
C. 위대한 인물이 되고 싶다.	①	②	③	④	⑤	○	○
D. 한 번에 많은 일을 떠맡아도 힘들지 않다.	①	②	③	④	⑤	○	○

35

문 항	응답 I					응답 II	
						멀다	가깝다
A. 경험에 의존하는 편이다.	①	②	③	④	⑤	○	○
B. 때때로 혼자만의 상상에 빠진다.	①	②	③	④	⑤	○	○
C. 어려운 문제가 있으면 도움을 요청하는 편이다.	①	②	③	④	⑤	○	○
D. 나는 도전하는 것을 좋아한다.	①	②	③	④	⑤	○	○

36

문 항	응답 I					응답 II	
						멀다	가깝다
A. 수수하고 조심스러운 편이다.	①	②	③	④	⑤	○	○
B. 표현력이 강한 편이다.	①	②	③	④	⑤	○	○
C. 혼자 있으면 침착하지 않다.	①	②	③	④	⑤	○	○
D. 여러 사람과 한 공간에 있는 것이 불편하다.	①	②	③	④	⑤	○	○

37

문 항	응답 I					응답 II	
						멀다	가깝다
A. 명상하는 게 좀처럼 되지 않는다.	①	②	③	④	⑤	○	○
B. 한 번 상념에 빠지면 꼬리에 꼬리를 무는 편이다.	①	②	③	④	⑤	○	○
C. 일어나지 않은 일은 생각하지 않는 편이다.	①	②	③	④	⑤	○	○
D. 지난 일을 금방 잊는 편이다.	①	②	③	④	⑤	○	○

38

문 항	응답 I					응답 II	
						멀다	가깝다
A. 집중력이 좋다는 소리를 듣는 편이다.	①	②	③	④	⑤	○	○
B. 무언가에 집중하고 있으면 주변 소음이 들리지 않는다.	①	②	③	④	⑤	○	○
C. 두 가지 이상의 일을 동시에 진행하곤 한다.	①	②	③	④	⑤	○	○
D. 산만하다는 소리를 듣는 편이다.	①	②	③	④	⑤	○	○

[1 ~ 53] 다음 각 문제에 질문을 각각 하나씩 고르시오.

< 응답요령 >

• 제시된 4가지 질문 중에서 자신과 가장 가깝다고 생각하는 질문에 '가깝다', 해당되지 않는다고 생각되면 '멀다'로 각각 하나씩 고르시오.
• 정답이 없는 유형입니다. 정해진 검사 소요시간 내로 검사문항을 풀어보면서 연습해보세요.

	질 문	가깝다	멀다
1	나는 계획적으로 일을 하는 것을 좋아한다.		
	나는 꼼꼼하게 일을 마무리 하는 편이다.		
	나는 새로운 방법으로 문제를 해결하는 것을 좋아한다.		
	나는 빠르고 신속하게 일을 처리해야 마음이 편하다.		
2	나는 문제를 해결하기 위해 여러 사람과 상의한다.		
	나는 어떠한 결정을 내릴 때 신중한 편이다.		
	나는 시작한 일은 반드시 완성시킨다.		
	나는 문제를 현실적이고 객관적으로 해결한다.		
3	나는 글보다 말로 표현하는 것이 편하다.		
	나는 논리적인 원칙에 따라 행동하는 것이 좋다.		
	나는 집중력이 강하고 매사에 철저하다.		
	나는 자기능력을 뽐내지 않고 겸손하다.		
4	나는 융통성 있게 업무를 처리한다.		
	나는 질문을 받으면 충분히 생각하고 나서 대답한다.		
	나는 긍정적이고 낙천적인 사고방식을 갖고 있다.		
	나는 매사에 적극적인 편이다.		
5	나는 기발한 아이디어를 많이 낸다.		
	나는 새로운 일을 하는 것이 좋다.		
	나는 타인의 견해를 잘 고려한다.		
	나는 사람들을 잘 설득시킨다.		

	질 문	가깝다	멀다
6	나는 종종 화가 날 때가 있다.		
	나는 화를 잘 참지 못한다.		
	나는 단호하고 통솔력이 있다.		
	나는 집단을 이끌어가는 능력이 있다.		
7	나는 조용하고 성실하다.		
	나는 책임감이 강하다.		
	나는 독창적이며 창의적이다.		
	나는 복잡한 문제도 간단하게 해결한다.		
8	나는 관심 있는 분야에 몰두하는 것이 즐겁다.		
	나는 목표를 달성하는 것을 중요하게 생각한다.		
	나는 상황에 따라 일정을 조율하는 융통성이 있다.		
	나는 의사결정에 신속함이 있다.		
9	나는 정리정돈과 계획에 능하다.		
	나는 사람들의 관심을 받는 것이 기분 좋다.		
	나는 때로는 고집스러울 때도 있다.		
	나는 원리원칙을 중시하는 편이다.		
10	나는 맡은 일에 헌신적이다.		
	나는 타인의 감정에 민감하다.		
	나는 목적과 방향은 변화할 수 있다고 생각한다.		
	나는 다른 사람과 의견의 충돌은 피하고 싶다.		
11	나는 구체적인 사실을 잘 기억하는 편이다.		
	나는 새로운 일을 시도하는 것이 즐겁다.		
	나는 겸손하다.		
	나는 다른 사람과 별다른 마찰이 없다.		

질 문		가깝다	멀다
12	나는 나이에 비해 성숙한 편이다.		
	나는 유머감각이 있다.		
	나는 다른 사람의 생각이나 의견을 중요시 생각한다.		
	나는 솔직하고 단호한 편이다.		
13	나는 낙천적이고 긍정적이다.		
	나는 집단을 이끌어가는 능력이 있다.		
	나는 사람들에게 인기가 많다.		
	나는 활동을 조직하고 주도해 나아가는 데 능하다.		
14	나는 사람들에게 칭찬을 잘 한다.		
	나는 사교성이 풍부한 편이다.		
	나는 동정심이 많다.		
	나는 정보에 밝고 지식에 대한 욕구가 높다.		
15	나는 호기심이 많다.		
	나는 다수결의 의견에 쉽게 따른다.		
	나는 승부근성이 강하다.		
	나는 자존심이 강한 편이다.		
16	나는 한번 생각한 것은 자주 바꾸지 않는다.		
	나는 개성 있다는 말을 자주 듣는다.		
	나는 나만의 방식으로 업무를 풀어나가는데 능하다.		
	나는 신중한 편이라고 생각한다.		
17	나는 문제를 해결하기 위해 많은 사람의 의견을 참고한다.		
	나는 몸을 움직이는 것을 좋아한다.		
	나는 시작한 일은 반드시 완성시킨다.		
	나는 문제 상황을 객관적으로 대처하는 데 자신이 있다.		

	질 문	가깝다	멀다
18	나는 목표를 향해 계속 도전하는 편이다.		
	나는 실패하는 것이 두렵지 않다.		
	나는 친구들이 많은 편이다.		
	나는 다른 사람의 시선을 고려하여 행동한다.		
19	나는 추상적인 이론을 잘 기억하는 편이다.		
	나는 적극적으로 행동하는 편이다.		
	나는 말하는 것을 좋아한다.		
	나는 꾸준히 노력하는 타입이다.		
20	나는 실행력이 있는 편이다.		
	나는 조직 내 분위기 메이커이다.		
	나는 세심하지 못한 편이다.		
	나는 모임에서 지원자 역할을 맡는 것이 좋다.		
21	나는 현실적이고 실용적인 것을 추구한다.		
	나는 계획을 세우고 실행하는 것이 재미있다.		
	나는 꾸준한 취미를 갖고 있다.		
	나는 성급하게 결정하지 않는다.		
22	나는 싫어하는 사람과도 아무렇지 않게 이야기 할 수 있다.		
	내 책상은 항상 깔끔히 정돈되어 있다.		
	나는 실패보다 성공을 먼저 생각한다.		
	나는 동료와의 경쟁도 즐긴다.		
23	나는 능력을 칭찬받는 경우가 많다.		
	나는 논리정연하게 말을 하는 편이다.		
	나는 사물의 근원과 배경에 대해 관심이 많다.		
	나는 문제에 부딪히면 스스로 해결하는 편이다.		

질 문	가깝다	멀다
24 나는 부지런한 편이다.		
나는 일을 하는 속도가 빠르다.		
나는 독특하고 창의적인 생각을 잘 한다.		
나는 약속한 일은 어기지 않는다.		
25 나는 환경의 변화에도 쉽게 적응할 수 있다.		
나는 망설이는 것보다 도전하는 편이다.		
나는 완벽주의자이다.		
나는 팀을 구성해서 일을 하는 것이 재미있다.		
26 나는 조직을 위해서 내 이익을 포기할 수 있다.		
나는 상상력이 풍부하다.		
나는 여러 가지 각도로 사물을 분석하는 것이 좋다.		
나는 인간관계를 중시하는 편이다.		
27 나는 경험한 방법 중 가장 적합한 방법으로 일을 해결한다.		
나는 독자적인 시각을 갖고 있다.		
나는 시간이 걸려도 침착하게 생각하는 경우가 많다.		
나는 높은 목표를 설정하고 이루기 위해 노력하는 편이다.		
28 나는 성격이 시원시원하다는 말을 자주 듣는다.		
나는 자기 표현력이 강한 편이다.		
나는 일의 내용을 중요시 여긴다.		
나는 다른 사람보다 동정심이 많은 편이다.		
29 나는 하기 싫은 일을 맡아도 표시내지 않고 마무리 한다.		
나는 누가 시키지 않아도 일을 계획적으로 진행한다.		
나는 한 가지 일에 집중을 잘 하는 편이다.		
나는 남을 설득하고 이해시키는데 자신이 있다.		

	질 문	가깝다	멀다
30	나는 비합리적이거나 불의를 보면 쉽게 지나치지 못한다.		
	나는 무엇이던 시작하면 이루어야 직성이 풀린다.		
	나는 사람을 가리지 않고 쉽게 사귄다.		
	나는 어렵고 힘든 일에 도전하는 것에 쾌감을 느낀다.		
31	나는 명랑하고 쾌활한 성격이며 활동적이다.		
	나는 지나간 일에는 미련을 두지 않는다.		
	나는 내가 조금 손해 보더라도 남을 돕는 데 적극적이다.		
	나는 승부근성이 강한 편이다.		
32	나는 경쟁하는 일보다 협동하는 일이 좋다.		
	나는 일을 모아서 한 번에 처리하는 데 능하다.		
	나는 위기의 상황에서 순간적인 대처능력이 있다.		
	나는 라이벌과의 경쟁에서 지고 싶지 않다.		
33	나는 재능이 많고 활기차다.		
	나는 눈치가 빨라서 다른 사람의 감정을 쉽게 파악한다.		
	나는 새로운 것보다는 검증되고 안전한 것을 선택한다.		
	나는 주어진 시간 내에 많은 성과를 내고 싶다.		
34	나는 상황에 정면으로 맞서서 도전하는 것이 좋다.		
	나는 대인관계의 폭이 넓은 편이다.		
	나는 윤리적이고 양심적으로 살고 싶다.		
	나는 의지력이 강한 편이며 쉽게 포기하지 않는다.		
35	나는 약자를 괴롭히는 정의롭지 못한 사람은 혼내주고 싶다.		
	나는 두뇌회전이 빠르고 아이디어가 풍부하다는 말을 듣는다.		
	나는 권위나 예의를 따지기보다 격의 없이 지내는 것이 좋다.		
	나는 성공을 위해서 끊임없이 노력한다.		

질 문	가깝다	멀다
나는 함께 있으면 마음이 편안하다는 소리를 듣는다.		
나는 이해력이 빠른 편이다.		
나는 규칙을 정확히 지키는 편이다.		
나는 다른 사람에게 좋은 인상을 주기 위해 이미지에 신경 쓰는 편이다.		
나는 감정이 풍부한 편이다.		
나는 다른 사람을 도와줄 때 보람을 느낀다.		
나는 공사 구분이 확실한 편이다.		
나는 독립적인 주관을 갖고 있다.		
나는 타인에게 자기 견해나 가치를 강요하지 않는다.		
나는 감정에 쉽게 흔들리지 않는 절제력을 갖고 있다.		
나는 미리 준비하여 업무를 시작한다.		
나는 의견이 대립될 때 중재하는 역할을 자주 수행한다.		
나는 합리적인 사고를 중시하며 효율적으로 일한다.		
친한 친구라도 경쟁을 한다면 이기는 것이 중요하다.		
나는 계속해서 새로운 것에 도전하며 발전하고 싶다.		
나는 타인의 충고에도 관대하다.		
나는 협동성이 강한 편이다.		
나는 자기관리에 철저하다.		
나는 전통적인 방식을 선호한다.		
나는 무엇인가를 배우는 것에서 즐거움을 느낀다.		
나는 종종 어떤 분야에서 전문가 수준의 지식과 식견을 갖고 있다.		
나는 다른 사람들에게 동기를 부여하는 능력이 탁월하다.		
나는 무리한 부탁이더라도 도움을 주려고 노력한다.		
나는 효율성 있는 작업방법을 찾기 위해 작업 방식을 미리 고민한다.		

문항 번호: 36, 37, 38, 39, 40, 41

	질 문	가깝다	멀다
42	나는 상대방이 먼저 말을 걸어 주기를 바란다.		
	나는 목표를 높게 잡는다.		
	나는 한 가지 일에 깊게 몰두하는 편이다.		
	나는 실패하는 것을 두려워하지 않는다.		
43	나는 팀을 위해 희생하는 것이 당연하다고 생각한다.		
	나는 계획을 세워 정확하게 지키는 편이다.		
	나는 완벽을 추구하기 위해 끊임없이 노력한다.		
	나는 모든 것을 품는 포용력이 있다.		
44	나는 나에게 주어진 기대 이상의 능력을 지니고 있다.		
	나는 핵심 원리를 이해하는 것이 중요하다고 생각한다.		
	나는 수동적인 사람보다 적극적인 사람이라고 생각한다.		
	나는 안전한 방법을 고르는 편이다.		
45	나는 교제의 범위가 넓은 편이다.		
	나는 피곤하더라도 웃으면서 일하는 편이다.		
	나는 아직 일어나지 않은 일이라도 미리 대처하는 편이다.		
	나는 동료보다 돋보이고 싶다.		
46	나는 상사가 지시하는 일은 복종해야 한다고 생각한다.		
	나는 취미생활을 3 ~ 4개 정도 갖고 있다.		
	나는 전체의 흐름에 순응하는 편이다.		
	나는 나만이 할 수 있는 일을 하고 싶다.		
47	나는 착한 사람이라는 말을 종종 듣는다.		
	나는 토론이나 경쟁 PT 발표에 강하다.		
	나는 실험정신이 강한 편이다.		
	나는 다른 사람을 쉽게 믿는다.		

질 문	가깝다	멀다
48 나는 돌발적이고 긴급한 상황이라도 긴장하지 않는다.		
나는 주위 사람들과 어울려 노는 것이 즐겁다.		
나는 한 번에 여러 가지 일을 하는데 능숙하다.		
나는 주어진 기회는 반드시 놓치지 않는다.		
49 나는 이성적이고 합리적인 사람이 이상향이다.		
나는 직관력이 뛰어난 편이다.		
나는 위험을 무릅쓰더라도 성공하고 싶다.		
나는 타인에 대한 이해와 배려심이 강하다.		
50 나는 지루한 것은 참기 힘들다.		
나는 장난이 심한 편이다.		
나는 지난일을 생각할 때가 자주 있다.		
나는 논리보다 감정이 앞선다.		
51 나는 경험을 통하여 가장 적합한 방법을 선택한다.		
나는 새로운 방법을 개척해 나아간다.		
나는 성실하다는 이야기를 많이 듣는다.		
나는 친구가 다쳤을 경우 해결방법을 먼저 알려준다.		
52 나는 논리적이며 객관적이다.		
나는 다른 사람보다 눈물이 많은 편이다.		
나는 나의 신념과 감정에서 결론을 도출한다.		
나는 호기심이 강하다는 말을 듣는다.		
53 나는 말을 하기보다 말을 들어주는 편이다.		
나는 어느 모임이든 새로운 사람을 만나는 것을 좋아한다.		
나는 일을 시작하면 끝나기 전에 일어나지 않는다.		
나는 문제가 해결되지 않으면 잠이 오지 않는다.		

[1 ～ 15] 다음 주어진 보기를 선택하시오.

> **< 응답요령 >**
>
> • 제시된 질문 중에서 자신과 가장 가깝다고 생각하는 것은 'ㄱ'에 표시하고, 자신과 가장 멀다고 생각하는 것은 'ㅁ'을 고르시오.
> • 정답이 없는 유형입니다. 정해진 검사 소요시간 내로 검사문항을 풀어보면서 연습해보세요.

1
① 모임에서 리더에 어울리지 않는다고 생각한다.
② 착실한 노력으로 성공한 이야기를 좋아한다.
③ 어떠한 일에도 의욕이 없이 임하는 편이다.
④ 학급에서는 존재가 두드러졌다.

ㄱ	① ② ③ ④
ㅁ	① ② ③ ④

2
① 아무것도 생각하지 않을 때가 많다.
② 스포츠는 하는 것보다는 보는 게 좋다.
③ 성격이 급한 편이다.
④ 비가 오지 않으면 우산을 가지고 가지 않는다.

ㄱ	① ② ③ ④
ㅁ	① ② ③ ④

3
① 1인자보다는 조력자의 역할을 좋아한다.
② 의리를 지키는 타입이다.
③ 리드를 하는 편이다.
④ 남의 이야기를 잘 들어준다.

ㄱ	① ② ③ ④
ㅁ	① ② ③ ④

4
① 여유 있게 대비하는 타입이다.
② 업무가 진행 중이라도 야근을 하지 않는다.
③ 즉흥적으로 약속을 잡는다.
④ 노력하는 과정이 결과보다 중요하다.

ㄱ	① ② ③ ④
ㅁ	① ② ③ ④

5　① 무리해서 행동할 필요는 없다.
　　② 유행에 민감하다고 생각한다.
　　③ 정해진 대로 움직이는 편이 안심된다.
　　④ 현실을 직시하는 편이다.

ㄱ	① ② ③ ④
ㅁ	① ② ③ ④

6　① 자유보다 질서를 중요시하는 편이다.
　　② 사람들과 이야기하는 것을 좋아한다.
　　③ 경험에 비추어 판단하는 편이다.
　　④ 영화나 드라마는 각본의 완성도나 화면구성에 주목한다.

ㄱ	① ② ③ ④
ㅁ	① ② ③ ④

7　① 혼자 자유롭게 생활하는 것이 편하다.
　　② 다른 사람의 소문에 관심이 많다.
　　③ 실무적인 편이다.
　　④ 비교적 냉정한 편이다.

ㄱ	① ② ③ ④
ㅁ	① ② ③ ④

8　① 협조성이 있다고 생각한다.
　　② 친한 친구의 휴대폰 번호는 대부분 외운다.
　　③ 정해진 순서에 따르는 것을 좋아한다.
　　④ 이성적인 사람으로 남고 싶다.

ㄱ	① ② ③ ④
ㅁ	① ② ③ ④

9　① 단체 생활을 잘 한다.
　　② 세상의 일에 관심이 많다.
　　③ 안정을 추구하는 편이다.
　　④ 도전하는 것이 즐겁다.

ㄱ	① ② ③ ④
ㅁ	① ② ③ ④

10　① 되도록 환경은 변하지 않는 것이 좋다.
　　② 밝은 성격이다.
　　③ 지나간 일에 연연하지 않는다.
　　④ 활동범위가 좁은 편이다.

ㄱ	① ② ③ ④
ㅁ	① ② ③ ④

11 ① 자신을 시원시원한 사람이라고 생각한다.

② 좋다고 생각하면 바로 행동한다.

③ 세상에 필요한 사람이 되고 싶다.

④ 한 번에 많은 일을 떠맡는 것은 골칫거리라고 생각한다.

ㄱ	① ② ③ ④
ㅁ	① ② ③ ④

12 ① 사람과 만나는 것이 즐겁다.

② 질문을 받으면 그때의 느낌으로 대답하는 편이다.

③ 땀을 흘리는 것보다 머리를 쓰는 일이 좋다.

④ 이미 결정된 것이라도 그다지 구속받지 않는다.

ㄱ	① ② ③ ④
ㅁ	① ② ③ ④

13 ① 외출 시 문을 잠갔는지 잘 확인하지 않는다.

② 권력욕이 있다.

③ 안전책을 고르는 타입이다.

④ 자신이 사교적이라고 생각한다.

ㄱ	① ② ③ ④
ㅁ	① ② ③ ④

14 ① 예절 · 규칙 · 법 따위에 민감하다.

② '참 착하네요'라는 말을 자주 듣는다.

③ 내가 즐거운 것이 최고다.

④ 누구도 예상하지 못한 일을 해보고 싶다.

ㄱ	① ② ③ ④
ㅁ	① ② ③ ④

15 ① 평범하고 평온하게 행복한 인생을 살고 싶다.

② 모험하는 것을 두려워하지 않는다.

③ 모든 일에 적극적으로 움직인다.

④ 다른 사람 일에 끼어들고 싶지 않다.

ㄱ	① ② ③ ④
ㅁ	① ② ③ ④

[1 ~ 200] 다음 (   ) 안에 해당사항에서 YES와 NO를 선택하시오.

< 응답요령 >

• 제시된 질문 중에서 자신에게 해당하는 것이라면 첫 번째 칸 'YES'를 선택하고, 해당하지 않는다면 두 번째 칸 'NO'를 선택하시오.
• 정답이 없는 유형입니다. 정해진 검사 소요시간 내로 검사문항을 풀어보면서 연습해보세요.

                                                                                           YES NO

1. 쉬는 날에는 조용한 곳에서 혼자 지내는 것이 좋다. ……………………………………………( )( )

2. 전자기기를 잘 다루지 못하는 편이다. ……………………………………………………………( )( )

3. 인생에 대해 깊이 생각해 본 적이 없다. …………………………………………………………( )( )

4. 혼자서 식당에 들어가는 것은 전혀 두려운 일이 아니다. ……………………………………( )( )

5. 남녀 사이의 연애에서 중요한 것은 돈이다. ……………………………………………………( )( )

6. 걸음걸이가 빠른 편이다. ……………………………………………………………………………( )( )

7. 육류보다 채소류를 더 좋아한다. …………………………………………………………………( )( )

8. 소곤소곤 이야기하는 것을 보면 자기에 대해 험담하고 있는 것으로 생각된다. …………( )( )

9. 여럿이 어울리는 자리에서 이야기를 주도하는 편이다. ………………………………………( )( )

10. 집에 머무는 시간보다 밖에서 활동하는 시간이 더 많은 편이다. …………………………( )( )

11. 무엇인가 창조해내는 작업을 좋아한다. …………………………………………………………( )( )

12. 자존심이 강하다고 생각한다. ……………………………………………………………………( )( )

13. 금방 흥분하는 성격이다. …………………………………………………………………………( )( )

14. 거짓말을 한 적이 많다. ……………………………………………………………………………( )( )

15. 신경질적인 편이다. …………………………………………………………………………………( )( )

16. 끙끙대며 고민하는 타입이다. ……………………………………………………………………( )( )

17. 자신이 맡은 일에 반드시 책임을 지는 편이다. ·····················( )( )

18. 누군가와 마주하는 것보다 통화로 이야기하는 것이 더 편하다. ·····················( )( )

19. 운동신경이 뛰어난 편이다. ·····················( )( )

20. 생각나는 대로 말해버리는 편이다. ·····················( )( )

21. 싫어하는 사람이 없다. ·····················( )( )

22. 학창시절 국·영·수보다는 예체능 과목을 더 좋아했다. ·····················( )( )

23. 쓸데없는 고생을 하는 일이 많다. ·····················( )( )

24. 자주 생각이 바뀌는 편이다. ·····················( )( )

25. 갈등은 대화로 해결한다. ·····················( )( )

26. 내 방식대로 일을 한다. ·····················( )( )

27. 영화를 보고 운 적이 많다. ·····················( )( )

28. 어떤 것에 대해서도 화낸 적이 없다. ·····················( )( )

29. 좀처럼 아픈 적이 없다. ·····················( )( )

30. 자신은 도움이 안 되는 사람이라고 생각한다. ·····················( )( )

31. 어떤 일이든 쉽게 싫증을 내는 편이다. ·····················( )( )

32. 개성적인 사람이라고 생각한다. ·····················( )( )

33. 자기주장이 강한 편이다. ·····················( )( )

34. 뒤숭숭하다는 말을 들은 적이 있다. ·····················( )( )

35. 인터넷 사용이 아주 능숙하다. ·····················( )( )

36. 사람들과 관계 맺는 것을 보면 잘하지 못한다. ·····················( )( )

37. 사고방식이 독특하다. ·····················( )( )

38. 대중교통보다는 걷는 것을 더 선호한다. ·····················( )( )

39. 끈기가 있는 편이다. ·····················( )( )

40. 신중한 편이라고 생각한다. ·····················( )( )

41. 인생의 목표는 큰 것이 좋다. ……………………………………………………………( )( )

42. 어떤 일이라도 바로 시작하는 타입이다. ………………………………………………( )( )

43. 낯가림이 있는 편이다. ……………………………………………………………………( )( )

44. 생각하고 나서 행동하는 편이다. …………………………………………………………( )( )

45. 쉬는 날은 밖으로 나가는 경우가 많다. ………………………………………………( )( )

46. 시작한 일은 반드시 완성시킨다. …………………………………………………………( )( )

47. 면밀한 계획을 세운 여행을 좋아한다. …………………………………………………( )( )

48. 야망이 있는 편이라고 생각한다. …………………………………………………………( )( )

49. 활동력이 있는 편이다. ……………………………………………………………………( )( )

50. 많은 사람들과 왁자지껄하게 식사하는 것을 좋아하지 않는다. ……………………( )( )

51. 장기적인 계획을 세우는 것을 꺼려한다. ………………………………………………( )( )

52. 자기 일이 아닌 이상 무심한 편이다. …………………………………………………( )( )

53. 하나의 취미에 열중하는 타입이다. ………………………………………………………( )( )

54. 스스로 모임에서 회장에 어울린다고 생각한다. ………………………………………( )( )

55. 입신출세의 성공이야기를 좋아한다. ……………………………………………………( )( )

56. 어떠한 일도 의욕을 가지고 임하는 편이다. …………………………………………( )( )

57. 학급에서는 존재가 희미했다. ……………………………………………………………( )( )

58. 항상 무언가를 생각하고 있다. …………………………………………………………( )( )

59. 스포츠는 보는 것보다 하는 게 좋다. …………………………………………………( )( )

60. 문제 상황을 바르게 인식하고 현실적이고 객관적으로 대처한다. …………………( )( )

61. 흐린 날은 반드시 우산을 가지고 간다. ………………………………………………( )( )

62. 여러 명보다 1 : 1로 대화하는 것을 선호한다. ………………………………………( )( )

63. 공격하는 타입이라고 생각한다. …………………………………………………………( )( )

64. 리드를 받는 편이다. ………………………………………………………………………( )( )

65. 너무 신중해서 기회를 놓친 적이 있다. ···( )( )

66. 시원시원하게 움직이는 타입이다. ···( )( )

67. 야근을 해서라도 업무를 끝낸다. ···( )( )

68. 누군가를 만나기 전에는 약속을 잡는다. ···( )( )

69. 아무리 노력해도 결과가 따르지 않는다면 의미가 없다. ·····················( )( )

70. 솔직하고 타인에 대해 개방적이다. ···( )( )

71. 유행에 둔감하다고 생각한다. ···( )( )

72. 정해진 대로 움직이는 것은 시시하다. ···( )( )

73. 꿈을 계속 가지고 있고 싶다. ···( )( )

74. 질서보다 자유를 중요시하는 편이다. ···( )( )

75. 혼자서 취미에 몰두하는 것을 좋아한다. ···( )( )

76. 직관적으로 판단하는 편이다. ···( )( )

77. 영화나 드라마를 보며 등장인물의 감정에 이입된다. ·····················( )( )

78. 시대의 흐름에 역행해서라도 자신을 관철하고 싶다. ·····················( )( )

79. 다른 사람의 소문에 관심이 없다. ···( )( )

80. 창조적인 편이다. ···( )( )

81. 비교적 눈물이 많은 편이다. ···( )( )

82. 융통성이 있다고 생각한다. ···( )( )

83. 친구의 휴대전화 번호를 잘 모른다. ···( )( )

84. 스스로 고안하는 것을 좋아한다. ···( )( )

85. 정이 두터운 사람으로 남고 싶다. ···( )( )

86. 새로 나온 전자제품의 사용방법을 익히는 데 오래 걸린다. ·····················( )( )

87. 세상의 일에 별로 관심이 없다. ···( )( )

88. 변화를 추구하는 편이다. ···( )( )

89. 업무는 인간관계로 선택한다. ···( )( )

90. 환경이 변하는 것에 구애받지 않는다. ··( )( )

91. 다른 사람들에게 첫인상이 좋다는 이야기를 자주 듣는다. ·······················( )( )

92. 인생은 살 가치가 없다고 생각한다. ···( )( )

93. 의지가 약한 편이다. ···( )( )

94. 다른 사람이 하는 일에 별로 관심이 없다. ··( )( )

95. 자주 넘어지거나 다치는 편이다. ··( )( )

96. 심심한 것을 못 참는다. ··( )( )

97. 다른 사람을 욕한 적이 한 번도 없다. ···( )( )

98. 몸이 아프더라도 병원에 잘 가지 않는 편이다. ···( )( )

99. 금방 낙심하는 편이다. ··( )( )

100. 평소 말이 **빠른** 편이다. ···( )( )

101. 어려운 일은 되도록 피하는 게 좋다. ···( )( )

102. 다른 사람이 내 의견에 간섭하는 것이 싫다. ···( )( )

103. 낙천적인 편이다. ···( )( )

104. 남을 돕다가 오해를 산 적이 있다. ··( )( )

105. 모든 일에 준비성이 철저한 편이다. ···( )( )

106. 상냥하다는 말을 들은 적이 있다. ··( )( )

107. 맑은 날보다 흐린 날을 더 좋아한다. ···( )( )

108. 많은 친구들을 만나는 것보다 단 둘이 만나는 것이 더 좋다. ····················( )( )

109. 평소에 불평불만이 많은 편이다. ··( )( )

110. 가끔 나도 모르게 엉뚱한 행동을 하는 때가 있다. ····································( )( )

111. 생리현상을 잘 참지 못하는 편이다. ···( )( )

112. 다른 사람을 기다리는 경우가 많다. ···( )( )

113. 술자리나 모임에 억지로 참여하는 경우가 많다. ·····( )( )

114. 결혼과 연애는 별개라고 생각한다. ·····( )( )

115. 노후에 대해 걱정이 될 때가 많다. ·····( )( )

116. 잃어버린 물건은 쉽게 찾는 편이다. ·····( )( )

117. 비교적 쉽게 감격하는 편이다. ·····( )( )

118. 어떤 것에 대해서는 불만을 가진 적이 없다. ·····( )( )

119. 걱정으로 밤에 못 잘 때가 많다. ·····( )( )

120. 자주 후회하는 편이다. ·····( )( )

121. 쉽게 학습하지만 쉽게 잊어버린다. ·····( )( )

122. 낮보다 밤에 일하는 것이 좋다. ·····( )( )

123. 많은 사람 앞에서도 긴장하지 않는다. ·····( )( )

124. 상대방에게 감정 표현을 하기가 어렵게 느껴진다. ·····( )( )

125. 인생을 포기하는 마음을 가진 적이 한 번도 없다. ·····( )( )

126. 규칙에 대해 드러나게 반발하기보다 속으로 반발한다. ·····( )( )

127. 자신의 언행에 대해 자주 반성한다. ·····( )( )

128. 활동범위가 좁아 늘 가던 곳만 고집한다. ·····( )( )

129. 나는 끈기가 다소 부족하다. ·····( )( )

130. 좋다고 생각하더라도 좀 더 검토하고 나서 실행한다. ·····( )( )

131. 위대한 인물이 되고 싶다. ·····( )( )

132. 한 번에 많은 일을 떠맡아도 힘들지 않다. ·····( )( )

133. 사람과 약속은 부담스럽다. ·····( )( )

134. 질문을 받으면 충분히 생각하고 나서 대답하는 편이다. ·····( )( )

135. 머리를 쓰는 것보다 땀을 흘리는 일이 좋다. ·····( )( )

136. 결정한 것에는 철저히 구속받는다. ·····( )( )

137. 아무리 바쁘더라도 자기관리를 위한 운동을 꼭 한다. ································( )( )

138. 이왕 할 거라면 일등이 되고 싶다. ································( )( )

139. 과감하게 도전하는 타입이다. ································( )( )

140. 자신은 사교적이 아니라고 생각한다. ································( )( )

141. 무심코 도리에 대해서 말하고 싶어진다. ································( )( )

142. 목소리가 큰 편이다. ································( )( )

143. 단념하기보다 실패하는 것이 낫다고 생각한다. ································( )( )

144. 예상하지 못한 일은 하고 싶지 않다. ································( )( )

145. 파란만장하더라도 성공하는 인생을 살고 싶다. ································( )( )

146. 활기찬 편이라고 생각한다. ································( )( )

147. 자신의 성격으로 고민한 적이 있다. ································( )( )

148. 무심코 사람들을 평가 한다. ································( )( )

149. 때때로 성급하다고 생각한다. ································( )( )

150. 자신은 꾸준히 노력하는 타입이라고 생각한다. ································( )( )

151. 터무니없는 생각이라도 메모한다. ································( )( )

152. 리더십이 있는 사람이 되고 싶다. ································( )( )

153. 열정적인 사람이라고 생각한다. ································( )( )

154. 다른 사람 앞에서 이야기를 하는 것이 조심스럽다. ································( )( )

155. 세심하기보다 통찰력이 있는 편이다. ································( )( )

156. 엉덩이가 가벼운 편이다. ································( )( )

157. 여러 가지로 구애받는 것을 견디지 못한다. ································( )( )

158. 돌다리도 두들겨 보고 건너는 쪽이 좋다. ································( )( )

159. 자신에게는 권력욕이 있다. ································( )( )

160. 자신의 능력보다 과중한 업무를 할당받으면 기쁘다. ································( )( )

161. 사색적인 사람이라고 생각한다. ··( )( )

162. 비교적 개혁적이다. ··( )( )

163. 좋고 싫음으로 정할 때가 많다. ··( )( )

164. 전통에 얽매인 습관은 버리는 것이 적절하다. ··( )( )

165. 교제 범위가 좁은 편이다. ··( )( )

166. 발상의 전환을 할 수 있는 타입이라고 생각한다. ··································( )( )

167. 주관적인 판단으로 실수한 적이 있다. ··( )( )

168. 현실적이고 실용적인 면을 추구한다. ··( )( )

169. 타고난 능력에 의존하는 편이다. ··( )( )

170. 다른 사람을 의식하여 외모에 신경을 쓴다. ··( )( )

171. 마음이 담겨 있으면 선물은 아무 것이나 좋다. ······································( )( )

172. 여행은 내 마음대로 하는 것이 좋다. ··( )( )

173. 추상적인 일에 관심이 있는 편이다. ··( )( )

174. 큰일을 먼저 결정하고 세세한 일을 나중에 결정하는 편이다. ············( )( )

175. 괴로워하는 사람을 보면 답답하다. ··( )( )

176. 자신의 가치기준을 알아주는 사람은 아무도 없다. ································( )( )

177. 인간성이 없는 사람과는 함께 일할 수 없다. ··( )( )

178. 상상력이 풍부한 편이라고 생각한다. ··( )( )

179. 의리와 인정이 두터운 상사를 만나고 싶다. ··( )( )

180. 인생은 앞날을 알 수 없어 재미있다. ··( )( )

181. 조직에서 분위기 메이커다. ··( )( )

182. 반성하는 시간에 차라리 실수를 만회할 방법을 구상한다. ··················( )( )

183. 늘 하던 방식대로 일을 처리해야 마음이 편하다. ··································( )( )

184. 쉽게 이룰 수 있는 일에는 흥미를 느끼지 못한다. ································( )( )

185. 좋다고 생각하면 바로 행동한다. ·····································( )( )

186. 후배들은 무섭게 가르쳐야 따라온다. ·····························( )( )

187. 한 번에 많은 일을 떠맡는 것이 부담스럽다. ·····················( )( )

188. 능력 없는 상사라도 진급을 위해 아부할 수 있다. ···············( )( )

189. 질문을 받으면 그때의 느낌으로 대답하는 편이다. ···············( )( )

190. 땀을 흘리는 것보다 머리를 쓰는 일이 좋다. ·····················( )( )

191. 단체 규칙에 그다지 구속받지 않는다. ·····························( )( )

192. 물건을 자주 잃어버리는 편이다. ·································( )( )

193. 불만이 생기면 즉시 말해야 한다. ·································( )( )

194. 안전한 방법을 고르는 타입이다. ·································( )( )

195. 사교성이 많은 사람을 보면 부럽다. ·····························( )( )

196. 성격이 급한 편이다. ···( )( )

197. 갑자기 중요한 프로젝트가 생기면 혼자서라도 야근할 수 있다. ····( )( )

198. 내 인생에 절대로 포기하는 경우는 없다. ·························( )( )

199. 예상하지 못한 일도 해보고 싶다. ·································( )( )

200. 평범하고 평온하게 행복한 인생을 살고 싶다. ·····················( )( )

[1 ~ 20] 다음 중 자신이 선호하는 도형의 형태를 고르시오.

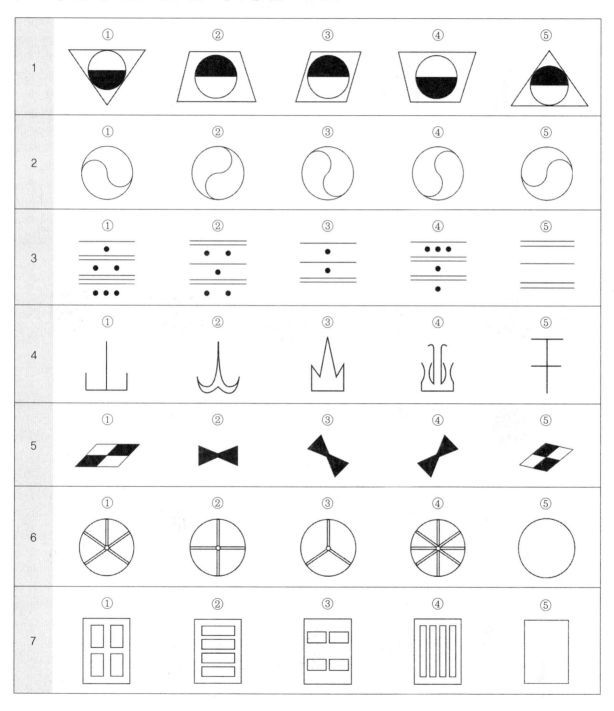

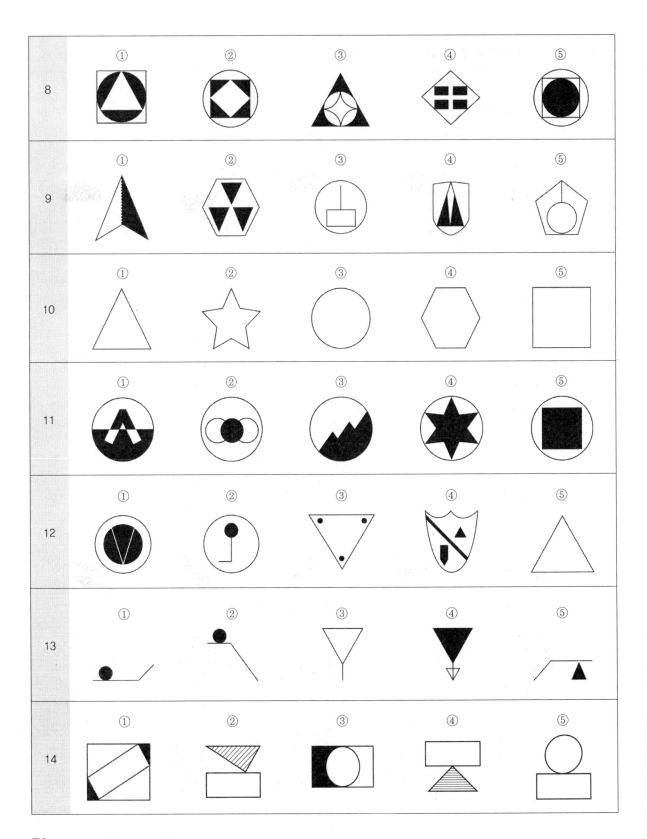

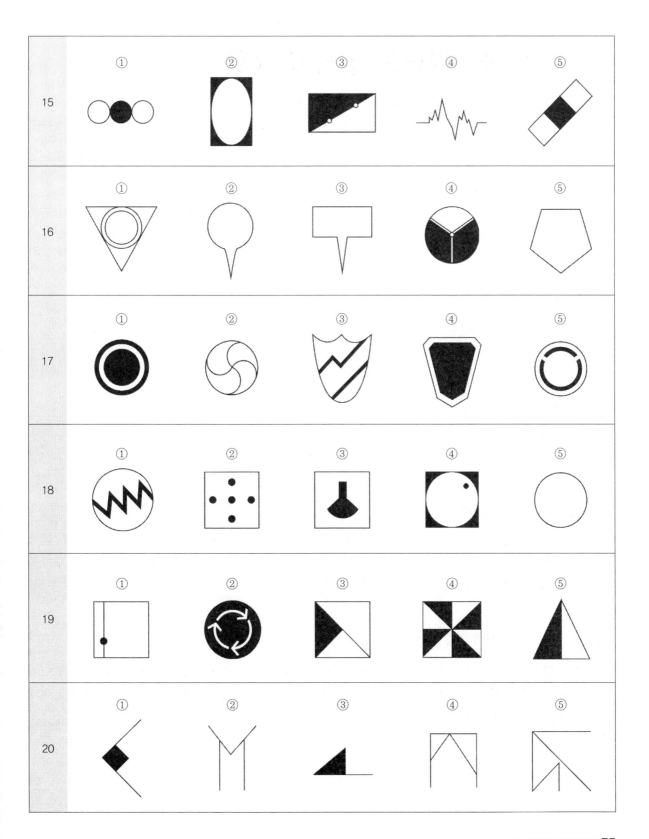

조직부적응 검사의 유형

조직부적응 검사의 유형과 특징에 대해서 알아본다.

Section 01 | 반사회성 검사 p.077

반사회성 검사는 타인의 권리를 대수롭지 않게 여기고 침해하며, 반복적인 범법행위나 거짓말, 사기성, 공격성, 무책임함을 확인하는 검사다.

Section 02 | 대인관계성 검사 p.081

사교성과 자신의 사회성을 알아보기 위한 검사이다. 이를 통하여 인간관계를 형성에 있어서 문제가 될 것인지 아닌지 알 수 있다.

Section 03 | 공격성 검사 p.084

육체적 폭력행위를 나타내는 폭행 척도, 악의 있는 험담이나 짓궂은 장난을 나타내는 간접적 공격성, 언어를 사용하여 위협하고 저주하는 언어적 공격성을 확인할 수 있는 검사이다.

Section 04 | 강박장애 검사 p.086

강박장애는 불안장애 중 하나이다. 반복적으로 원하지 않는 강박적 사고와 강박적 행동을 특징으로 하는 정신질환의 하나이다. 잦은 손 씻기, 숫자 세기, 확인하기 등과 같은 행동을 반복적으로 함으로써 강박적 사고를 막거나 그 생각을 머리에서 지우려고 한다.

Section 05 | 조직적응도 검사 p.088

조직 또는 환경적응도를 알아보며 어떤 조직에 잘 적응할 수 있는지 알아보기 위해 표준화하는 과정이다. 점수가 높은 사람일 경우에는 개인 생활보다는 조직의 요구를 우선시하여 조직의 안정성을 편안하게 생각하는 사람이라고 할 수 있다.

[1 ~ 80] 다음 ( ) 안에 해당사항이 있으면 'O', 그렇지 않으면 '×'를 표시하시오.

<문제풀이 및 해석방법>

• 질문을 읽고 해당사항에 대해서 ○, × 둘 중에 하나를 선택한다.
• ○가 과반 이상이 나오는 경우 사회성이 부족하다고 측정될 수 있다.
• 본 검사는 질문의 일부만으로 측정하는 것으로 정확도가 실제와 다를 수 있으므로 참고용으로만 확인하시길 바랍니다.

1. 나는 남에게 거절당하는 것이 싫어서 사람들과 접촉이 많은 일이 싫다. ······(○ ×)

2. 나한테 호감을 갖고 있지 않은 사람과는 그다지 관계를 맺고 싶지 않다. ······(○ ×)

3. 다른 사람이 나를 싫어하면 안 되므로 친한 사이에서도 자신을 억제하는 편이다. ······(○ ×)

4. 바보 취급당하지나 않을지, 동료들 사이에서 외톨이가 되지는 않을 지 항상 불안하다. ······(○ ×)

5. 만나기로 한 약속을 바로 직전에 취소할 때가 자주 있다. ······(○ ×)

6. 나는 매력적이지 않아 다른 사람들이 나를 그다지 좋아하지 않는 것 같다. ······(○ ×)

7. 새로운 일을 하려 해도 잘 되지 않을지 모른다는 불안감에 실행하지 못하고 포기한다. ······(○ ×)

8. 대수롭지 않은 일도 혼자서는 결정하지 못하는 편이다. ······(○ ×)

9. 중요한 일이나 귀찮은 일은 남한테 시킬 때가 많다. ······(○ ×)

10. 부탁 받으면 거절하지 못하고 응한다. ······(○ ×)

11. 일을 스스로 계획해서 솔선수범하기보다는 남을 따라서 하는 것이 편하다. ······(○ ×)

12. 상대한테 잘 보이려고 하기 싫은 일을 할 때도 있다. ······(○ ×)

13. 난 혼자서는 살아갈 자신이 없다. ······(○ ×)

14. 애인이나 친구와 헤어지면 바로 대신할 사람을 구하는 편이다. ······(○ ×)

15. 소중한 사람한테 버림을 받을까봐 불안하다. ······(○ ×)

16. 사소한 데에 지나치게 얽매인다. ···(○ ×)

17. 일을 완벽하게 하려다 때를 놓친 때가 많다. ·····································(○ ×)

18. 일이나 공부에 열중한 나머지 오락이나 사람들과의 교제는 뒷전으로 미루기 일쑤이다. ·············(○ ×)

19. 부정이나 대충 넘어가는 것은 용납할 수가 없다. ·····························(○ ×)

20. 도움이 되지 않는다는 걸 알면서도 잘 버리지 못한다. ·······················(○ ×)

21. 자신의 말을 듣지 않는 사람과는 잘 지내지 못한다. ·························(○ ×)

22. 돈은 가능한 한 절약해서 장래를 위하여 저축해야 한다고 생각한다. ···········(○ ×)

23. 완고하다는 소리를 자주 듣는 편이다. ·······································(○ ×)

24. 다른 사람을 방심해서는 안 되는 존재라고 생각한다. ························(○ ×)

25. 친구나 동료라도 믿지 못할 때가 있다. ·······································(○ ×)

26. 나의 비밀이나 개인 신상에 관하여 남한테 말하지 않는 편이다. ···············(○ ×)

27. 다른 사람의 말에 쉽게 상처를 받는다. ·······································(○ ×)

28. 다른 사람이 나를 빈정거리거나 비난하면 톡 쏘는 편이다. ·····················(○ ×)

29. 배우자나 애인이 몰래 바람피우지 않는지 의심할 때가 있다. ···················(○ ×)

30. 고독을 즐기고, 아무하고도 친밀한 관계를 맺고 싶지 않다. ·····················(○ ×)

31. 혼자서 행동할 때가 많다. ···(○ ×)

32. 오락 활동에는 그다지 흥미가 없다. ···(○ ×)

33. 무엇을 해도 가슴 설레는 기쁨이나 즐거움을 그다지 못 느낀다. ···············(○ ×)

34. 진정으로 신뢰할 수 있는 친구가 있다. ·······································(○ ×)

35. 다른 사람들이 뭐라 해도 그다지 신경 쓰지 않는다. ·························(○ ×)

36. 희로애락을 잘 느끼지 못하고 언제나 냉정한 편이다. ·······················(○ ×)

37. 다음 사람들이 이야기하고 있으면 나에 대해 말하고 있는 것처럼 느껴질 때가 많다. ·············(○ ×)

38. 예언, 초능력, 영혼, 텔레파시, 육감 등과 같은 불가사의한 현상을 느낄 때가 많다. ····················(○ ×)

39. 미세한 움직임과 어떤 신호나 의도 등 순간적으로 몸에서 기묘한 감각을 느낄 때가 있다. ·········(○ ×)

40. 말을 빙 돌려서 한다거나 하고 싶은 말이 무엇인지 잘 모르겠다는 소릴 듣는다. ·····················(○ ×)

41. 쉽게 사람을 믿지 못하는 편이다. ·····················(○ ×)

42. 엉뚱하게 반응하거나 빗나갔다는 소릴 듣는다. ·····················(○ ×)

43. 별종이라든가 독특하다는 소리를 들을 때가 있다. ·····················(○ ×)

44. 진정한 친구가 없다. ·····················(○ ×)

45. 세상은 두려운 곳이라고 생각한다. ·····················(○ ×)

46. 사람들의 관심을 끌거나 주목받기를 좋아한다. ·····················(○ ×)

47. 이성의 호감을 사는 편이다. ·····················(○ ×)

48. 변덕스럽고 기분이 잘 변한다. ·····················(○ ×)

49. 외모나 패션에 상당히 신경을 쓴다. ·····················(○ ×)

50. 말을 잘해서 같이 있으면 즐겁다는 소리를 듣는다. ·····················(○ ×)

51. 자기 기분이나 표정, 몸짓을 과장되게 표현하는 편이다. ·····················(○ ×)

52. 상대의 태도나 장소의 분위기에 민감하다. ·····················(○ ×)

53. 알게 되면 금방 편안하게 이야기하는 편이다. ·····················(○ ×)

54. 나한테는 세상 사람들이 모르는 재능이나 뛰어난 점이 있다고 생각한다. ·····················(○ ×)

55. 크게 성공해서 유명인사가 되거나 이상적인 애인을 만나기를 꿈꾼다. ·····················(○ ×)

56. 나는 남들과 다른 특별한 사람이라고 생각된다. ·····················(○ ×)

57. 주변 사람들의 칭찬이 더할 나위 없는 격려가 된다. ·····················(○ ×)

58. 다소 무리를 해서라도 내가 원하는 바를 남들이 하게 만든다. ·····················(○ ×)

59. 원하는 것을 손에 넣기 위해서라면 남을 이용하거나 감언이설로 넘어오게 할 자신이 있다. ·········(○ ×)

60. 제멋대로 행동하고 남을 그다지 배려하지 않는다. ·· (○ ×)

61. 친구나 알고 지내는 사람의 행복을 보면 질투심이 생긴다. ······································· (○ ×)

62. 태도가 거만하거나 자존심이 높다고 평가된다. ··· (○ ×)

63. 소중한 사람한테 버림받지 않을까 불안해하며, 상대에게 필사적으로 매달려 곤란하게 만든다. ··· (○ ×)

64. 상대를 이상적인 사람이라고 여기다가 환멸감이 느껴질 때 그 격차가 아주 크다. ························ (○ ×)

65. 내가 어떤 인간인지 모를 때가 있다. ··· (○ ×)

66. 충동적으로 위험한 일이나 좋지 않은 일을 할 때가 있다. ··· (○ ×)

67. 자살을 기도하거나 하고 싶다는 말을 해서 주변 사람들을 곤란하게 만든 적이 있다. ················· (○ ×)

68. 하루 동안에도 기분이 천당과 지옥을 오간다. ·· (○ ×)

69. 언제나 마음속 어딘가에 공허감이 숨어있다. ··· (○ ×)

70. 대수롭지 않은 일도 내 뜻대로 되지 않으면 격노한다. ·· (○ ×)

71. 지나치게 생각에 골몰하거나 기억이 나지 않을 때가 있다. ··· (○ ×)

72. 위법적인 행동을 반복한다. ··· (○ ×)

73. 나의 이익이나 쾌락을 위해 남을 속인 적이 있다. ··· (○ ×)

74. 임기응변에 능하고 미래보다 현재에 만족하면 된다고 생각한다. ··································· (○ ×)

75. 종종 나도 모르게 거짓말을 한다. ·· (○ ×)

76. 사람들은 내게 친절하지 않다. ··· (○ ×)

77. 나는 내 판단을 믿는다. ·· (○ ×)

78. 일주일에 한 번 이상 몸살증상을 겪는다. ·· (○ ×)

79. 누군가를 만날 때마다 눈치를 보게 된다. ·· (○ ×)

80. 오랜만에 햇빛을 본 것 같다. ··· (○ ×)

[1 ~ 60] 다음 각 문항의 (   ) 안에 해당사항이 있으면 'O', 그렇지 않으면 '×'를 표시하시오.

<문제풀이 및 해석방법>

• 질문을 읽고 해당사항에 대해서 ○, × 둘 중에 하나를 선택한다.
• ○가 과반 이상이 나오는 경우 대인관계 능력이 부족하다고 측정될 수 있다.
• 본 검사는 질문의 일부만으로 측정하는 것으로 정확도가 실제와 다를 수 있으므로 참고용으로만 확인하시길 바랍니다.

1. 심야 혹은 밤 12시가 넘어서 편하게 전화를 할 수 있는 사람이 없다. ·················(○ ×)

2. 나랑 친해지고 싶은 사람들은 주로 내가 별로 관심이 가지 않는 사람들이다. ·········(○ ×)

3. 누군가가 나와 적이 된 적이 있는 사람은 상대가 나를 과대평가해서이다. ·············(○ ×)

4. 나는 평범하기 보다는 재미있는 사람이다. ··(○ ×)

5. 나는 종종 다른 사람이 되고 싶다. ··(○ ×)

6. 평소 음식점에 들어가서 식당 안 사람들을 볼 수 있는 곳에 앉는다. ·················(○ ×)

7. 나는 유행보다는 나만의 스타일을 고수한다. ······································(○ ×)

8. 다른 사람이 말을 할 때 대개 상대방의 말을 끝까지 잘 들어준다. ···················(○ ×)

9. 내 자신은 조용한 편이다. ···(○ ×)

10. 파티나 모임에 초대를 받았는데 부득이한 일로 참석을 하지 못하게 되면 곤혹스럽다. ·······(○ ×)

11. 노벨상 수상자와 우연하게 대화를 나누게 되었다면 지루할 것이라 생각한다. ···········(○ ×)

12. 나는 타인의 이름을 잘 기억하지 못 한다. ·······································(○ ×)

13. 대중목욕탕이 아닌 장소에서 자신의 벗은 몸을 타인에게 보인 적이 있다. ·············(○ ×)

14. 다른 사람이 이야기 할 때 진심으로 공감되거나 재미있을 때가 별로 없다. ············(○ ×)

15. 대화를 별로 좋아하지 않거나, 소수의 사람들하고 하는 대화만 재미있다. ············(○ ×)

16. 타인과 이야기할 때 맞장구를 잘 치지 않는다. ································(○ ×)

17. 내 맘에 드는 사람은 세상에 별로 없다. ································(○ ×)

18. 나는 친한 친구 몇 명만 있으면 되고 다른 사람들에게 관심이 없다. ·········(○ ×)

19. 친한 사람이 고민이 있을 때 들어주고 싶은 마음이 우러나지 않는다. ·······(○ ×)

20. 가족들이나 친구들이 나에게 고집이 세다는 말을 자주 한다. ···········(○ ×)

21. 유행어, 인기 있는 식당, 유명 브랜드 등에 별로 관심이 없다. ··········(○ ×)

22. 나를 싫어하지 않더라도 나에게 짜증을 계속 내거나 비판을 하는 사람의 말은 듣기 싫다. ·········(○ ×)

23. 사람들은 처음에는 나를 좋아하지만 내가 말을 재미없게 하여 두세 번 보고 안 만난다. ···········(○ ×)

23. 매사에 수동적인 편이다. ································(○ ×)

24. 한 가지 반찬을 매일 먹는다. ································(○ ×)

25. 누군가 나한테 영화를 보자고 해도 나는 별로 보고 싶은 생각이 없다. ·········(○ ×)

26. 친하지도 않는 이성에게 문자를 계속적으로 보낸 적이 있다. ···········(○ ×)

27. 나는 할 줄 모르는 것도 잘 하는 것처럼 말한다. ················(○ ×)

28. 거짓말을 할 때 고심해서 하지 않는다. ·······················(○ ×)

29. 사람들을 만날 때 몸이나 마음이 떨린다. ····················(○ ×)

30. 사람을 처음 만날 때에는 두려운 느낌이 먼저 든다. ·············(○ ×)

31. 아무 이유 없이 심장이 마구 뛴 적이 있다. ·················(○ ×)

32. 지나가는 사람이 나에게 다가올 때는 공포에 휩싸이는 때가 있다. ·········(○ ×)

33. 친구가 화가 나 있거나 슬퍼할 때 그 친구 마음을 공감하고 이해한다. ·········(○ ×)

34. 친구와 문제가 생겼을 때에는 그 일에 대해 바로 이야기를 하는 편이다. ·········(○ ×)

35. 다른 사람이 무엇인가 잘했을 경우 칭찬해 준다. ················(○ ×)

36. 다른 사람에게 안 좋은 일이 생겼을 경우 안쓰러운 마음을 갖는다. ·········(○ ×)

37. 나에게 문제가 생겼을 경우 친구에게 알리고 도움을 청한다. ···········(○ ×)

38. 내가 먼저 말을 꺼내 친구들과 대화를 시작하는 편이다. ·····································(○ ×)

39. 사람을 만나는 것을 피하는 편이다. ·······································(○ ×)

40. 옷을 잘 갈아 입지 않는다. ···(○ ×)

41. 새로운 사람들과 관계를 맺지 않으려 한다. ·······························(○ ×)

42. 목욕을 잘 하지 않는다. ···(○ ×)

43. 집에 들어가면 방에서 잘 나오지 않는다. ·································(○ ×)

44. 가족들이 내 방에 들어오지 못하게 한다. ·································(○ ×)

45. 창피 당한 것을 잘 잊지 못하며 쉽게 상처를 받는다. ···················(○ ×)

46. 누군가에게 비난을 받으면 몹시 속이 상한다. ·····························(○ ×)

47. 내색을 잘 하지 않지만 마음이 상할 때가 많다. ·························(○ ×)

48. 조그마한 실수에도 당황하는 때가 많다. ·································(○ ×)

49. 다른 사람이 나를 비난하는 것 같다. ·······································(○ ×)

50. 나는 숨기는 것이 많고 남에게 속을 털어놓지 않는다. ···················(○ ×)

51. 나는 불행하다고 생각하거나 슬퍼하고 우울해한다. ·····················(○ ×)

52. 다른 사람에게 욕설을 퍼 붓는다. ···(○ ×)

53. 다른 사람에 대해 나쁘게 말하고 다닌다. ·································(○ ×)

54. 이유 없이 고함을 지르는 경향이 있다. ·····································(○ ×)

55. 갑자기 다른 사람을 대하는 태도가 바뀐다. ·······························(○ ×)

56. 모르는 번호로 전화가 오면 받지 않는다. ·································(○ ×)

57. 개인적인 만남보다는 여럿이 만나는 자리가 편하다. ·····················(○ ×)

58. 상대방과 대화할 때 어색함이 싫어서 말이 많아진다. ···················(○ ×)

59. 다른 사람들이 자신에 대한 평가에 예민하다. ·····························(○ ×)

60. 연락하는 사람이 정해져있다. ···(○ ×)

Section 03 | 공격성 검사 (⏱ 검사 소요시간 3분)

[1 ~ 35] 다음 문항들은 당신의 대인관계에서의 행동을 알아보려는 것이다. 각 문항들을 자세히 읽고 평소 자신의 행동을 가장 잘 나타낸다고 생각되는 번호에 표기하시오.

> <문제풀이 및 해석방법>
>
> • '아주 그렇다' 항목을 4점 척도로 점수를 계산한다.
> • 점수가 높을수록 공격성 성향이 매우 높음으로 해석할 수 있다.
> • 본 검사는 질문의 일부만으로 측정하는 것으로 정확도가 실제와 다를 수 있으므로 참고용으로만 확인하시길 바랍니다.

전혀 그렇지 않다	약간 그렇다	꽤 그렇다	아주 그렇다
①	②	③	④

1. 나는 누가 나를 때린다고 할지라도 좀처럼 맞서서 같이 때리지 않는다. ……………① ② ③ ④

2. 나는 때때로 싫어하는 사람에 대해 험담을 늘어놓는다. …………………………① ② ③ ④

3. 나는 다른 사람들의 행동이 옳지 않다고 생각할 때에는 그 점을 지적해 준다. ……① ② ③ ④

4. 나는 때때로 다른 사람을 해치고 싶은 충동을 억제할 수 없다. ………………① ② ③ ④

5. 나는 아무리 화가 나도 결코 물건을 던지지 않는다. ……………………………① ② ③ ④

6. 나는 가끔 사람들과 다른 의견을 표현한다. ………………………………………① ② ③ ④

7. 나는 무슨 일이 있든지 간에 다른 사람을 때려서는 안 된다고 생각한다. ………① ② ③ ④

8. 나는 화가 났을 때 때때로 토라진다. ………………………………………………① ② ③ ④

9. 사람들이 나에게 동의하지 않을 때에는 논쟁할 수밖에 없다. …………………① ② ③ ④

10. 누가 먼저 나를 때리면 나도 때려야 한다. ………………………………………① ② ③ ④

11. 나는 화가 났을 때 가끔 문을 '쾅' 닫는다. ………………………………………① ② ③ ④

12. 나는 사람들이 나의 권리를 존중하도록 요구한다. ………………………………① ② ③ ④

13. 나 혹은 나의 가족을 모욕하는 사람은 누구나 싸움을 걸어오는 것이라고 생각하게 된다. ····· ① ② ③ ④

14. 나는 결코 짓궂은 장난을 하지 않는다. ··· ① ② ③ ④

15. 나는 화가 났을 때도 '강경한 언어'를 사용하지 않는다. ··· ① ② ③ ④

16. 계속해서 나를 괴롭히는 사람은 나에게 한 대 얻어맞고 싶은 사람이다. ················ ① ② ③ ④

17. 나는 내 뜻대로 되지 않을 때 자주 뿌루퉁해진다. ·· ① ② ③ ④

18. 나는 누가 나를 화나게 하면 그에 대해 가지고 있던 감정을 쉽게 말한다. ············ ① ② ③ ④

19. 사람들이 나에게 호통을 치면 나도 맞서서 호통을 친다. ···································· ① ② ③ ④

20. 나는 매우 흥분했을 때 누군가를 때릴 수 있다. ·· ① ② ③ ④

21. 나는 심하게 화를 내거나 울화통을 터트린 적이 없다. ·· ① ② ③ ④

22. 나는 격분했을 때 심한 말을 한다. ··· ① ② ③ ④

23. 나는 누가 괘씸해서 혼내주어야 할 때일지라도 차마 그의 자존심을 상하게 할 수는 없다. ··· ① ② ③ ④

24. 나는 누구하고나 자주 싸운다. ··· ① ② ③ ④

25. 나는 너무나 화가 나서 주위에 있는 물건을 집어 던져 부숴 버렸던 적이 있다. ·········· ① ② ③ ④

26. 나는 다른 사람에게 거짓 협박을 자주 한다. ·· ① ② ③ ④

27. 나는 다른 사람에 대한 나의 좋지 않은 생각을 보통 내색하지 않는다. ················· ① ② ③ ④

28. 나는 권리를 지키기 위해 폭력을 써야 한다면 쓰겠다. ······································· ① ② ③ ④

29. 나는 논쟁을 할 때 언성을 높이는 경향이 있다. ·· ① ② ③ ④

30. 나는 나를 궁지에 빠지게 한 사람을 알면 그 사람과 싸운다. ······························ ① ② ③ ④

31. 나는 정의로운 사람이기 때문에 불의를 보면 참을 수 없다. ································ ① ② ③ ④

32. 나는 말보다 주먹이 먼저 나가는 편이다. ·· ① ② ③ ④

33. 나는 불합리한 상황에 처하면 화를 주체할 수 없다. ··· ① ② ③ ④

34. 나는 나를 존중해주지 않는 사람에게 똑같이 대한다. ··· ① ② ③ ④

35. 나는 정말 필요할 경우가 아니면 나서서 주먹을 사용하지 않는다. ······················ ① ② ③ ④

[1 ~ 40] 다음 각 문항의 (   ) 안에 해당사항이 있으면 'O', 그렇지 않으면 '×'를 표시하시오.

<문제풀이 및 해석방법>

• 질문을 읽고 해당사항에 대해서 ○, × 둘 중에 하나를 선택한다.
• ○가 과반 이상이 나오는 경우 강박이 높다고 측정될 수 있다.
• 본 검사는 질문의 일부만으로 측정하는 것으로 정확도가 실제와 다를 수 있으므로 참고용으로만 확인하시길 바랍니다.

1. 병균에 감염될지도 모른다는 생각 때문에 공중전화의 사용을 꺼린다. ·······················(O ×)

2. 추잡한 생각들이 자주 떠오르고 그런 생각들을 지워버리기가 어렵다. ·······················(O ×)

3. 대부분의 사람들에 비해 정직성에 대해 더 많은 관심을 가지고 있다. ·······················(O ×)

4. 매사를 제 시간에 끝낼 수 없어 일이 늦어진다. ·······················(O ×)

5. 동물을 쓰다듬고 나서는 감염되지 않을까 하고 매우 걱정한다. ·······················(O ×)

6. 가스 밸브 잠그는 것을 몇 번씩 확인하곤 한다. ·······················(O ×)

7. 나는 매우 양심적이다. ·······················(O ×)

8. 내 의지와는 상반되는 불쾌한 생각들이 거의 날마다 떠올라 기분이 상한다. ·······················(O ×)

9. 우연히 다른 사람과 몸이 부딪치면 지나치게 신경을 쓴다. ·······················(O ×)

10. 내가 하는 단순한 일상사에 대해서 지나치게 신경을 쓴다. ·······················(O ×)

11. 우리 부모님은 어렸을 때 나를 매우 엄격하게 키우셨다. ·······················(O ×)

12. 나는 일을 할 때 여러 번 반복해서 하기 때문에 내 일에 대해서는 훤히 알고 있는 편이다. ········(O ×)

13. 나는 다른 사람들보다 비누를 더 많이 쓰는 편이다. ·······················(O ×)

14. 어떤 숫자들은 매우 불길한 의미를 지니고 있다고 생각한다. ·······················(O ×)

15. 편지를 부치기 전에 쓴 것을 몇 번씩 확인한다. ·······················(O ×)

16. 외출하려고 옷을 입을 때는 시간이 많이 걸린다. ·······················(O ×)

17. 나는 청결에 대해서 지나친 관심을 갖고 있다. ································· (○ ×)

18. 내가 갖고 있는 주된 문제점 중 하나는 너무 세세한 것까지 신경을 쓴다는 것이다. ····· (○ ×)

19. 매우 깨끗이 정리되어 있는 화장실을 사용할 때는 주저하게 된다. ········ (○ ×)

20. 나한테 가장 문제가 되는 것은 무엇이든지 반복 확인해야만 하는 것이다. ····· (○ ×)

21. 나는 병균이나 질병에 대해서 지나치게 걱정하는 편이다. ··············· (○ ×)

22. 나는 어떤 일을 한 번 이상 확인하는 편이다. ························· (○ ×)

23. 나는 일상적인 일을 할 때도 정해진 절차를 매우 엄격하게 따르려고 한다. ····· (○ ×)

24. 돈을 만지고 난 다음에는 내 손이 더러워졌다는 생각이 든다. ·········· (○ ×)

25. 일상적인 일을 할 때도 세어 보는 버릇이 있다. ······················ (○ ×)

26. 아침에 세수하는 시간이 오래 걸린다. ····························· (○ ×)

27. 나는 소독약을 많이 쓰는 편이다. ································· (○ ×)

28. 일들을 반복해서 확인하느라고 매일 많은 시간을 허비한다. ············ (○ ×)

29. 저녁에 옷을 걷다거나 개어 놓느라고 많은 시간을 쓰는 편이다. ········· (○ ×)

30. 어떤 일을 매우 주의 깊게 했어도 그것이 아주 잘 되지는 않았다는 생각이 들곤 한다. ····· (○ ×)

31. 책상에 부스러기가 하나라도 있으면 잠들지 못한다. ················· (○ ×)

32. 물건이 한 줄로 잘 정돈되어 있으면 마음에 안정이 된다. ·············· (○ ×)

33. 음식을 먹을 때 항상 여분의 접시를 사용한다. ······················ (○ ×)

34. 다른 사람과 스킨십을 하는 것이 꺼려진다. ························· (○ ×)

35. 책을 읽을 때 새것처럼 깨끗이 읽는 것을 좋아한다. ················· (○ ×)

36. 삐뚤어진 선을 보면 마음이 불편하다. ····························· (○ ×)

37. 짜놓은 계획대로 상황이 흘러가지 않으면 불안해진다. ··············· (○ ×)

38. 정리가 되지 않은 책상을 보면 스트레스를 받는다. ··················· (○ ×)

39. 완벽하게 하지 못할 바에는 시작하지 않는다. ······················ (○ ×)

40. 밖에 나갔다 들어오면 반드시 손을 닦는다. ························· (○ ×)

[1 ~ 80] 다음은 조직에 잘 적응할 수 있는지 알아보기 위해 표준화하는 과정으로 솔직하게 응답하여야 한다. 각 문항들을 자세히 읽고 그 정도에 표기하시오.

<문제풀이 및 해석방법>
- '전혀 아니다' 항목을 3점 척도로 점수를 계산한다.
- 점수가 높을수록 조직적응능력이 부족한 것으로 해석할 수 있다.
- 본 검사는 질문의 일부만으로 측정하는 것으로 정확도가 실제와 다를 수 있으므로 참고용으로만 확인하시길 바랍니다.

정말 그렇다	조금 그렇다	전혀 아니다
①	②	③

1. 나는 우리나라를 사랑한다. ① ② ③

2. 나는 빵보다 떡을 더 좋아한다. ① ② ③

3. 나는 늘 배가 고프다. ① ② ③

4. 나는 영화를 좋아한다. ① ② ③

5. 가족 중에 나를 괴롭히고 못살게 구는 사람이 있다. ① ② ③

6. 나는 부모님들의 부당한 강요를 더 이상 견디기 어렵다. ① ② ③

7. 나는 가족의 따뜻한 사랑을 받지 못하고 자랐다. ① ② ③

8. 최근에 돈 때문에 심각한 어려움을 겪고 있다. ① ② ③

9. 다른 사람들과 친밀한 관계를 거의 갖지 못한다. ① ② ③

10. 내 주변 사람들이 나만 괴롭히고 있다. ① ② ③

11. 조직 내 부당한 처벌이 존재한다. ① ② ③

12. 동료의 모든 행동이 불쾌하다. ① ② ③

13. 나는 말이나 행동이 거친 편이다. .... ① ② ③

14. 나는 학생시절 떠든다고 지적을 받은 경우가 많다. .... ① ② ③

15. 나는 부모님으로부터 꾸중을 들은 경우가 많다. .... ① ② ③

16. 나는 학교 다닐 때 말썽을 일으켜 벌을 받은 적이 있다. .... ① ② ③

17. 나는 화가 나면 상대가 나이가 많거나 힘이 세도 대든다. .... ① ② ③

18. 나는 화가 나면 물불을 가리지 않는 편이다. .... ① ② ③

19. 최근에는 나도 모르게 화가 나서 누군가를 때린 적이 있었다. .... ① ② ③

20. 나는 요즘 화를 내거나 과격한 행동을 자주 한다. .... ① ② ③

21. 최근에 구체적인 자살계획을 세운 적이 있다. .... ① ② ③

22. 죽으면 모든 문제가 해결된다고 생각한다. .... ① ② ③

23. 죽고 싶다는 생각을 자주 한다. .... ① ② ③

24. 가끔 자살하는 사람들이 부럽다. .... ① ② ③

25. 끔찍한 경험으로 지금까지도 죄책감을 느끼고 있다. .... ① ② ③

26. 과거의 좋지 못한 경험이 지금도 나를 괴롭히고 있다. .... ① ② ③

27. 예전에 있었던 심각한 일들이 계속 떠올라 힘들다. .... ① ② ③

28. 나는 무슨 일을 하면 꼭 후회한다. .... ① ② ③

29. 인터넷을 하느라 밤을 샌 적이 있다. .... ① ② ③

30. 주변으로부터 까칠하다는 평을 듣는다. .... ① ② ③

31. 술이나 담배로 문제를 일으킨 적이 있다. .... ① ② ③

32. 나는 남의 돈을 자주 빌리는 버릇이 있다. .... ① ② ③

33. 혼자 있을 때 이상한 소리가 들린다. .... ① ② ③

34. 내 안에 완전히 다른 여러 인물이 있는 것 같다. .... ① ② ③

35. 때로는 사람이 물건으로 보일 때가 있다. .... ① ② ③

36. 내 영혼이 가끔 내 몸을 떠난다. ·· ① ② ③

37. 누가 내 뒤를 몰래 따라 다니는 것 같다. ·· ① ② ③

38. 한 가지 일에 정신을 집중하기가 어렵다. ·· ① ② ③

39. 머리가 자주 쑤시고 아프다. ·· ① ② ③

40. 나는 아무 이유도 없이 불안할 때가 많다. ·· ① ② ③

41. 나는 사는 것 자체가 힘들고 불행하다고 자주 느낀다. ···························· ① ② ③

42. 나는 항상 힘이 없고 매사에 자신이 없다. ·· ① ② ③

43. 나는 사는 것이 도무지 즐겁지가 않다. ·· ① ② ③

44. 나는 걱정이 많고 같은 생각을 반복할 때가 많다. ·································· ① ② ③

45. 나를 아는 사람들은 대부분 나를 좋아한다. ·· ① ② ③

46. 사람들은 내가 재치 있고 똑똑한 사람으로 알고 있다. ···························· ① ② ③

47. 나에게 어려움이 닥쳐도 이겨낼 자신이 있다. ·· ① ② ③

48. 나의 미래는 밝다고 생각한다. ·· ① ② ③

49. 혼자보다는 사람들과 함께 작업하는 것을 좋아한다. ······························ ① ② ③

50. 친구들의 문제에 대하여 상담을 잘 해준다. ·· ① ② ③

51. 낯선 사람과도 말을 잘 건네고 쉽게 가까워진다. ·································· ① ② ③

52. 나는 좋은 친구들이 많은 편이다. ··· ① ② ③

53. 나는 내가 속한 집단을 위해서라면 내 주장을 꺾을 수 있다. ················ ① ② ③

54. 나는 다른 사람들의 입장을 먼저 생각한 다음 행동한다. ······················ ① ② ③

55. 따뜻한 사랑을 나누고 보살펴 주는 것을 잘 한다. ································ ① ② ③

56. 친절히 가르쳐주고 상담해 주는 것을 잘 한다. ······································ ① ② ③

57. 나는 단체 생활도 잘 해낼 것 같다. ·· ① ② ③

58. 나는 단체 생활에서 눈치가 빠른 편이다. ·· ① ② ③

59. 나는 여러 사람들이 모여 힘든 일을 해내는 것이 재미있다. ································· ① ② ③

60. 조직 사회에서는 개인의 불만을 참고 서로 협력해야 한다. ······························· ① ② ③

61. 나는 몸이 튼튼해야 정신도 건강해진다고 생각한다. ································· ① ② ③

62. 나는 건강한 편이라 감기 등 병에 잘 걸리지 않는 편이다. ······························· ① ② ③

63. 나는 실내에서 가만히 있는 것보다 야외 활동을 좋아한다. ······························· ① ② ③

64. 나는 단체로 할 수 있는 운동경기를 좋아한다. ··· ① ② ③

65. 나는 주변 사람들로부터 적극적이라는 말을 자주 듣는다. ······························· ① ② ③

66. 나는 윗사람들 앞에서도 소신 있게 이야기 한다. ······································· ① ② ③

67. 나는 좋은 의도라고 하더라도 거짓말을 하지 않으려고 노력한다. ···················· ① ② ③

68. 남들과 똑같이 하기 보다는 남들과 다른 새로운 방법을 생각해 보곤 한다. ·········· ① ② ③

69. 항상 보면 자기 할 일을 제대로 해 놓지 않은 사람들이 불평이 더 많다. ·········· ① ② ③

70. 나는 확실하지만 작은 이익보다는 불확실하더라도 큰 이익을 추구한다. ·········· ① ② ③

71. 조직에서 나를 곤란하게 한 사람에게 반드시 되갚아준다. ······························· ① ② ③

72. 나 자신에게 연민을 느낀다. ··· ① ② ③

73. 점심시간은 혼자 보내고 싶다. ··· ① ② ③

74. 조직에 존경하는 사람이 있다. ··· ① ② ③

75. 내 친구들은 늘 나를 서운하게 한다. ··· ① ② ③

76. 친구들의 사정을 잘 알고 있다. ··· ① ② ③

77. 혼자 지내는 것도 나쁘지 않다고 생각한다. ··· ① ② ③

78. 혼자 다니는 것이 편하다. ··· ① ② ③

79. 지인들의 생일을 챙기는 편이다. ··· ① ② ③

80. 동료와의 저녁식사는 회사생활의 연장이다. ··· ① ② ③

심리적 안정성 검사의 유형

스트레스, 우울증, 불안증, 정신분열장애 등을 검사하며 심리적 안정성을 파악한다.

Section 01 | 스트레스 검사 1·2

정신적 · 육체적 균형과 안정을 깨뜨리려고 하는 자극에서 원래의 안정 상태를 유지하고자 자극에 저항하는 반응을 스트레스라고 한다.

Section 02 | 우울증 검사 (K-BDI)

일시적으로 기분만 저하된 상태를 뜻하는 것이 아니라 생각의 내용, 사고과정, 동기, 의욕, 관심, 행동, 수면, 신체활동 등 전반적인 정신기능이 저하된 상태를 말한다.

Section 03 | 불안증 검사

만성적으로 걱정, 근심이 많은 병으로 여러 가지 신체적인 증상이나 정신적인 증상이 나타나는 질환이다. 불안증을 검사하는 항목이다.

Section 04 | 정신분열장애 검사

말, 행동, 감정, 인지 등 다양한 영역에서 복합적인 증상들이 나타나는 정신병적 상태로 사고의 장애, 망상, 환각, 현실과의 괴리감, 기이한 행동 등의 증상을 갖는 상태를 말한다. 주요 증상 중에 2가지 증상이 6개월 이상 지속될 경우 의심할 수 있다.

Section 05 | 성격평가 질문지(PAI)

PAI(Personality Assessment Inventory)는 객관형 성격평가 질문지이다. 다음 문항들은 성인의 다양한 정신 병리를 측정하기 위하여 구성된 성격검사로 임상진단, 치료계획 및 진단을 변별하는 데 정보를 제공해 줄 수 있을 뿐만 아니라 정상인에게도 적용할 수 있는 성격검사이다.

01 스트레스 검사 1

[1 ~ 10] 다음 질문들은 자신이 느끼는 스트레스를 측정하고자 하는 설문이다. 잘 읽고 해당 항목에 체크하시오.

<문제풀이 및 해석방법>

• '항상 있었다' 항목을 5점 척도로 점수를 계산한다.
• 점수가 높을수록 스트레스 지수가 매우 높음으로 해석할 수 있다.
• 본 검사는 질문의 일부만으로 측정하는 것으로 정확도가 실제와 다를 수 있으므로 참고용으로만 확인하시길 바랍니다.

전혀 없었다	가끔 있었다	거의 없었다	자주 있었다	항상 있었다
①	②	③	④	⑤

1. 예상 밖의 일 때문에 속상한 적은 얼마나 있는가? ·· ① ② ③ ④ ⑤

2. 인생에서 중요한 일을 해야 할 수 없다고 느낀 경우는 얼마나 있는가? ··············· ① ② ③ ④ ⑤

3. 긴장되고 스트레스를 받았다고 느낀 경우는 얼마나 있는가? ······························ ① ② ③ ④ ⑤

4. 개인적인 문제들을 처리하는 능력에 대해 몇 번이나 확신했는가? ······················· ① ② ③ ④ ⑤

5. 일이 당신의 뜻대로 된다고 느낀 경우는 얼마나 있는가? ································· ① ② ③ ④ ⑤

6. 얼마나 자주 화를 억누를 수 있는가? ··· ① ② ③ ④ ⑤

7. 해야 할 일을 감당할 수 없다고 느낀 적은 얼마나 있는가? ····························· ① ② ③ ④ ⑤

8. 기분이 매우 좋다고 느낀 적은 얼마나 있는가? ·· ① ② ③ ④ ⑤

9. 일들이 잘 안 풀릴 때 얼마나 자주 화를 냈는가? ··· ① ② ③ ④ ⑤

10. 일이 과도하게 누적되어 극복할 수 없다고 생각한 경우가 얼마나 있는가? ·········· ① ② ③ ④ ⑤

[1 ~ 45] 다음 질문들은 자신이 경험했던 사건들을 생각하면서 지난 한 달간 각 항목의 느낌을 어느 정도 경험했는지를 해당되는 보기에 체크하시오.

<문제풀이 및 해석방법>

- '아주 그렇다' 항목을 5점 척도로 점수를 계산한다.
- 점수가 높을수록 스트레스 지수가 매우 높음으로 해석할 수 있다.
- 본 검사는 질문의 일부만으로 측정하는 것으로 정확도가 실제와 다를 수 있으므로 참고용으로만 확인하시길 바랍니다.

전혀 그렇지 않다	약간 그렇다	웬만큼 그렇다	상당히 그렇다	아주 그렇다
①	②	③	④	⑤

1. 문제들이 풀리지 않고 계속 쌓이는 느낌이다. ①　②　③　④　⑤

2. 다른 사람으로부터 비난받거나 심판받는다고 느껴진다. ①　②　③　④　⑤

3. 정신적으로 지친다. ①　②　③　④　⑤

4. 긴장을 풀기 어렵다. ①　②　③　④　⑤

5. 화가 난다. ①　②　③　④　⑤

6. 의욕이 떨어진다. ①　②　③　④　⑤

7. 신경이 날카로워졌다. ①　②　③　④　⑤

8. 무언가를 부수고 싶다. ①　②　③　④　⑤

9. 아무런 생각을 하고 싶지 않다. ①　②　③　④　⑤

10. 머리가 개운하지 않다. ①　②　③　④　⑤

11. 눈이 피로하다. ①　②　③　④　⑤

12. 때때로 코가 막힐 때가 있다. ①　②　③　④　⑤

13. 어지럼증(현기증)을 느낄 때가 있다. ①　②　③　④　⑤

14. 때때로 기둥을 붙잡고 서 있고 싶을 때가 있다. ①　②　③　④　⑤

15. 귀에서 소리가 들릴 때가 있다. ①　②　③　④　⑤

16. 때로는 입안에 염증이 생길 때가 있다. ①　②　③　④　⑤

17. 목이 아플 때가 있다. ··· ① ② ③ ④ ⑤

18. 혓바닥이 하얗게 되어 있을 때가 있다. ······························· ① ② ③ ④ ⑤

19. 좋아하던 음식을 별로 먹지 않게 되었다. ·························· ① ② ③ ④ ⑤

20. 식후에 위가 무거워지는 느낌이 있다. ······························· ① ② ③ ④ ⑤

21. 배가 팽팽하거나 아프거나 한다. ··· ① ② ③ ④ ⑤

22. 어깨가 아프다. ··· ① ② ③ ④ ⑤

23. 등골이나 배가 아픈 적이 있다. ··· ① ② ③ ④ ⑤

24. 좀처럼 피로가 없어지지 않는다. ··· ① ② ③ ④ ⑤

25. 근래에 몸무게가 줄었다. ·· ① ② ③ ④ ⑤

26. 쉽게 피로를 느낀다. ·· ① ② ③ ④ ⑤

27. 아침에 기분 좋게 일어날 수 없는 날이 있다. ·················· ① ② ③ ④ ⑤

28. 일할 의욕이 생기지 않는다. ·· ① ② ③ ④ ⑤

29. 잠을 쉽게 들지 못한다. ·· ① ② ③ ④ ⑤

30. 꿈을 많이 꾸거나 선잠을 잔다. ··· ① ② ③ ④ ⑤

31. 새벽 한 시나 두 시 경에 잠이 깨어버린다. ····················· ① ② ③ ④ ⑤

32. 갑자기 숨쉬기가 힘들어질 때가 있다. ······························· ① ② ③ ④ ⑤

33. 때때로 가슴이 두근거릴 때가 있다. ···································· ① ② ③ ④ ⑤

34. 가슴이 아파오는 경우가 잦다. ··· ① ② ③ ④ ⑤

35. 자주 감기에 걸린다. ·· ① ② ③ ④ ⑤

36. 사소한 일로 화가 난다. ·· ① ② ③ ④ ⑤

37. 손발이 찰 때가 있다. ·· ① ② ③ ④ ⑤

38. 손바닥이나 겨드랑이에 땀이 날 때가 있다. ······················ ① ② ③ ④ ⑤

39. 사람을 만나는 것이 두려울 때가 있다. ······························ ① ② ③ ④ ⑤

40. 두피가 뜨겁게 느껴질 때가 있다. ······································· ① ② ③ ④ ⑤

41. 식탐이 있는 편이다. ·· ① ② ③ ④ ⑤

42. 밤 귀가 예민한 편이다. ·· ① ② ③ ④ ⑤

43. 가끔 목에 무언가 걸린 기분을 느낀다. ······························ ① ② ③ ④ ⑤

44. 종종 이유 없는 불안함을 느낀다. ······································· ① ② ③ ④ ⑤

45. 때때로 느닷없이 구역질을 한다. ··· ① ② ③ ④ ⑤

[1 ~ 20] 다음 문항들을 주의 깊게 읽고 각 번호의 4가지 문항 중 오늘을 포함하여 지난 1주 동안 자신의 상태를 가장 잘 나타낸다고 생각되는 문항 하나를 반드시 선택하시오.

<문제풀이 및 해석방법>

• 문항별로 ④번 문제를 4점 척도로 점수 계산한다.
• 점수가 높을수록 우울증 위험도가 있는 것으로 해석할 수 있다.
• 본 검사는 질문의 일부만으로 측정하는 것으로 정확도가 실제와 다를 수 있으므로 참고용으로만 확인하시길 바랍니다.

---

1 ① 나는 슬픔을 느끼지 않는다. ⋯⋯⋯⋯⋯⋯⋯⋯⋯⋯⋯⋯⋯⋯⋯⋯⋯⋯⋯⋯⋯ ( )

　② 나는 슬픔을 느낀다. ⋯⋯⋯⋯⋯⋯⋯⋯⋯⋯⋯⋯⋯⋯⋯⋯⋯⋯⋯⋯⋯⋯⋯⋯ ( )

　③ 나는 항상 슬픔을 느끼고 그것을 떨쳐 버릴 수 없다. ⋯⋯⋯⋯⋯⋯⋯⋯ ( )

　④ 나는 너무나도 슬프고 불행해서 도저히 견딜 수가 없다. ⋯⋯⋯⋯⋯⋯ ( )

2 ① 나는 앞날에 대해 별로 걱정하지 않는다. ⋯⋯⋯⋯⋯⋯⋯⋯⋯⋯⋯⋯⋯ ( )

　② 나는 앞날에 대해 별로 기대할 것이 없다고 느낀다. ⋯⋯⋯⋯⋯⋯⋯⋯ ( )

　③ 나는 앞날에 대해 기대할 것이 하나도 없다고 느낀다. ⋯⋯⋯⋯⋯⋯⋯ ( )

　④ 나는 앞날이 암담하고 전혀 희망이 없다고 느낀다. ⋯⋯⋯⋯⋯⋯⋯⋯⋯ ( )

3 ① 나는 실패한 것과 같은 느낌을 느끼지 않는다. ⋯⋯⋯⋯⋯⋯⋯⋯⋯⋯⋯ ( )

　② 나는 다른 사람에 비해 실패의 경험이 많다고 느낀다. ⋯⋯⋯⋯⋯⋯⋯ ( )

　③ 살아온 과거를 되돌아보면 항상 많은 일에 실패를 했다. ⋯⋯⋯⋯⋯⋯ ( )

　④ 나는 한 인간으로서 완전히 실패했다고 느낀다. ⋯⋯⋯⋯⋯⋯⋯⋯⋯⋯ ( )

4 ① 나는 전과 다름없이 일상생활에 만족하고 있다. ⋯⋯⋯⋯⋯⋯⋯⋯⋯⋯ ( )

　② 나는 일상생활이 예전처럼 즐겁지 않다. ⋯⋯⋯⋯⋯⋯⋯⋯⋯⋯⋯⋯⋯⋯ ( )

　③ 나는 무엇을 해도 만족스럽지 않다. ⋯⋯⋯⋯⋯⋯⋯⋯⋯⋯⋯⋯⋯⋯⋯⋯ ( )

　④ 나는 만사가 불만스럽고 짜증이 난다. ⋯⋯⋯⋯⋯⋯⋯⋯⋯⋯⋯⋯⋯⋯⋯ ( )

5 ① 나는 특별히 죄책감을 느끼지 않는다. ··· (　)

② 나는 때때로 죄책감을 느낀다. ·· (　)

③ 나는 자주 죄책감을 느낀다. ·· (　)

④ 나는 항상 죄책감에 빠져 있다. ·· (　)

6 ① 나는 내가 벌을 받고 있다고 느끼지 않는다. ·· (　)

② 나는 내가 벌을 받을지도 모른다고 느낀다. ·· (　)

③ 나는 내가 벌을 곧 받을 것이라고 느낀다. ··· (　)

④ 나는 현재 벌을 받고 있다고 느낀다. ·· (　)

7 ① 나는 나 자신에 대해 실망하지 않는다. ··· (　)

② 나는 나 자신에 대해 실망할 때가 많다. ··· (　)

③ 나는 나 자신이 지긋지긋 하게 느껴진다. ·· (　)

④ 나는 자신을 증오한다. ··· (　)

8 ① 나는 내가 다른 사람보다 못하다고 생각하지 않는다. ·· (　)

② 나는 나의 약점이나 실수를 가끔 내 탓으로 돌린다. ··· (　)

③ 나는 내가 잘못하는 것은 항상 내 탓이라고 생각한다. ·· (　)

④ 나는 잘못된 일은 모두 내 탓이라고 생각한다. ··· (　)

9 ① 나는 죽고 싶다는 생각을 해본 적이 없다. ··· (　)

② 나는 가끔 죽고 싶다는 생각이 들지만 실행하지는 못할 것이다. ··································· (　)

③ 나는 죽고 싶다는 생각을 할 때가 많다. ··· (　)

④ 나는 기회만 있으면 자살할 것이다. ·· (　)

10 ① 나는 요새 평소보다 더 좋거나 하지 않는다. ·· (　)

② 나는 요새 이전보다 더 자주 우는 편이다. ··· (　)

③ 나는 요즈음은 항상 울고 있다. ··· (　)

④ 나는 울고 싶어도 나올 눈물조차 없다. ·· (　)

11　① 나는 전보다 더 짜증을 내지는 않는다. ································(　)

　　② 나는 전보다 더 쉽게 짜증을 낸다. ····································(　)

　　③ 나는 요새 항상 짜증이 난다. ··(　)

　　④ 나는 짜증을 내기에도 지쳤다. ······································(　)

12　① 나는 다른 사람들과 여전히 잘 어울린다. ··························(　)

　　② 나는 다른 사람들과 어울리지 못할 때가 가끔 있다. ··············(　)

　　③ 나는 거의 대부분 다른 사람들과 어울리지 못한다. ··············(　)

　　④ 나는 다른 사람들에 대해 전혀 흥미가 없다. ····················(　)

13　① 나의 결단력은 전과 다름없다. ······································(　)

　　② 나는 전보다 결단력이 다소 약해진다. ····························(　)

　　③ 나는 전보다 결단력이 훨씬 약해졌다. ····························(　)

　　④ 나는 어찌할 바를 몰라 아무 것도 결단을 내릴 수가 없다. ······(　)

14　① 전보다 내 모습이 못하지는 않다. ··································(　)

　　② 내가 늙거나 매력이 없어진 것 같아 걱정이다. ··················(　)

　　③ 내 모습이 변해 매력이 없어진 것이 분명하다. ··················(　)

　　④ 내 모습은 확실히 추해져서 남들이 불쾌하게 생각한다. ··········(　)

15　① 나는 전과 같이 일을 잘 할 수 있다. ······························(　)

　　② 나는 전처럼 일을 하려면 조금 힘이 든다. ······················(　)

　　③ 나는 무슨 일이든지 시작하려면 무척 힘이 든다. ················(　)

　　④ 나는 너무 지쳐서 아무 일도 할 수가 없다. ····················(　)

16 ① 나는 평소처럼 잠을 잘 잘 수 있다. ·· ( )

② 나는 평소처럼 잠을 잘 자지 못한다. ·· ( )

③ 나는 평소보다 1 ~ 2시간 일찍 깨서 다시 잠들기 어렵다. ········· ( )

④ 나는 평소보다 몇 시간 일찍 깨서 다시 잠들기 어렵다. ············· ( )

17 ① 나는 별로 피곤한지 모르고 지낸다. ·· ( )

② 나는 전보다 쉽게 피로해진다. ··· ( )

③ 나는 사소한 일에도 곧 피로해진다. ·· ( )

④ 나는 너무 피로해서 아무 일도 할 수 없다. ································· ( )

18 ① 나의 입맛은 평소와 같다. ·· ( )

② 나의 입맛이 전과 같이 좋지는 않다. ·· ( )

③ 나는 요새 입맛이 매우 나빠졌다. ·· ( )

④ 나는 전혀 입맛이 없다. ·· ( )

19 ① 나의 몸무게는 변함이 없다. ·· ( )

② 최근 몸무게가 3kg 가량 줄었다. ·· ( )

③ 최근 몸무게가 5kg 가량 줄었다. ·· ( )

④ 최근 몸무게가 7kg 가량 줄었다. ·· ( )

20 ① 나는 건강에 대해 별로 걱정하지 않는다. ···································· ( )

② 나는 갑작스런 통증이나 배탈, 변비 같은 신체상의 문제들을 걱정한다. ···· ( )

③ 나는 신체적 건강에 대한 걱정 때문에 다른 일을 하기가 힘들다. ········· ( )

④ 나는 신체적 건강에 대한 걱정 때문에 전혀 아무 일도 할 수 없다. ········· ( )

[1 ~ 40] 다음은 여러 유형의 불안들이 지난 며칠 동안 자신을 얼마나 괴롭혔는지 판단하는 문항들이다. 각 문항을 읽고 하나씩 솔직하게 선택하시오.

<문제풀이 및 해석방법>

• '매우 그렇다' 항목을 4점 척도로 점수 계산한다.
• 점수가 높을수록 불안증이 높다는 것으로 해석할 수 있다.
• 본 검사는 질문의 일부만으로 측정하는 것으로 정확도가 실제와 다를 수 있으므로 참고용으로만 확인하시길 바랍니다.

전혀 아니다	조금 그렇다	보통 그렇다	매우 그렇다
①	②	③	④

1. 불안, 걱정, 두려움 때문에 신경이 예민하다. ···········① ② ③ ④

2. 주변 상황이 현실성이 없어 보이고 안개에 싸여있는 것 같이 혼란하게 느껴진다. ···········① ② ③ ④

3. 내 몸의 일부가 내 몸이 아니고 내 몸의 일부가 분리된 것처럼 느껴진다. ···········① ② ③ ④

4. 갑자기 현기증이 나고 숨이 가빠지고 쓰러질 것 같은 느낌이 든다. ···········① ② ③ ④

5. 긴박하고 절박한 느낌이나 근심 걱정이 느껴진다. ···········① ② ③ ④

6. 긴장되어 벼랑 끝에 선 느낌이 든다. ···········① ② ③ ④

7. 마음을 한 곳에 집중하기 어렵다. ···········① ② ③ ④

8. 마음이 이곳에서 저곳으로 종잡을 수가 없다. ···········① ② ③ ④

9. 상상에 빠지거나 백일몽에 빠지는 것에 놀랄 때가 있다. ···········① ② ③ ④

10. 컨트롤을 잃어버리지 않을까 두렵다. ···········① ② ③ ④

11. 돌아버리지 않을까 두렵다. ···········① ② ③ ④

12. 현기증이 나서 쓰러질까 두렵다. ···········① ② ③ ④

13. 심장마비나 신체적 질병에 걸릴까 두렵다. ···········① ② ③ ④

14. 다른 사람 앞에서 바보처럼 보일까 혹은 부적당하게 보일까 신경이 쓰인다. ···········① ② ③ ④

15. 혼자가 되거나 고립이 되어 외톨이가 될까 두렵다. ································① ② ③ ④

16. 다른 사람의 비판이나 불인정을 받을까 두렵다. ·····························① ② ③ ④

17. 두려운 어떤 일이 일어날까 두렵다. ···① ② ③ ④

18. 때때로 심장이 빨리 뛰고 두근거림을 느낀다. ·····························① ② ③ ④

19. 가슴에 통증을 느낀다. ··① ② ③ ④

20. 손가락이나 발가락이 마비됨을 느낀다. ·····································① ② ③ ④

21. 위에 불쾌감이 느껴지고 위 속에 나비가 들어 있는 것 같이 더부룩하다. ·······① ② ③ ④

22. 변비 혹은 설사가 잦다. ···① ② ③ ④

23. 휴식이 느껴지지 않고 늘 피곤함을 느낀다. ·······························① ② ③ ④

24. 근육의 긴장이 느껴진다. ··① ② ③ ④

25. 식은땀이 난다. ···① ② ③ ④

26. 목에 덩어리가 걸린 것 같이 뻑뻑하게 느껴진다. ·························① ② ③ ④

27. 부들부들 떨리고 소름이 끼친다. ···① ② ③ ④

28. 다리에 힘이 빠진다. ···① ② ③ ④

29. 현기증이 나고 몸이 균형을 잃을 때가 있다. ·····························① ② ③ ④

30. 호흡이 어렵고 몸이 막힐 때가 있다. ·····································① ② ③ ④

31. 아침에 늘 힘들게 일어난다. ···① ② ③ ④

32. 지금 내가 하는 일에 만족하지 못한다. ···································① ② ③ ④

33. 예상하지 못하는 하루하루가 버겁다. ·····································① ② ③ ④

34. 종종 지나간 일들을 떠올리면 후회가 밀려온다. ·························① ② ③ ④

35. 꿈을 꾸면 반드시 해몽을 확인한다. ·······································① ② ③ ④

36. 매 순간이 긴장의 연속이다. ···① ② ③ ④

37. 어떤 것도 나에게 새로움을 주지 못한다. ·································① ② ③ ④

38. 곤경에 처했을 때 적극적으로 해결하기 어렵다. ·························① ② ③ ④

39. 최근 소화불량으로 고생했다. ···① ② ③ ④

40. 누구에게 말하지 못할 정도로 나쁜 생각을 할 때가 있다. ···············① ② ③ ④

[1 ~ 40] 다음 문항들을 읽고 현재 자신에 관한 적절한 설명이라고 생각되는 문항에 해당되는 곳에 체크하시오.

<문제풀이 및 해석방법>

• '매우 그렇다' 항목을 4점 척도로 점수를 계산한다.
• 점수가 높을 경우 정신분열을 의심은 하지만 해당검사는 전문 기관에서 6개월 이상 지속적으로 검사하여 판단한다.
• 본 검사는 질문의 일부만으로 측정하는 것으로 정확도가 실제와 다를 수 있으므로 참고용으로만 확인하시길 바랍니다.

전혀 그렇지 않다	약간 그렇다	상당히 그렇다	매우 그렇다
①	②	③	④

1. 주변에 일어나는 일을 확실하고 명료하게 이해하기가 어렵다. ① ② ③ ④

2. 가끔 내 청력이 민감해지면서 소리들이 매우 크고 날카롭게 들릴 때가 있다. ① ② ③ ④

3. 나는 가끔 다른 사람들에게는 보이지 않는 어떤 것들을 눈으로 볼 수 있다. ① ② ③ ④

4. 그럴 리가 없는데 가끔 어떤 사건이나 방송들이 나와 연관이 있는 것 같다. ① ② ③ ④

5. 사람들이 말을 길게 하면 말뜻을 정확히 이해하기 어렵다. ① ② ③ ④

6. 뭔가를 분명히 들었는데도 내가 상상한 것이 아닌가 하는 의심이 가끔 든다. ① ② ③ ④

7. 테이블이나 의자 같은 평범한 물체가 가끔 이상하게 보일 때가 있다. ① ② ③ ④

8. 가끔 나에 대한 음모가 있다는 느낌이 든다. ① ② ③ ④

9. 나는 가끔 다른 사람들에 대한 못된 평을 한다. ① ② ③ ④

10. 나는 종종 매우 평범한 말의 의미를 곰곰이 생각해야 한다. ① ② ③ ④

11. 때때로 내 생각, 감정 또는 행동이 다른 존재에 의해 지배되어지는 것 같다. ① ② ③ ④

12. 때때로 내가 움직일 때 내 사지를 제대로 느낄 수 없다. ① ② ③ ④

13. 내 생각을 누가 지켜보는 것 같다. ① ② ③ ④

14. 텔레비전을 볼 때 화면과 대화를 따라가면서 줄거리를 이해하기가 어렵다. ① ② ③ ④

15. 종종 나는 나도 모르게 어떤 소리들을 목소리로 여긴다. ································ ① ② ③ ④

16. 가끔 내 몸의 일부가 실제 크기보다 작게 보인다. ································ ① ② ③ ④

17. 주변의 물건들이 어떤 특별한 의미가 있는 것처럼 놓여져 있을 때가 있다. ········ ① ② ③ ④

18. 나는 때때로 약간 나쁜 마음을 먹을 때가 있다. ································ ① ② ③ ④

19. 평범한 일들이 가끔 특별하고 이상한 의미를 가질 때가 있다. ················ ① ② ③ ④

20. 가끔 영적 존재(신, 천사, 악마)의 목소리를 내면적으로 들을 때가 있다. ······ ① ② ③ ④

21. 적은 부분이 전체보다 더 두드러지게 보일 때가 있다. ···················· ① ② ③ ④

22. 다른 사람은 인식할 수 없는 특별한 사인이 내게 은밀히 전달될 때가 있다. ···· ① ② ③ ④

23. 어쩌다가 내가 거짓말을 하게 되는 때가 있다. ································ ① ② ③ ④

24. 나의 습관 중 많은 것들을 잊어버렸다. ································ ① ② ③ ④

25. 내 내면의 목소리가 가끔 내게 이야기하듯이 뚜렷이 들릴 때가 있다. ········ ① ② ③ ④

26. 잠시 동안 내 신체가 변형되는 느낌을 가졌다. ································ ① ② ③ ④

27. 종종 내 주변에 심상치 않은 일들이 벌어지고 있다는 느낌을 갖는다. ········ ① ② ③ ④

28. 때로 나는 당장 해야 할 어떤 일들을 미룬다. ································ ① ② ③ ④

29. 가끔 내가 만난 사람들이 내가 잘 아는 사람이라는 것을 뒤늦게 깨닫는다. ···· ① ② ③ ④

30. 때로는 다른 사람이 내 생각을 빼앗아가는 것 같다. ···················· ① ② ③ ④

31. 주변 사람들이 바쁠 때 말을 걸면 내면의 평정을 종종 잃어버린다. ·········· ① ② ③ ④

32. 어떤 사람들은 내 생각을 특별한 방식으로 읽을 수 있다. ················ ① ② ③ ④

33. 대화에 적극적으로 참여해서 내 생각을 반영하는 것은 무척이나 힘들다. ······ ① ② ③ ④

34. 어떤 일들이 내 생각대로 되지 않으면 나는 가끔 기분이 나빠진다. ·········· ① ② ③ ④

35. 흔하고 친숙한 소리들이 가끔은 이상한 방식으로 변해서 들린다. ············ ① ② ③ ④

36. 어떤 특수한 상황에서 나는 다른 사람들의 생각을 읽을 수 있다. ··········· ① ② ③ ④

37. 나는 이미 어떤 의미 있는 폭로가 시작되고 있음을 느낀다. ··············· ① ② ③ ④

38. 대화를 할 때 말의 의미를 정확히 파악하는데 종종 어려움이 있다. ·········· ① ② ③ ④

39. 나는 가끔 기억상실 증상이 있을 때가 있다. ································ ① ② ③ ④

40. 나는 모든 질문들을 가능한 한 정확하게 대답한다. ···················· ① ② ③ ④

[1 ~ 300] 현재 자신의 기분이나 행동뿐만 아니라 과거 수년 간 자신이 어떠했는지를 잘 생각해서 가장 가까운 문항을 선택하시오.

전혀 그렇지 않다	약간 그렇다	중간 정도이다	매우 그렇다
①	②	③	④

1. 필요할 때 도움이 될 만한 친구들이 있다. ··· ① ② ③ ④

2. 나는 문제가 될 만한 내적 갈등을 겪고 있다. ·· ① ② ③ ④

3. 건강 때문에 활동에 제약이 있다. ··· ① ② ③ ④

4. 어떤 상황에서는 너무 긴장해서 지내기가 매우 힘들다. ··································· ① ② ③ ④

5. 아무 이유 없이 슬퍼질 때가 많다. ··· ① ② ③ ④

6. 내 말과 생각이 너무 빨라서 다른 사람들이 이해하지 못하는 경우가 많다. ·······① ② ③ ④

7. 내가 아는 사람들은 대부분 믿을 수 있다. ·· ① ② ③ ④

8. 때때로 내 자신에 관한 것도 기억하지 못할 때가 있다. ··································· ① ② ③ ④

9. 다른 사람들이 이상하게 생각하는 아이디어를 가지고 있다. ··························· ① ② ③ ④

10. 학창시절 나는 모범생이었다. ·· ① ② ③ ④

11. 지난 몇 년 동안 많은 의사들에게 진찰을 받았다. ·· ① ② ③ ④

12. 나는 매우 사교적인 사람이다. ·· ① ② ③ ④

13. 내 기분은 매우 갑작스레 변한다. ··· ① ② ③ ④

14. 과음 때문에 죄책감을 느낄 때가 있다. ·· ① ② ③ ④

15. 나는 주도적인 사람이다. ··· ① ② ③ ④

16. 내 자신에 대한 생각도 많이 바뀐다. ·· ① ② ③ ④

17. 내가 고함치면 사람들은 놀란다. ·· ① ② ③ ④

18. 나는 다른 사람과의 관계가 변덕스럽다. ·· ① ② ③ ④

19. 차라리 죽었으면 하고 바랄 때가 있다. ·· ① ② ③ ④

20. 내가 화를 내면 사람들은 겁을 낸다. ································① ② ③ ④

21. 기분이 좋지 않으면 약을 먹을 때가 있다. ······················① ② ③ ④

22. 어떤 약이든 있으면 먹어 본다. ································① ② ③ ④

23. 가끔씩 사소한 일에 너무 신경을 쓴다. ························① ② ③ ④

24. 불안하면 정신을 집중하기가 어려울 때가 있다. ··················① ② ③ ④

25. 내가 다른 사람들을 실망시키는 것 같다. ······················① ② ③ ④

26. 나는 기발한 아이디어들이 많다. ································① ② ③ ④

27. 꾸준히 나를 괴롭히는 사람들이 있다. ··························① ② ③ ④

28. 다른 사람들과 원만한 관계를 유지하기 어렵다. ··················① ② ③ ④

29. 갚을 능력이 없으면서 돈을 빌린다. ····························① ② ③ ④

30. 늘 몸이 개운치 않다. ··① ② ③ ④

31. 자주 신경과민이라는 느낌이 든다. ····························① ② ③ ④

32. 기력이 거의 없다. ··① ② ③ ④

33. 빨리 끝내야 할 일이 있으면 안달하는 편이다. ··················① ② ③ ④

34. 대체로 사람들은 나를 공정하게 대해 준다. ····················① ② ③ ④

35. 내 생각은 너무 혼란스럽다. ···································① ② ③ ④

36. 재미삼아 위험한 일을 하기도 한다. ····························① ② ③ ④

37. 시 낭독을 좋아한다. ··① ② ③ ④

38. 가족들과 함께 있으면 즐겁다. ································① ② ③ ④

39. 내 생활은 중요한 변화가 필요하다. ····························① ② ③ ④

40. 의사도 설명할 수 없는 병을 앓고 있다. ························① ② ③ ④

41. 신경이 예민해서 일을 잘 할 수 없다. ··························① ② ③ ④

42. 행복이 무엇인지 잊은 지 오래 되었다. ························① ② ③ ④

43. 주체할 수 없을 정도로 너무 많은 일에 관여한다. ················① ② ③ ④

44. 사람들이 모두 정직하지 않기 때문에 경계한다. ··················① ② ③ ④

45. 범죄를 저지를 것 같은 생각이 든다. ····························① ② ③ ④

46. 때때로 다른 사람이 내 머리에 생각을 주입할 때가 있다. ·············· ① ② ③ ④

47. 일부러 남의 재산에 손해를 끼친 적이 있다. ···················· ① ② ③ ④

48. 매우 복잡한 건강 문제가 있다. ·························· ① ② ③ ④

49. 처음 만난 사람이라도 쉽게 사귄다. ······················ ① ② ③ ④

50. 갑자기 감정이 격해진다. ···························· ① ② ③ ④

51. 술을 마시는 것을 자제하기 어렵다. ······················ ① ② ③ ④

52. 나는 지도자가 될 자질을 타고 났다. ····················· ① ② ③ ④

53. 때때로 공허하다는 느낌이 든다. ························· ① ② ③ ④

54. 야단맞을 짓을 한 사람들에게 따끔하게 충고한다. ··············· ① ② ③ ④

55. 사람들이 내 기분을 상하게 하면 그냥 지나칠 수 없다. ············· ① ② ③ ④

56. 자살하는 방법에 대해 생각해 본 적이 있다. ·················· ① ② ③ ④

57. 때때로 성질이 폭발하면 완전히 자제력을 잃는다. ··············· ① ② ③ ④

58. 사람들은 내가 약물에 중독되었다고 말한다. ·················· ① ② ③ ④

59. 어려움을 이기기 위해 약물을 복용한 적은 없다. ··············· ① ② ③ ④

60. 진심으로 좋아하지 않는 사람은 피할 때가 있다. ··············· ① ② ③ ④

61. 걱정거리가 있을 때에는 좀처럼 즐겁지가 않다. ················ ① ② ③ ④

62. 내 자신이 가치 없다고 느껴질 때가 있다. ··················· ① ② ③ ④

63. 나는 다른 사람들에게는 없는 매우 특별한 재능을 가지고 있다. ········ ① ② ③ ④

64. 나를 모함하기 위해 일을 꾸미는 사람들이 있다. ··············· ① ② ③ ④

65. 누구에게든 별로 말을 걸지 않는다. ······················ ① ② ③ ④

66. 할 수만 있다면 다른 사람을 이용할 것이다. ·················· ① ② ③ ④

67. 여러 가지 통증으로 고생하고 있다. ······················ ① ② ③ ④

68. 때때로 걱정이 너무 많아서 실신할 것 같은 느낌이 든다. ············ ① ② ③ ④

69. 잠들기가 어렵지 않다. ····························· ① ② ③ ④

70. 목표 달성을 방해하는 사람이 있으면 몹시 짜증이 난다. ············ ① ② ③ ④

71. 나도 다른 사람만큼 운이 좋은 것 같다. ···················· ① ② ③ ④

72. 생각이 뒤죽박죽일 때가 있다. .... ① ② ③ ④

73. 단지 스릴을 느끼기 위해 위험한 행동을 자주 한다. .... ① ② ③ ④

74. 때로는 아무 쓸데도 없는 우편광고를 받아 본다. .... ① ② ③ ④

75. 문제가 있을 때 터놓고 이야기할 수 있는 사람이 있다. .... ① ② ③ ④

76. 고통이 뒤따르더라도 나에게는 바뀌어야 할 것들이 많다. .... ① ② ③ ④

77. 꼬집어 말할 수는 없지만 감각이 없는 부위가 있다. .... ① ② ③ ④

78. 아무 이유 없이 두려울 때가 있다. .... ① ② ③ ④

79. 모든 일이 힘들게 느껴진다. .... ① ② ③ ④

80. 최근 들어 평소보다 더 생기가 넘친다. .... ① ② ③ ④

81. 대부분의 사람들은 좋은 의도를 가지고 있다. .... ① ② ③ ④

82. 나는 불행한 운명을 타고 났다. .... ① ② ③ ④

83. 내 생각이 전파되어서 다른 사람들이 알 수 있는 것처럼 느껴질 때가 있다. ... ① ② ③ ④

84. 법에 저촉되는 일을 저지른 적이 있다. .... ① ② ③ ④

85. 일상생활이 어려울 정도로 병이 많다. .... ① ② ③ ④

86. 낯선 사람을 만나는 것이 즐겁다. .... ① ② ③ ④

87. 내 기분은 매우 안정되어 있다. .... ① ② ③ ④

88. 술을 줄여야 했던 적이 여러 번 있었다. .... ① ② ③ ④

89. 사람들에게 지시하는 일이 내 적성에 맞는 것 같다. .... ① ② ③ ④

90. 다른 사람들이 내 곁을 떠날까 봐 많이 걱정한다. .... ① ② ③ ④

91. 다른 운전자 때문에 화가 나면 따지는 성격이다. .... ① ② ③ ④

92. 한때 친했던 사람이 나를 실망시킨 적이 있다. .... ① ② ③ ④

93. 구체적인 자살 계획을 세운 적이 있다. .... ① ② ③ ④

94. 매우 폭력적일 때가 있다. .... ① ② ③ ④

95. 약값에 드는 비용 때문에 경제적으로 어렵다. .... ① ② ③ ④

96. 약물 때문에 직장에서 문제를 일으킨 적은 없다. .... ① ② ③ ④

97. 지나치게 불평할 때가 많다. .... ① ② ③ ④

98. 너무 근심이 많아서 견디기 어려울 때가 많다. ······① ② ③ ④

99. 더 이상 아무것도 하고 싶지 않다. ······① ② ③ ④

100. 내 계획대로 하면 나는 틀림없이 유명해질 수 있다. ······① ② ③ ④

101. 주위에 있는 사람들은 나에게 정직하다. ······① ② ③ ④

102. 혼자 하는 것이 더 편하다. ······① ② ③ ④

103. 대가만 올바르게 치러진다면 뭐든지 할 수 있다. ······① ② ③ ④

104. 나의 건강상태는 양호하다. ······① ② ③ ④

105. 심한 스트레스를 받으면 현기증이 날 때가 있다. ······① ② ③ ④

106. 수면장애는 거의 없다. ······① ② ③ ④

107. 다른 사람이 내 계획을 이해해 주지 않아서 화가 날 때가 있다. ······① ② ③ ④

108. 내가 베푼 만큼 되돌려 받지 못한다. ······① ② ③ ④

109. 정리하기 어려울 정도로 여러 가지 생각이 떠오른다. ······① ② ③ ④

110. 매우 거친 행동을 할 때가 있다. ······① ② ③ ④

111. 스포츠 중계 중에서 높이뛰기를 가장 즐겨본다. ······① ② ③ ④

112. 나는 대부분 혼자서 시간을 보낸다. ······① ② ③ ④

113. 중요한 문제들을 해결하기 위해 다른 사람의 도움이 필요하다. ······① ② ③ ④

114. 사물이 이중으로 보이거나 흐릿하게 보인 적이 있다. ······① ② ③ ④

115. 어지간해서는 공포를 느끼지 않는다. ······① ② ③ ④

116. 즐거운 일이라곤 하나도 없다. ······① ② ③ ④

117. 때때로 여러 가지 생각들이 쉴 사이 없이 떠오른다. ······① ② ③ ④

118. 일반적으로 사람들은 진실을 말한다. ······① ② ③ ④

119. 내 내면에는 완전히 다른 서너 가지 성격이 있는 것 같다. ······① ② ③ ④

120. 다른 사람들이 내 생각을 알 것 같다. ······① ② ③ ④

121. 위기 상황을 모면하기 위해 거짓말을 많이 한다. ······① ② ③ ④

122. 항상 내 병을 치료하기 어렵다고 느낀다. ······① ② ③ ④

123. 나는 정이 많은 사람이다. ······① ② ③ ④

124. 화가 나면 거의 통제하기 어렵다. ································· ① ② ③ ④

125. 음주 때문에 다른 사람과 문제가 생기는 것 같다. ··············· ① ② ③ ④

126. 내 주장을 고수하기 어렵다. ································· ① ② ③ ④

127. 때로는 내가 어떻게 살아야 할 지 걱정한다. ················· ① ② ③ ④

128. 자신의 주장을 알리기 위해서는 고함이라도 친다. ············· ① ② ③ ④

129. 외롭다는 느낌은 거의 없다. ································· ① ② ③ ④

130. 최근 들어 자살에 대해 생각하고 있다. ····················· ① ② ③ ④

131. 화가 나면 물건을 부술 때가 많다. ························· ① ② ③ ④

132. 절대로 불법적인 약물은 사용하지 않는다. ··················· ① ② ③ ④

133. 너무 충동적으로 행동해서 어려움을 겪는 경우가 가끔 있다. ····· ① ② ③ ④

134. 참기 어려울 때가 많다. ··································· ① ② ③ ④

135. 친구들은 내가 쓸데없는 걱정이 너무 많다고 말한다. ··········· ① ② ③ ④

136. 집중하기 어렵다. ··· ① ② ③ ④

137. 나는 뛰어난 업적을 달성했다. ····························· ① ② ③ ④

138. 내 일을 훼방 놓은 사람들이 있다. ························· ① ② ③ ④

139. 나는 누구에게도 친밀감을 느낄 수 없다. ··················· ① ② ③ ④

140. 뭐든지 내 방식대로 한다. ································· ① ② ③ ④

141. 몸이 불편한 데가 없다. ··································· ① ② ③ ④

142. 가슴이 두근거리는 것을 자주 느낀다. ····················· ① ② ③ ④

143. 평소보다 동작이 둔해졌다. ································· ① ② ③ ④

144. 사람들이 나의 원대한 계획을 방해하면 매우 짜증이 난다. ······· ① ② ③ ④

145. 사람들은 내가 도와주려는 의도를 제대로 받아들이지 않는다. ····· ① ② ③ ④

146. 누가 내 생각을 차단하는 것처럼 느껴질 때가 있다. ··········· ① ② ③ ④

147. 어떤 일이라도 지겨우면 그만 둔다. ························· ① ② ③ ④

148. 대부분의 사람들은 지기보다는 이기고 싶어 한다. ············· ① ② ③ ④

149. 가까운 사람들은 나를 매우 지지해준다. ··················· ① ② ③ ④

150. 나는 내 행동을 이해할 수가 없다. ································· ① ② ③ ④

151. 시력이 좋아졌다 나빠졌다 할 때가 있다. ···························· ① ② ③ ④

152. 나는 매우 침착하고 느긋한 성격이다. ···························· ① ② ③ ④

153. 예전에 즐거웠던 일들도 이젠 흥미가 없다. ······················ ① ② ③ ④

154. 내 친구들은 나만큼 사회적 활동을 할 수 없다. ················ ① ② ③ ④

155. 보통 사람들은 자신의 속셈을 숨기고 있다. ······················ ① ② ③ ④

156. 사람들은 내가 겪고 있는 고통을 이해하지 못 한다. ·········· ① ② ③ ④

157. 나는 다른 사람이 들을 수 없는 소리를 들을 수 있다. ········ ① ② ③ ④

158. 나는 용케도 처벌받지 않고 잘 피해나간다. ······················ ① ② ③ ④

159. 내 건강 문제는 다른 사람들과 비슷하다. ························ ① ② ③ ④

160. 다른 사람과 친해지려면 시간이 많이 걸린다. ·················· ① ② ③ ④

161. 나는 늘 행복한 편이다. ·· ① ② ③ ④

162. 음주는 원만한 사회생활에 도움이 된다. ·························· ① ② ③ ④

163. 리더 역할을 할 때 가장 기분이 좋다. ···························· ① ② ③ ④

164. 매우 가까운 사람들과 헤어지는 것을 견디기 어렵다. ········ ① ② ③ ④

165. 가능하면 항상 논쟁을 피한다. ······································· ① ② ③ ④

166. 친하게 지내는 사람들에게 실수를 한 적이 있다. ·············· ① ② ③ ④

167. 오래 전부터 자살에 대해 생각하고 있다. ························ ① ② ③ ④

168. 다른 사람을 위협하곤 한다. ··· ① ② ③ ④

169. 쾌감을 느끼기 위해 처방 없이는 복용할 수 없는 약물을 사용한 적이 있다. ······ ① ② ③ ④

170. 화가 나면 나에게 해로운 짓도 저지른다. ························ ① ② ③ ④

171. 나에 대한 비난을 좀처럼 받아들이기 어렵다. ·················· ① ② ③ ④

172. 다른 사람에 비해 걱정거리가 많지는 않다. ······················ ① ② ③ ④

173. 제대로 되는 일이라곤 하나도 없다. ······························· ① ② ③ ④

174. 나는 매우 중요한 문제들에 대한 해결책을 가지고 있다. ···· ① ② ③ ④

175. 나를 헤치려고 하는 사람들이 있다. ······························· ① ② ③ ④

176. 다른 사람들과 함께 있기를 좋아한다. ································· ① ② ③ ④

177. 한 사람에게 얽매이기는 싫다. ······································· ① ② ③ ④

178. 허리가 아프다. ·· ① ② ③ ④

179. 긴장을 쉽게 풀 수 있다. ·· ① ② ③ ④

180. 새벽에 일찍 깨면 다시 잠들기 어려울 때가 많다. ················ ① ② ③ ④

181. 다른 사람들이 내 생각을 이해해 주지 않으면 답답하고 화가 난다. ······· ① ② ③ ④

182. 대체로 내가 한 일에 대해 정당한 보상을 받았다. ················ ① ② ③ ④

183. 내 생각은 너무 쉽게 바뀌는 경향이 있다. ························ ① ② ③ ④

184. 한 가지 일에 안주하고 싶지 않다. ································· ① ② ③ ④

185. 내 취미는 활쏘기와 우표 수집이다. ······························· ① ② ③ ④

186. 내가 아는 사람들은 나를 잘 도와준다. ·························· ① ② ③ ④

187. 현재 내 자신에 대해 만족한다. ····································· ① ② ③ ④

188. 손에 감각을 전혀 느끼지 못할 때가 있었다. ····················· ① ② ③ ④

189. 나쁜 일이 생길 것 같은 느낌이 자주 든다. ······················ ① ② ③ ④

190. 삶에 대한 흥미도 없다. ··· ① ② ③ ④

191. 쉬지 않고 계속 일을 해야 한다는 느낌이 든다. ················· ① ② ③ ④

192. 다른 사람들은 내가 의심이 너무 많다고 생각하는 것 같다. ········ ① ② ③ ④

193. 때로는 완전히 기억을 상실할 때가 있다. ························· ① ② ③ ④

194. 내 생각을 조종하려는 사람들이 있다. ···························· ① ② ③ ④

195. 학교 다닐 때 퇴학이나 정학당한 적이 없다. ····················· ① ② ③ ④

196. 나는 특이한 질병을 앓고 있다. ····································· ① ② ③ ④

197. 처음 만난 사람도 곧 나를 잘 알 수 있다. ······················· ① ② ③ ④

198. 분노를 표현하지 못할 정도로 심하게 화가 난 적이 자주 있다. ······· ① ② ③ ④

199. 주위 사람들은 내가 술을 너무 많이 마신다고 말한다. ············ ① ② ③ ④

200. 다른 사람이 결정을 내려주는 것이 더 편하다. ··················· ① ② ③ ④

201. 나는 쉽게 싫증을 느끼지 않는다. ··································· ① ② ③ ④

202. 남에게 언성을 높이기 싫다. ·· ① ② ③ ④

203. 한 번 친한 사람은 오래 사귄다. ··· ① ② ③ ④

204. 죽으면 모든 문제가 해결된다. ··· ① ② ③ ④

205. 어른이 되고 나서 싸운 적이 없다. ·· ① ② ③ ④

206. 약물 사용을 통제할 수 없다. ·· ① ② ③ ④

207. 내 이익을 위해서는 매우 충동적이다. ··· ① ② ③ ④

208. 마지막 순간까지 일을 미룰 때가 있다. ·· ① ② ③ ④

209. 내가 처리할 수 없는 일에 대해서는 걱정하지 않는다. ·· ① ② ③ ④

210. 나에게 앞으로 좋은 일이 일어날 것 같은 생각이 든다. ··· ① ② ③ ④

211. 나는 뛰어난 코미디언이 될 수도 있다고 생각한다. ··· ① ② ③ ④

212. 의도적으로 나를 못살게 구는 사람은 거의 없다. ·· ① ② ③ ④

213. 가능하면 다른 사람들과 어울리고 싶다. ·· ① ② ③ ④

214. 한 사람과 오랫동안 사귀고 싶지 않다. ··· ① ② ③ ④

215. 나는 위가 약하다. ··· ① ② ③ ④

216. 심한 스트레스를 받으면 때때로 숨쉬기가 어렵다. ··· ① ② ③ ④

217. 식욕은 좋은 편이다. ·· ① ② ③ ④

218. 내 계획을 방해하는 사람들을 보면 참을 수 없다. ··· ① ② ③ ④

219. 일반적으로 사람들은 노력한 만큼 성공한다. ··· ① ② ③ ④

220. 때때로 누가 내 아이디어를 빼앗아갈까 봐 걱정한다. ·· ① ② ③ ④

221. 운전대에 앉으면 속도를 내고 싶다. ··· ① ② ③ ④

222. 터무니없이 비싼 물건은 사고 싶지 않다. ·· ① ② ③ ④

223. 우리 가족들은 의존하기보다 논쟁을 많이 하는 편이다. ··· ① ② ③ ④

224. 대부분 내 문제는 내 자신이 초래한 것이다. ··· ① ② ③ ④

225. 걸을 수 없을 정도로 다리에 힘이 빠졌던 적이 있다. ·· ① ② ③ ④

226. 좀처럼 불안을 느끼거나 긴장하지 않는다. ·· ① ② ③ ④

227. 최근에는 대체로 행복할 때가 많다. ··· ① ② ③ ④

228. 최근 들어 보통 때보다 잠을 적게 잔다. ···································· ① ② ③ ④

229. 무슨 일이든 겉만 보고는 알기 어렵다. ···································· ① ② ③ ④

230. 때로는 사물이 한 가지 색으로 보일 때가 있다. ························· ① ② ③ ④

231. 나는 무슨 일이 일어날 지 육감적으로 안다. ·························· ① ② ③ ④

232. 나이에 비해 나는 건강한 편이다. ··· ① ② ③ ④

233. 소외된 사람들에 대해서도 잘 대해주려고 애쓴다. ···················· ① ② ③ ④

234. 때로는 아침에 일어나서 술부터 마신다. ······························· ① ② ③ ④

235. 술 때문에 가정생활에 문제가 생긴다. ·································· ① ② ③ ④

236. 내가 하고 싶은 말은 다 하는 편이다. ·································· ① ② ③ ④

237. 보통 다른 사람들이 시키는 대로 한다. ································· ① ② ③ ④

238. 나는 성질을 잘 부린다. ·· ① ② ③ ④

239. 어지간한 일로는 화내지 않는다. ··· ① ② ③ ④

240. 유서에 쓸 말을 생각해 본 적이 있다. ·································· ① ② ③ ④

241. 아무리 생각해도 살아야 할 이유를 찾을 수 없다. ···················· ① ② ③ ④

242. 약물 때문에 건강을 해친 적이 있다. ··································· ① ② ③ ④

243. 나는 돈을 너무 헤프게 쓴다. ·· ① ② ③ ④

244. 지킬 수 없는 약속을 할 때가 있다. ···································· ① ② ③ ④

245. 나는 쓸데없는 걱정이 많다. ··· ① ② ③ ④

246. 때가 오면 나도 인류에 크게 기여할 수 있다. ························· ① ② ③ ④

247. 최근 들어 무슨 일이든 다 할 수 있다는 자신감이 있다. ·············· ① ② ③ ④

248. 나에게 원한을 품고 있는 사람들이 있다. ······························· ① ② ③ ④

249. 친구를 쉽게 사귀는 편이다. ··· ① ② ③ ④

250. 나만 생각하고 다른 사람은 신경 쓰지 않는다. ························· ① ② ③ ④

251. 다른 사람들보다 두통이 잦은 편이다. ·································· ① ② ③ ④

252. 자주 손에 땀이 나곤 한다. ·· ① ② ③ ④

253. 자다가 밤중에 자주 깬다. ·· ① ② ③ ④

254. 가끔씩 너무 예민해져서 쉽게 화를 낸다. ································· ① ② ③ ④

255. 나는 원한을 품는 사람은 아니다. ····································· ① ② ③ ④

256. 머리에 떠올랐던 생각들이 갑자기 사라진다. ························· ① ② ③ ④

257. 위험을 감수하면서도 도전해 보고 싶다. ····························· ① ② ③ ④

258. 대부분의 사람들은 치과에 가기를 좋아한다. ························· ① ② ③ ④

259. 가족들과 함께 시간을 보내는 일은 거의 없다. ······················ ① ② ③ ④

260. 나의 문제는 내가 해결할 수 있다. ··································· ① ② ③ ④

261. 가끔씩 몸의 일부분이 마비되곤 한다. ······························· ① ② ③ ④

262. 나는 쉽게 놀라는 편이다. ··· ① ② ③ ④

263. 나는 언제나 행복하고 긍정적이다. ·································· ① ② ③ ④

264. 충동적으로 물건을 사는 일은 거의 없다. ····························· ① ② ③ ④

265. 사람들은 나의 신뢰를 얻어야 한다. ································· ① ② ③ ④

266. 어린 시절에 대한 좋은 기억은 거의 없다. ··························· ① ② ③ ④

267. 사람의 마음을 읽을 수 있는 사람이 있다고 믿지는 않는다. ········· ① ② ③ ④

268. 남의 돈이나 물건을 훔친 적은 없다. ································· ① ② ③ ④

269. 내 질병에 대해 다른 사람과 거리낌 없이 이야기 한다. ·············· ① ② ③ ④

270. 나는 인정이 많은 편이다. ··· ① ② ③ ④

271. 술을 마시면 절대 운전하지 않는다. ································· ① ② ③ ④

272. 나는 거의 술을 마시지 않는 편이다. ································· ① ② ③ ④

273. 다른 사람들은 내 의견을 잘 들어준다. ······························· ① ② ③ ④

274. 서비스가 형편없으면 주인에게 그 사실을 알린다. ·················· ① ② ③ ④

275. 내 성질 때문에 말썽을 일으킨 적은 없다. ··························· ① ② ③ ④

276. 아무리 화가 나더라도 참지 못한 적은 없다. ························· ① ② ③ ④

277. 내가 자살하면 다른 사람들이 어떻게 생각할지 궁금하다. ··········· ① ② ③ ④

278. 나는 살아야 할 충분한 가치가 있다. ································· ① ② ③ ④

279. 불법적인 약을 사용하는 친구들과 가장 가깝게 지낸다. ········· ① ② ③ ④

280. 앞뒤를 가리지 않고 행동하는 경향이 있다. ····················· ① ② ③ ④

281. 좀 더 신중했으면 좋겠다고 생각한 적이 여러 번 있다. ········ ① ② ③ ④

282. 때때로 너무 불안해서 꼭 죽을 것만 같은 때가 있다. ·········· ① ② ③ ④

283. 내가 하는 일은 대체로 성공적이다. ···························· ① ② ③ ④

284. 유명인사가 되는 것을 상상해 본 적은 없다. ··················· ① ② ③ ④

285. 누군가 나에게 음모를 꾸미고 있다. ···························· ① ② ③ ④

286. 친구들과는 계속 친분관계를 유지한다. ························· ① ② ③ ④

287. 약속을 하고서도 제대로 지키려하지 않는다. ··················· ① ② ③ ④

288. 나는 설사를 자주 한다. ······································· ① ② ③ ④

289. 긴장해도 손이 떨리지는 않는다. ······························· ① ② ③ ④

290. 성에 대한 관심이 없어졌다. ···································· ① ② ③ ④

291. 내 계획에 수긍하지 않는 사람을 보면 참을 수 없다. ·········· ① ② ③ ④

292. 다른 사람을 도와주면 언젠가는 응분의 대가를 받는다. ········ ① ② ③ ④

293. 예전만큼 집중을 잘 할 수 있다. ······························· ① ② ③ ④

294. 피할 수만 있다면 모험을 하지 않는다. ························· ① ② ③ ④

295. 여가 시간에는 책을 읽거나 TV를 보면서 편안하게 휴식한다. ·· ① ② ③ ④

296. 돈 때문에 어려운 점이 많다. ··································· ① ② ③ ④

297. 내 인생은 매우 예측하기 어렵다. ······························ ① ② ③ ④

298. 최근 들어 내 인생에는 너무나 많은 변화가 있었다. ··········· ① ② ③ ④

299. 우리 집에는 변화가 많다. ····································· ① ② ③ ④

300. 집안에 제대로 되지 않는 일들이 많다. ························· ① ② ③ ④

면접의 특징, 면접의 유형, 면접을 준비할 때 알아둬야 하는 유의사항과 준비전략을 정리하였다. 해당 파트는 정리된 면접의 기본 지식을 꼼꼼하게 읽고 면접에 대한 준비를 하는 단계에 해당한다. 또한 면접의 평정요소 방법 등을 자세하게 서술하여 면접관이 무엇을 평가기준으로 삼는지 알 수 있도록 정리하였다.

면접의 준비

chapter 01

면접에 대한 기본적인 원칙과 요령을 알아본다.

Section 01 | 면접의 의미

① **면접의 의미** : 면접이란 다양한 기법을 활용하여 지원한 직무에 필요한 능력을 지원자가 보유하고 있는지를 확인하는 절차라고 할 수 있다. 즉, 지원자의 입장에서는 직무수행에 필요한 요건들과 관련하여 자신의 환경, 경험, 관심사, 성취 등에 대해 기업에 직접 어필할 수 있는 기회를 제공받는 것이며, 면접관 입장에서는 서류전형만으로 알 수 없는 지원자에 대한 정보를 직접적으로 수집하고 평가하는 것이다.

② **면접의 특징** : 면접은 서류전형이나 필기전형에서 드러나지 않는 지원자의 능력이나 성향을 볼 수 있는 기회로, 대면으로 이루어지며 즉흥적인 질문들이 포함될 수 있기 때문에 지원자가 완벽하게 준비하기 어려운 부분이 있다. 하지만 지원자 입장에서도 서류전형이나 필기전형에서 모두 보여주지 못한 자신의 능력 등을 인사담당자에게 어필할 수 있는 추가적인 기회가 될 수도 있다.

Section 02 | 서류·필기전형과 차별화되는 면접의 특징

① 직무수행과 관련된 다양한 지원자 행동에 대한 관찰이 가능하다.
② 면접관이 알고자 하는 정보를 심층적으로 파악할 수 있다.
③ 서류상의 미비한 사항과 의심스러운 부분을 확인할 수 있다.
④ 커뮤니케이션 능력, 대인관계 능력 등 행동·언어적 정보도 얻을 수 있다.

Section 03 | 면접의 유형

① **구조화 면접** : 구조화 면접은 사전에 계획을 세워 질문의 내용과 방법, 지원자의 답변 유형에 따른 추가 질문과 그에 대한 평가 역량이 정해져 있는 면접 방식으로 표준화 면접이라고도 한다.

② **비구조화 면접** : 비구조화 면접은 면접 계획을 세울 때 면접 목적만을 명시하고 내용이나 방법은 면접관에게 전적으로 일임하는 방식으로 비표준화 면접이라고도 한다.

Section 04 | 면접 전 유의사항

① 예상 질문과 답변을 미리 작성한다.

② 작성한 내용을 문장으로 외우지 않고 키워드로 기억한다.

③ 지원한 교육청의 최근 기사를 검색해본다.

④ 교육청 관련 주요 정책을 확인한다.

⑤ 면접 전 1주일간 이슈가 되는 뉴스를 기억하고 자신의 생각을 반영하여 정리한다.

Section 05 | 면접 중 유의사항

① 질문의 의도 파악

답변을 할 때에는 질문 의도를 파악하고 그에 충실한 답변이 될 수 있도록 질문사항을 유념해야 한다. 많은 지원자가 하는 실수 중 하나로 답변을 하는 도중 자기 말에 심취되어 질문의 의도와 다른 답변을 하거나 자신이 알고 있는 지식만을 나열하는 경우가 있는데, 이럴 경우 의사소통능력이 부족한 사람으로 인식될 수 있으므로 주의하도록 한다.

② 답변은 두괄식

답변을 할 때에는 두괄식으로 결론을 먼저 말하고 그 이유를 설명하는 것이 좋다. 미괄식으로 답변을 할 경우 용두사미의 답변이 될 가능성이 높으며, 결론을 이끌어 내는 과정에서 논리성이 결여될 우려가 있다. 또한 면접관이 결론을 듣기 전에 말을 끊고 다른 질문을 추가하는 예상치 못한 상황이 발생될 수 있으므로 답변은 자신이 전달하고자 하는 바를 먼저 밝히고 그에 대한 설명을 하는 것이 좋다.

③ 지원하는 교육청의 인터넷 기사 등을 확인

답변을 할 때에는 지원하는 교육청에서 원하는 인재라는 인상을 심어주기 위해 지원한 교육청의 정보들을 염두에 두고 답변을 하는 것이 좋다. 모든 교육청에 해당되는 두루뭉술한 답변보다는 지원한 교육청에 맞는 맞춤형 답변을 하는 것이 좋다.

④ 개인보다는 사회적 관점에서 답변

답변을 할 때에는 자기중심적인 관점을 피하고 좀 더 넓은 시각으로 학교, 국가, 사회적 입장까지 고려하는 인재임을 어필하는 것이 좋다.

⑤ 난처한 질문은 정직한 답변

난처한 질문에 답변을 해야 할 때에는 피하기보다는 정면 돌파로 정직하고 솔직하게 답변하는 것이 좋다. 난처한 부분을 감추고 드러내지 않으려 회피하려는 지원자의 모습은 인사담당자에게 입사 후에도 비슷한 상황에 처했을 때 회피할 수도 있다는 우려를 심어줄 수 있다. 따라서 직장생활에 있어 중요한 덕목 중 하나인 정직을 바탕으로 솔직하게 답변을 하도록 한다.

Section 06 | 인성면접 준비전략

① 인성면접 : 면접관이 가지고 있는 개인적 면접 노하우나 관심사에 의해 질문을 실시한다. 주로 자기소개서의 내용을 토대로 지원동기, 과거의 경험, 미래 포부 등을 이야기하는 방식이다.

② 특징 : 인성면접은 그 방식으로 인해 역량과 무관한 질문들이 많고 지원자에게 주어지는 면접 질문, 시간 등이 다를 수 있다. 또한 입사지원서나 자기소개서의 내용을 토대로 하기 때문에 지원자별 질문이 달라질 수 있다.

③ 판단기준 : 의사발표의 정확성과 논리성과 예의·품행 및 성실성을 기반으로 평가한다.

④ 준비전략

• 인성면접은 입사지원서나 자기소개서의 내용을 바탕으로 하는 경우가 많으므로 자신이 작성한 입사지원서와 자기소개서의 내용을 충분히 숙지하도록 한다.
• 최근 사회적으로 이슈가 되고 있는 뉴스에 대한 견해를 묻거나 시사상식 등에 대한 질문을 받을 수 있으므로 이에 대한 대비도 필요하다.
• 자칫 부담스러워 보이지 않는 질문으로 가볍게 대답하지 않도록 주의하고 모든 질문에 입사 의지를 담아 성실하게 답변하는 것이 중요하다.

⑤ 문항예시

• 1분 동안 자기소개를 해 보십시오.
• 자신의 장점과 단점을 말해 보십시오.
• 학점이 좋지 않은데 그 이유가 무엇입니까?
• 최근에 인상 깊게 읽은 책은 무엇입니까?
• 회사를 선택할 때 중요시하는 것은 무엇입니까?
• 일과 개인생활 중 어느 쪽을 중시합니까?
• 10년 후 자신은 어떤 모습일 것이라고 생각합니까?
• 휴학 기간 동안에는 무엇을 했습니까?
• 현재 사회 이슈에 대하여 말해 보십시오.
• 자신만의 스트레스 해소법을 말해 보십시오.

Section 07 | 상황면접 준비전략

① **상황면접** : 직무 수행 시 접할 수 있는 상황들을 제시하고, 그러한 상황에서 어떻게 행동할 것인지를 이야기하는 방식으로 진행된다.

② **특징** : 실제 직무 수행 시 접할 수 있는 상황들을 제시하므로 입사 이후 지원자의 업무수행능력을 평가하는 데 적절한 면접 방식이다. 또한 지원자의 가치관, 태도, 사고방식 등의 요소를 통합적으로 평가하는 데 용이하다.

③ **판단기준** : 의사발표의 정확성과 논리성과 예의 · 품행 및 성실성을 기반으로 평가한다.

④ **준비전략**

- 상황면접은 먼저 주어진 상황에서 핵심이 되는 문제가 무엇인지를 파악하는 것에서 시작한다.
- 메인질문과 세부질문을 통하여 질문의 의도를 파악하였다면, 그에 대한 구체적인 행동이나 생각 등에 대해 응답할수록 높은 점수를 얻을 수 있다.

⑤ **문항예시**

- 여러 가지 일이 한꺼번에 주어졌을 때 처리하는 순서를 말해 보십시오.
- 상관이나 학부모님이 무리한 부탁을 했을 때 대처 방안을 말해 보십시오.
- 민원인이 계속해서 전화를 했을 때 어떻게 대처할 것인지 말해 보십시오.
- 난폭한 민원인이 있을 경우 어떻게 대처할 것인지 말해 보십시오.
- 영업자가 갑자기 들이닥쳐서 물건을 판매할 경우 어떻게 대처할 것인지 말해 보십시오.
- 동료와 갈등이 생겼을 경우 어떻게 대처할 것인지 말해 보십시오.
- 업무 수행 중 상관의 실수를 발견하였을 경우 어떻게 대처할 것인지 말해 보십시오.
- 근무하면서 어려운 상황을 겪을 경우 어떻게 이겨낼 것인지 말해 보십시오.
- 급한 약속이 있을 때 학교 행사와 겹치는 날이면 어떻게 대처할 것인가?
- 학부모가 감사의 의미로 선물을 준다면 어떻게 할 것인지 말해 보십시오.
- 다른 선생님 대신 일해야 하는 상황에서 어떻게 대처할 것인가?
- 부당한 업무 지시 또는 과한 업무를 받았을 경우에 어떻게 대처할 것인가?
- 공문의 배부가 잘못 되었을 경우 어떻게 대처할 것인가?

면접 이미지 준비

면접 전에 회사에서 선호하는 이미지를 미리 준비해보도록 한다.

Section 01 | 남성 복장 및 스타일

양복	양복은 단색으로 하며 넥타이나 셔츠로 포인트를 주는 것이 효과적이다. 짙은 회색이나 감청색이 가장 단정하고 품위 있는 인상을 준다.
셔츠	흰색이 가장 선호되나 자신의 피부색에 맞추는 것이 좋다. 푸른색이나 베이지색은 산뜻한 느낌을 줄 수 있다. 양복과의 배색도 고려하도록 한다.
넥타이	의상에 포인트를 줄 수 있는 아이템이지만 너무 화려한 것은 피한다. 지원자의 피부색은 물론, 정장과 셔츠의 색을 고려하며, 체격에 따라 넥타이 폭을 조절하는 것이 좋다.
구두 & 양말	구두는 검정색이나 짙은 갈색이 어느 양복에나 무난하게 어울리며 깔끔하게 닦아 준비한다. 양말은 정장과 동일한 색상이나 검정색을 착용한다.
헤어	머리스타일은 단정한 느낌을 주는 짧은 헤어스타일이 좋으며 앞머리는 이마나 눈썹을 가리지 않는 선에서 정리하는 것이 좋다.
액세서리	시계만 착용하는 것이 좋다. 화려하지 않은 시계가 좋으며, 시계의 착용은 시간의 중요성을 아는 사람임을 각인시킬 수 있는 방법이기도 하다.

Section 02 | 여성 복장 및 스타일

의상	단정한 스커트 투피스 정장이나 슬랙스 슈트가 무난하다. 블랙이나 그레이, 네이비, 브라운 등 차분해 보이는 색상을 선택하는 것이 좋다.
소품	구두, 핸드백 등은 같은 계열로 코디하는 것이 좋으며 구두는 너무 화려한 디자인이나 굽이 높은 것을 피한다. 스타킹은 의상과 구두에 맞춰 단정한 것으로 선택한다.
화장	자연스럽고 밝은 이미지를 표현하는 것이 좋으며 진한 색조는 인상이 강해 보이므로 피한다.
헤어	커트나 단발처럼 짧은 머리는 활동적이면서도 단정한 이미지를 줄 수 있도록 정리한다. 긴 머리의 경우 하나로 묶거나 머리망으로 정리하는 것이 좋으며, 짙은 염색이나 화려한 웨이브는 피한다.
액세서리	액세서리는 너무 크거나 화려한 것은 좋지 않으며 과하게 많이 하는 것도 좋은 인상을 주지 못한다. 착용하지 않거나 작고 깔끔한 디자인으로 포인트를 주는 정도가 적당하다.

Section 03 | 행동

① **첫인상** : 처음 면접관이 지원자를 마주했을 때 느끼는 인상은 쉽사리 바꾸기 어렵다. 그러므로 첫 인상이 긍정적일 수 있도록 밝은 모습으로 들어가야 한다.

표정	면접에서 지원자의 첫인상을 결정하는 중요한 요소이다. 얼굴표정은 사람의 감정을 가장 잘 표현할 수 있는 의사소통 도구로 표정 하나로 상대방에게 호감을 주거나, 비호감을 사기도 한다. 호감이 가는 인상의 특징은 부드러운 눈썹, 자연스러운 미간, 적당히 볼록한 광대, 올라간 입 꼬리 등으로 가볍게 미소를 지을 때의 표정과 일치한다. 따라서 면접 중에는 밝은 표정으로 미소를 지어 호감을 형성할 수 있도록 한다.
시선	시선은 면접관과 고르게 맞추되 생기 있는 눈빛을 띄도록 한다. 너무 빤히 쳐다본다는 인상을 주지 않도록 한다.

② **목소리** : 면접은 주로 면접관과 지원자의 대화로 이루어지므로 목소리가 미치는 영향이 상당하다. 답변을 할 때에는 부드러우면서도 활기차고 생동감 있는 목소리로 하는 것이 면접관에게 호감을 줄 수 있으며 적당한 제스처가 더해진다면 상승효과를 얻을 수 있다. 그러나 적절한 답변을 하였음에도 불구하고 콧소리나 날카로운 목소리, 자신감 없는 작은 목소리는 답변의 신뢰성을 떨어뜨릴 수 있으므로 주의하도록 한다.

③ **인사** : 예의범절의 기본이며 상대방의 마음을 여는 행동이라고 할 수 있다. 처음 만나는 면접관에게 호감을 살 수 있는 가장 쉬운 방법이 될 수 있기도 하지만 제대로 예의를 지키지 않으면 지원자의 인성 전반에 대한 평가로 이어질 수 있으므로 각별히 주의해야 한다.

인사말	밝고 친근감 있는 목소리로 하며, 자신의 이름과 수험번호 등을 간략하게 소개한다.
시선	상대방의 눈을 보며 하는 것이 중요하며 너무 빤히 쳐다본다는 느낌이 들지 않도록 주의한다.
표정	마음에서 우러나오는 존경이나 반가움을 표현하고 예의를 차리는 것이므로 살짝 미소를 지으며 하는 것이 좋다.
자세	가볍게 목만 숙인다거나 흐트러진 상태에서 인사를 하지 않도록 주의하며 절도 있고 확실하게 하는 것이 좋다.

④ **걷는 자세**

- 면접장에 입실할 때에는 상체를 곧게 유지하고 발끝은 평행으로 두며 무릎을 스치듯 11자로 걷는다.
- 발바닥 전체가 닿는 느낌으로 안정감 있게 걸으며 발소리가 나지 않도록 한다.
- 보폭은 어깨넓이만큼이 적당하지만, 스커트를 착용했을 경우 보폭을 줄인다.
- 걸을 때도 미소를 유지한다.

⑤ 서있는 자세

- 몸 전체를 곧게 펴고 가슴을 자연스럽게 내민 후 등과 어깨에 힘을 주지 않는다.
- 정면을 본 상태에서 턱을 약간 당기고 아랫배에 힘을 주어 당기며 바르게 선다.
- 양 무릎과 발뒤꿈치는 붙이고 발끝은 11자 또는 V형을 취한다.

⑥ 앉은 자세

- 의자 깊숙이 앉고 등받이와 등 사이에 주먹 1개 정도의 간격을 두며 기대듯 앉지 않도록 주의한다.
- 시선은 정면을 바라보며 어깨를 펴고, 턱은 가볍게 당기고 미소를 짓는다.
- 앉고 일어날 때에는 자세가 흐트러지지 않도록 주의한다.
- 남성의 경우 무릎 사이에 주먹 2개 정도의 간격을 유지하고 발끝은 11자를 취하며, 양손은 가볍게 주먹을 쥐어 무릎 위에 올려놓는다.
- 여성의 경우 무릎은 붙이고 발끝을 가지런히 하며, 양손을 무릎에 모아 놓는다. (스커트일 경우, 스커트 위를 가볍게 누르듯이 올려놓는다.)

Section 04 | 면접 행동 예절

① 지각은 절대금물

- 예절의 기본은 시간이다. 지각할 경우 면접에 응시할 수 없거나 불이익을 받을 가능성이 높다.
- 면접 장소가 결정되면 교통편과 소요시간을 확인한다.
- 가능하면 사전에 미리 방문한다.
- 면접 당일에 여유를 가지고 20~30분 전에 도착하도록 한다.
- 미리 면접 환경에 익숙해지면 성공적인 면접이 될 수 있다.

② 면접 대기 시간

- 지원자 대부분 면접장에서의 행동과 답변으로만 평가를 받는다고 생각하지만 아니다.
- 면접 진행자도 인사실무자이므로 지원자 평가에 대한 확신을 위해 면접진행자의 의견을 구할 수 있다.
- 면접 대기 시간에도 행동과 말을 조심하며 마치고 돌아가는 순간까지 긴장을 늦춰서는 안 된다.
- 면접 중 압박질문에 답변을 잘 했지만, 면접장에서 나와 흐트러진 모습이나 욕설을 할 경우 탈락할 수 있으므로 주의한다.

③ 입실 후 태도

- 본인 차례가 호명되면 또렷하게 대답하고 들어간다.
- 면접장 문이 닫혀 있을 경우 노크를 두세 번 한 후 대답을 듣고 들어간다.
- 문을 여닫을 때 소리가 크지 않도록 조심히 하며 곤손한 자세로 인사 후 성명과 수험번호를 말하고 면접관 지시에 따라 착석한다.
- 의자에 앉을 때에는 끝에 걸터앉지 않고 무릎 위에 양손을 가지런히 둔다.

④ 옷매무새는 면접 전에 확인하기

- 면접장에 들어가서 옷매무새나 머리를 자주 고치거나 확인하는 모습은 긴장하여 면접에 집중하지 못하는 것으로 보일 수 있다.
- 남성 지원자는 넥타이를 자꾸 고쳐 맨다거나 정장 상의 끝을 만지작거리는 행동을 삼간다.
- 여성 지원자는 머리를 계속 쓸어 올리는 행동을 삼간다.

⑤ 불필요한 행동은 탈락의 지름길

- 자신도 모르게 다리를 떨거나 손가락을 만지는 등의 행동을 하는 것은 면접관의 주의를 끌 뿐만 아니라 불안하고 산만한 사람이라는 느낌을 줄 수 있다.
- 면접관 시선을 맞추지 못하고 여기저기 둘러보는 산만한 시선은 지원자가 거짓말을 하고 있거나 신뢰할 수 없는 사람이라 생각될 수 있다.

Section 05 | 면접 답변 예절

① 논쟁 피하기

- 질문을 받고 답변하는 과정에서 면접관이나 다른 지원자와 의견이 다를 수 있다.
- 평소 지원자가 관심이 많은 문제이거나 잘 아는 경우 이의가 있을 수 있다.
- 주의할 점은 면접에서 정답이 정해져 있지 않은 경우에는 가치 논쟁을 할 필요가 없다.
- 성장배경, 가치관 등에 따라서 문제를 수용하는 태도와 답변에 차이가 있을 수 있음을 염두에 둔다.
- 굳이 면접관과 다른 지원자의 가치관을 지적하고 고치려 하는 행동은 삼간다.

② 정직한 답변

- 거짓말은 그 지원자에 대한 신뢰성을 떨어뜨릴 수 있으므로 주의해야 하는 아주 중요한 부분이다.
- 면접관은 수많은 지원자를 상대하기 때문에 거짓말을 바로 알아본다.
- 면접은 지원자의 장점을 부각시키고 단점을 축소하는 것이지만 거짓말을 해서는 안 된다.
- 거짓말을 하면 지원자는 불안하거나 꺼림칙한 마음이 들어 면접에 집중하지 못한다.

③ 험담은 금물

- 전 직장에 대한 말을 해야 할 경우 객관적으로 이야기한다.
- 지원자가 전 직장에서 무슨 업무를 담당했으며 어떤 성과를 올렸는지 면접관이 관심가질 수 있지만 이전 직장의 기업문화나 상사들이 어땠는지 알고 싶지 않다.
- 전 직장에 대한 험담과 동료, 상사에 대한 악담은 지원자에 대한 부정적 이미지만 심어줄 수 있다.

④ 과도한 자랑 금지

- 자신의 성취경험, 부모·형제 등 집안의 사회적·경제적 위치에 대한 과도하게 자랑은 하지 않는다.
- 지원자에 대해 오만한 사람 또는 배경에 의존하는 나약한 사람이라는 인상을 남길 수 있다.
- 자신이나 배경에 대해 자랑과 너무 자세한 자신의 이야기를 하지 않도록 주의한다.

chapter

03

면접의 경향 및 평가방법

면접의 최근 경향과 함께 면접 평정에 대해서 확인한다.

Section 01 | 면접 경향

① **면접시간** : 면접 시간이 보통은 30분 내외로 한다. 질문은 지원자별 보통 3가지 정도로 진행된다.

② **면접 평정** : 직무수행에 필요한 능력 및 적격성을 검증하되, 평정요소를 각각 상, 중, 하로 평정한다.

③ **면접 평정표**

필적 감정용 기재란	(예시문) 본인은 우측응시자와 동일인임을 서약합니다.	직렬(류)		
		응시번호		
	(본인필적)	성명		
평정요소		위원평정		
		상(우수) 16~20점	중(보통) 11~15점	하(미흡) 6~10점
교육공무직원으로서의 정신 자세				
전문지식과 그 응용 능력				
의사발표의 정확성과 논리성				
예의 · 품행 및 성실성				
창의력 · 의지력 그 밖의 발전가능성				
계				
타 위원이 '하'로 평정한 항목			판정	합격
				불합격
타 위원이 '하'로 평정한 항목의 개수			담당자 확인	

④ 면접 평가기준

- 탁월 : 질문 의도와 일치하게 논리적이며 정확하게 말하고 면접에 응하는 태도가 적극적이며 기본 소양이 있다.
- 우수 : 질문 의도와 비교적 일치하게 논리적으로 설명하려고 노력하고 면접에 응하는 태도가 비교적 양호하며 기본 소양이 있다.
- 보통 : 답변의 논리성은 부족하나 질문 의도와 부합하여 설명하려고 노력하고 면접에 응하는 태도는 비교적 양호하나 기본 소양이 다소 부족하다.
- 미흡 : 질문 의도를 전혀 파악하지 못하고 자기의 의견을 전혀 전달하지 못하고 면접에 응하는 태도가 매우 불량하다.

⑤ 평정등급

- 우수 : 면접위원의 과반수가 평정요소 5개 항목 모두를 '상'으로 평정한 경우
- 보통 : '우수' 및 '미흡' 외의 경우
- 미흡 : 면접위원의 과반수가 평정요소 5개 항목 중 2개 항목 이상을 '하'로 평정하였거나, 면접위원 과반수가 어느 하나의 동일한 평정요소를 '하'로 평정한 경우

Section 02 | 공직가치 평가를 위한 면접 평가역량

① 국가관 : 헌법가치를 실천할 수 있는지를 평가한다.

- 애국심 : 우리나라의 역사와 헌법의 가치를 바르게 인식하고 있는지와 국가에 자긍심을 가지고 있는지 확인한다.
- 헌신성 : 대한민국의 안전과 반전을 위해서 최선을 다하는지를 확인한다.
- 다양성 : 글로벌 시대에 맞춰 다양성을 존중하고 인류의 평화와 공영에 최선을 다할 수 있는지를 확인한다.

② 공직관 : 국민에 봉사할 수 있는지를 평가한다.

- 책임성 : 법의 규정과 절차를 준수하고 사명감이 있는지 확인한다.
- 공평성 : 모든 민원인에게 차별 없이 공정하고 평등하게 행정을 실시할 수 있는지 확인한다.
- 전문성 : 전문가로서 직업의식을 가지고 업무를 처리할 수 있는지 확인한다.

③ 윤리관 : 도덕성을 갖췄는지를 평가한다.

- 청렴성 : 사적이익이나 외부 청탁에 흔들리지 않는지를 확인한다.
- 정직성 : 잘못을 겸허히 수용하고 모든 업무에 임할 때에는 객관적으로 수행할 수 있는지 확인한다.
- 투명성 : 민원인과 소통이 원활할 수 있고 적극적으로 업무에 임할 수 있는지를 확인한다.

빈출 인성질문 답변 TIP

공공기관, 사기업 등에서 빈번하게 물어보는 인성질문별로 면접관의 질문의도를 정리하였다.

Section 01 | 대인관계에 관한 질문

Q 함께 일하기 꺼려지는 사람과 일을 했던 경험이 있습니까?

TIP 면접관들이 지원자의 협업능력을 확인하기 위해서 물어보는 질문 중에 하나이다. 자신과 잘 맞지 않는 사람과도 함께 협업을 통해서 문제를 해결한 경험을 듣기를 원하기 때문에 하는 질문이다. 어려웠던 경험과 과정은 설명하되, 그 사람과 함께 일을 하면서 조직에 도움이 되는 결과물을 만들어냈다는 것을 설명하는 것이 바람직하다.

Q 친구 관계에 대해 말해 보십시오.

TIP 지원자의 인간성을 판단하는 질문으로 교우관계를 통해 답변자의 성격과 대인관계능력을 파악할 수 있다. 새로운 환경에 적응을 잘하여 새로운 친구들이 많은 것도 좋지만, 깊고 오래 지속되어온 인간관계를 말하는 것이 더욱 바람직하다.

Q 처음 만나는 사람과 쉽게 친해지는 편인가요?

TIP 외향적인가를 확인해보기 위한 질문 중에 하나이다. 자신의 성향에 대해서 솔직하게 이야기 하는 것이 좋다. 내향적이거나, 외향적이라고 감정요소가 되지는 않는다. 하지만 사람과 잘 어울린다는 인상을 주는 것이 좋다. 지원자의 대인관계를 맺을 때 성향을 파악하기 위한 질문이므로 자신의 직무에 어울리는 성향이라는 점을 포함하여 말하는 것이 좋다.

Q 일을 할 때 자신보다 나이가 많은 사람을 응대해본 경험이 있습니까?

TIP 다양한 연령대의 사람을 접하게 되는 업무특성상 고령층을 상대로 적절하게 문제를 해결한 경험을 설명하는 것이 중요하다. 자신의 가족을 상대한 경험보다는 업무상에서 고령층을 응대하면서 서비스를 제공하였던 경험을 설명하는 것이 적절하다.

Section 02 | 성격 및 가치관에 관한 질문

Q 자기소개를 해 보십시오.

TIP 자기소개를 할 때에는 지나치게 겸손한 태도보다는 적극적으로 자기를 주장하는 것이 좋다. 또한 지나치게 길게 말하면 지루해지기 쉽기 때문에 30초 안으로 설명할 수 있도록 하여야 하며, 앞으로 입사 후 하게 될 업무와 관련된 자기의 특성을 구체적인 일화를 더하여 이야기한다.

Q 가장 존경하는 인물은 누구이고 그 이유는 무엇입니까?

TIP 지원자의 가치관을 설명하기 위한 질문 중에 하나이다. 자신의 가치관을 설명할 수 있는 인물을 말하면서 그 인물의 업적을 구체적으로 설명한 다음의 자신의 가치관을 적절하게 섞어서 이야기한다.

Q 당신의 장·단점을 말해 보십시오.

TIP 지원자의 구체적인 장·단점을 알고자 하기 보다는 지원자가 자기 자신에 대해 얼마나 알고 있으며 어느 정도의 객관적인 분석을 하고 있나, 그리고 개선의 노력 등을 시도하는지를 파악하고자 하는 것이다. 따라서 장점을 말할 때는 업무와 관련된 장점을 뒷받침할 수 있는 근거와 함께 제시하며, 단점을 이야기할 때에는 극복을 위한 노력을 반드시 포함해야 한다.

Q 10년 후의 본인의 목표가 있습니까?

TIP 자신의 삶을 혁신하기 위해서 계획적으로 생각하고 있는가를 확인해보기 위한 질문이다. 자신이 항상 변화하고 발전하기 위해서 자기계발을 하고 있는 것을 설명하는 것이 적절하다.

Q 이전에 일했던 기업에서 당신의 동료와 상사는 당신을 어떻게 평가합니까?

TIP 채용된 이후에 당신의 업무능력을 확인하기 위한 질문이다. 지원하는 교육청의 인재상에 어울리게 당신의 업무 스타일을 설명해주는 것이 좋다.

Q 스트레스 해소를 어떻게 하는 편인가요?

TIP 스트레스 해소법을 들으면서 업무를 하면서 오는 번아웃을 방지하는 방법을 잘 알고 있는지를 파악하고 좋아하는 활동을 통해서 지원자의 성향을 파악하기 위한 질문이다. 지원하는 조직에 어울리는 스트레스 해소방안을 가지고 있는지를 확인하여 잘 어울리는 사람인지를 파악하기 위한 것으로 지원하는 조직분위기에 어울리는 답변을 하는 것이 좋다.

Section 03 | 학교생활에 관한 질문

Q 학교생활 중 가장 기억에 남는 일은 무엇입니까?

TIP 가급적 직장생활에 도움이 되는 경험을 이야기하는 것이 좋다. 경험만을 간단하게 말하지 말고 그 경험을 통해서 얻을 수 있었던 교훈 등을 예시와 함께 이야기하는 것이 좋으나 너무 상투적인 답변이 되지 않도록 주의해야 한다.

Q 성적은 좋은 편이었습니까?

TIP 면접관은 이미 서류심사를 통해 지원자의 성적을 알고 있다. 그럼에도 불구하고 이 질문을 하는 것은 지원자가 성적에 대해서 어떻게 인식하느냐를 알고자 하는 것이다. 성적이 나빴던 이유에 대해서 변명하려 하지 말고 담백하게 받아드리고 그것에 대한 개선노력을 했음을 밝히는 것이 적절하다.

Q 졸업하고 무슨 일을 하였습니까?

TIP 요즘은 졸업 전부터 취직에 대한 준비를 하기 시작한다. 이 질문은 자기 인생에 대한 계획은 어디쯤 세웠으며, 그것을 얼마나 실행하였는가를 확인하기 위한 질문이다. 무엇을 하였던 그것에 대한 합리적인 답변을 할 수 있어야 한다.

Q 학교를 다닐 때 동아리 활동을 한 경험이 있습니까?

TIP 동아리 활동을 통해서 지원자가 어떠한 학창시절에 얼마나 적극적으로 활동경험을 해보았는지를 확인해보기 위함이다. 이 질문에는 자신이 경험했던 동아리 활동에서 열정을 가지고 참여를 했던 경험을 가미해서 답변을 하는 것이 적절하다. 하지만 지원하는 직무와 지나치게 동떨어져 있거나 위험한 동아리 활동의 경우 감정요소가 될 수 있으므로 주의해야 한다.

Q 존경했던 선생님이나 교직원이 있습니까? 있다면 설명해보십시오.

TIP 교육공무직원이 되면서 어떠한 직원이 될 것인지에 대한 지원자의 포부를 확인하는 질문이다. 이 질문을 통해서 지원자가 어떠한 자세로 업무에 임할 것인가를 확인하기 위한 질문이므로, 자신이 되고 싶은 롤 모델을 떠올리면서 생각이 나는 인물을 설명하면서 자신의 포부를 말하는 것이 좋다.

Section 04 | 지원동기 및 직업의식에 관한 질문

Q 해당 직무에 지원한 이유는 무엇입니까?

TIP 지원 동기를 물어보는 것으로, 해당 직무에 대하여 잘 알고 있어야 한다. 직종을 알게 된 계기와 정보를 얻기 위하여 어떤 일을 하였는지 그 경험을 함께 말하는 것이 좋다. 왜 이 일을 하고 싶은지에 대한 의지를 보여주는 것이 중요하므로 합격을 하면 어떤 마음으로 업무를 할 것인지, 해당 직무를 통해서 이루어내고 싶은 포부가 무엇인지를 이야기 한다.

Q 만약 이번 채용에 불합격하면 어떻게 할 것입니까?

TIP 불합격할 것을 가정하고 시험에 응시하는 지원자는 거의 없을 것이다. 이는 지원자를 궁지로 몰아넣고 어떻게 대응하는지를 살펴보며 의지를 알아보려고 하는 것이다. 이 질문은 너무 깊이 들어가지 말고 침착하게 답변하는 것이 좋다.

Q 당신이 생각하는 바람직한 인재상은 무엇입니까?

TIP 직장인으로서 또는 조직의 일원으로서의 자세를 묻는 질문으로 지원하는 교육공무직원으로서 어떤 인재상을 요구하는 가를 알아두는 것이 좋으며, 평소에 자신의 생각을 미리 정리해 두어 당황하지 않도록 한다.

Q 직무상의 적성과 보수의 많음 중 어느 것을 택할 것입니까?

TIP 이런 질문에서 면접관이 원하는 답변은 당연히 직무상의 적성에 비중을 둔다는 것이다. 그러나 적성만을 너무 강조하다 보면 오히려 솔직하지 못하다는 인상을 줄 수 있으므로 어느 한 쪽을 너무 강조하거나 경시하는 태도는 바람직하지 못하다.

Q 상사와 의견이 다를 경우 어떻게 할 것입니까?

TIP 과거와 다르게 최근에는 상사의 명령에 무조건 따르겠다는 수동적인 자세는 바람직하지 않다. 현재에는 때에 따라 자신이 판단하고 행동할 수 있는 직원을 원하기 때문이다. 그러나 지나치게 자신의 의견만을 고집한다면 이는 팀원 간의 불화를 야기할 수 있으며 팀 체제에 악영향을 미칠 수 있으므로 선호하지 않는다는 것에 유념하여 답변을 해야 한다.

Section 05 | 여가에 관한 질문

Q 취미가 무엇입니까?

TIP 기초적인 질문이지만 특별한 취미가 없는 지원자의 경우 대답이 애매할 수밖에 없다. 그래서 가장 많이 대답하게 되는 것이 독서, 영화감상, 혹은 음악 감상 등과 같은 흔한 취미를 말하게 되는데 이런 취미는 면접관의 주의를 끌기 어려우며 설사 정말 위와 같은 취미를 가지고 있다하더라도 제대로 답변하기는 힘든 것이 사실이다. 가능하면 독특한 취미를 말하는 것이 좋으며 이제 막 시작한 것이라도 열의를 가지고 있음을 설명할 수 있으면 그것을 취미로 답변하는 것도 좋다.

Q 업무와 여가의 균형을 유지하기 위해 어떤 노력을 하나요?

TIP 지원자의 스트레스 관리 능력, 시간 활용 능력, 그리고 자기관리 역량을 평가하기 위한 질문에 해당한다. 조직에서 지원자가 업무에 몰입하면서도 지치지 않고 지속적으로 좋은 성과를 낼 수 있도록 자신의 삶을 잘 관리할 수 있는지 확인하고자 하는 질문이다. 업무와 여가의 균형이 왜 중요한지 인식하고 있음을 표현하고 균형 유지의 결과와 효과를 설명하는 것이 좋다.

Q 일반적으로 휴일에는 어떠한 일을 하면서 쉬는 편인가요?

TIP 휴일에 자기계발을 위한 일을 하는가와 지원자가 직무와 어울리는 휴식을 즐기는지를 파악하기 위함이다. 휴일에 조직분위기와 어울리지 않는 지나치게 격동적이거나 위험성이 높은 스포츠를 즐기는 경우에는 불리할 수 있다.

Q 여가활동을 혼자 즐기는 편인가요, 다수와 함께 즐기는 편인가요?

TIP 여가생활을 물어보면서 대인관계능력을 확인해보기 위한 질문이다. 여가활동을 할 때에는 주도적으로 사람을 이끌고 리드하는 경험을 설명하면서 자신의 대인관계능력을 설명하는 것도 적절하다. 하지만 지나치게 많은 사람들과 여가를 즐기는 모습을 보이는 경우에는 업무에 집중도에 의심이 생길 수 있으므로 적절하게 설명하는 것이 좋다.

Q 최근에 읽은 책이 있나요?

TIP 관심을 가지는 책을 통해서 지원자가 어느 것에 관심을 가지고 있는지를 파악할 수 있다. 또한 독서를 여가에 즐기는 이미지는 좋은 이미지를 전달할 수 있으므로 관심을 가지는 책을 정리해두고 있는 것이 좋다.

Section 06 | 지원자를 당황하게 하는 질문

Q 성적이 좋지 않은데 이 정도의 성적으로 교육공무직원이 될 수 있다고 생각합니까?

TIP 비록 자신의 성적이 좋지 않더라도 이미 서류심사에 통과하여 면접에 참여하였다면 기업에서는 지원자의 성적보다 성적 이외의 요소, 즉 성격·열정 등을 높이 평가했다는 것이라고 할 수 있다. 그러나 이런 질문을 받게 되면 지원자는 당황할 수 있으나 주눅 들지 말고 침착하게 대처하는 면모를 보인다면 더 좋은 인상을 남길 수 있다.

Q 지원한 분야가 전공한 분야와 다른데 여기 일을 할 수 있겠습니까?

TIP 수험생의 입장에서 본다면 지원한 분야와 전공이 다르지만 서류전형과 필기전형에 합격하여 면접을 보게 된 경우라고 할 수 있다. 이는 결국 해당 채용 방침상 전공에 크게 영향을 받지 않는다는 것이므로 무엇보다 자신이 전공하지는 않았지만 어떤 업무도 적극적으로 임할 수 있다는 자신감과 능동적인 자세를 보여주도록 노력하는 것이 좋다.

Q 당신은 이 직업에 적합하지 않은 것 같군요.

TIP 이 질문은 지원자의 입장에서 상당히 곤혹스러울 수밖에 없다. 질문을 듣는 순간 그렇다면 면접은 왜 참가시킨 것인가 하는 생각이 들 수도 있다. 하지만 당황하거나 흥분하지 말고 침착하게 자신의 어떤 면이 적당하지 않는지 겸손하게 물어보고 지적당한 부분에 대해서 고치겠다는 의지를 보인다면 오히려 자신의 능력을 어필할 수 있는 기회로 사용할 수도 있다.

Q 다시 공부할 계획이 있습니까?

TIP 지원자가 합격하여 직장을 다니다가 공부를 더 하기 위해 일을 그만 두거나 학습에 더 관심을 두어 일에 대한 능률이 저하될 것을 우려하여 묻는 질문이다. 이때에는 당연히 학습보다는 일을 강조해야 하며, 업무 수행에 필요한 학습이라면 업무에 지장이 없는 범위에서 야간학교를 다니거나 자기계발에 대한 의지를 보여주는 답변을 하는 것이 적당하다.

Q 옆에 있는 지원자와 비교하면 본인은 어떠한 것 같습니까?

TIP 지원자의 사회성을 파악하기 위함이다. 자신의 경쟁자를 어떻게 대하는지를 확인하는 것이다. 상대방의 장점을 설명해주면서 자신의 장점을 표현하는 것이 좋다.

교육공무직 면접을 볼 때 5가지 평정요소로 구분하여 면접자를 평가한다.

이때 평정요소별로 물어보는 질문 리스트를 정리하여 당황하지 않고 답변을 하고 평정요소별 임해야 하는 자세를 정리하였다. 요소별로 정리된 질문들에 직접 답변을 해보면서 면접을 미리 준비할 수 있다.

PART

04

평정요소별
질문

교육공무직원으로서의 정신 자세

평정요소별 면접기출 질문과 예상답변을 확인한다.

※ 질문유형 및 면접 연습 TIP
질문난이도 ●●○○○

[질문유형] 교육공무직원에 대한 기본적인 지식에 대한 것이다. 지원하고 있는 업무에 대해서 정확히 알고 있는지를 확인하는 질문이다. 자신이 지원하는 지원분야에서 하는 일이 무엇인가에 대한 명확한 이해를 하고 있는지와 함께 정책방향에 대해서 이해하고 있는지를 묻는다. 학교 구성원으로서의 주인의식, 긍정적 사고, 책임감, 신념 정도가 강하고 적극적인 지원자가 높은 배점을 받는다.

[연습TIP] 지원하는 교육청의 교육방향, 정책방향, 교육비전 등의 주요업무를 확인과 교육공무직원이 무엇인가에 대한 명확한 이해가 필요하다.

Section 01 | 출제가 예상되는 빈출 질문유형

① 교육공무직원에 대해서 설명해보시오.

② 공무직과 공무원에 차이는 무엇인가요?

③ 30초 동안 우리 지역 자랑을 해보십시오.

④ 교육청이 하는 일은 무엇인가요?

⑤ 당 교육청의 교육방향에 대해서 설명해보시오.

⑥ 당 교육청(또는 교육지원청)의 요구사항이 본인의 추구하는 것과 다를 경우 어떤 선택을 할 것입니까?

⑦ 당 교육청의 교육감은 누구인가요?

⑧ 겸업에 대해서 설명하고 겸업을 할 예정이 있습니까?

⑨ 지원한 부서가 자신의 원하는 직종과 다르다면 어떻게 할 것인가?

⑩ 교육공무직의 채용 결격사유에 대해서 알고 있는가?

Section 02 | 면접 답변 작성해보기

Q 교육공무직원에 대해서 설명해보시오.

Q 교육청이 하는 일에 대해서 설명해보시오.

Q 교육공무원과 교육공무직원의 차이는 무엇인가?

Q 겸업에 대해서 설명하고 겸업을 할 예정이 있습니까?

Section 03 | 질문 예상 답변

Q 교육공무직원에 대해서 설명해보시오.

A 각급 교육기관에서 교육행정 또는 교육활동 지원 업무를 담당하는 '공무원이 아닌 근로자'를 의미합니다. 각급 교육기관은 본청, 교육지원청 및 직속기관과 공립유치원, 공립 초·중·고등학교·특수학교 및 각종학교를 의미합니다.

Q 교육청이 하는 일에 대해서 설명해보시오.

A 교육청은 학교 교육과 관련한 일을 담당하는 곳입니다. 학교를 짓거나, 노후화된 시설물을 교체 및 지원을 하여 교육 환경이 더 좋아질 수 있도록 하는 곳입니다.

Q 교육공무원과 교육공무직원의 차이는 무엇인가?

A 교육공무원은 교육기관에 근무하는 교원 및 조교, 교육행정기관에 근무하는 장학관 및 장학사, 교육기관·교육행정기관 또는 교육연구기관에 근무하는 교육연구관 및 교육연구사를 의미합니다. 교육공무직원은 공무원이 아닌 교육기관에서 근무를 하는 근로자에 해당합니다.

Q 겸업에 대해서 설명하고 겸업을 할 예정이 있습니까?

A 겸업이란 재직 중에 다른 사업을 영위하거나 다른 사업장에 취업하는 것을 의미합니다. 저는 현재 교육공무직원 업무에 집중하여 하고 싶기 때문에 겸업에 대해서 생각하고 있지 않습니다.

> **알아두면 좋은 TIP** ⋯⋯ 겸업 관련 사항
>
> 겸업을 하기 위해서는 기관장에게 미리 허가를 신청하여야 하며, 소속기관의 질서나 노무 제공에 지장을 초래하는 직무이거나 소속기관의 재산상 손실을 가져오게 하는 직무가 아닌 경우에는 허가를 받을 수 있다. 하지만 겸업을 허가한 이후에 교육공무직원의 겸업으로 인하여 기관의 질서나 노무제공의 지장 초래, 재산상 손실 등이 발생하는 경우 겸업 허가를 취소할 수 있다.

의사발표의 정확성과 논리성

chapter 02

평정요소별 면접기출 질문과 예상답변을 확인한다.

※ 질문유형 및 면접 연습 TIP

질문난이도 ●●●●○

[질문유형] 소통을 하고 공감하며 배려하는 직원으로 의사소통능력을 확인하기 위한 평정요소이다. 질문 의도와 일치된 내용을 논리적이며 정확하게 표현하는 경우 높은 점수를 받을 수 있다.

[연습TIP] 자주 발생하는 민원에 대한 상황형 질문으로 묻는다. 소통하고 갈등상황에 공감하여 갈등을 해 결하는 것이 중요하므로, 이에 적절한 갈등해결 자세를 정해두는 것이 좋다. 또한 본인이 소통 을 해본 경험, 공감을 통해 갈등을 해결해본 경험 등의 사례를 정리한다.

Section 01 | 출제가 예상되는 빈출 질문유형

① 교사와 갈등이 발생한다면 어떻게 해결하겠습니까?

② 학부모가 강력하게 민원을 제기하는 경우 어떻게 대처하겠습니까?

③ 학생이 민원을 제가하는 경우 어떻게 대처하겠습니까?

④ 조직에서 발생한 갈등을 해결해 본 경험이 있나요?

⑤ 민원을 적극적으로 듣기 위해서 어떠한 플랫폼이 필요하다고 생각합니까?

⑥ 자신의 요구사항만 말하고 본인의 말을 경청을 하지 않는 민원인과 어떻게 소통하겠습니까?

⑦ 전화상으로 민원인이 항의를 한다면 어떻게 대처하겠습니까?

⑧ 난폭하고 무례한 민원인을 응대하는 방법에 대해서 설명해보세요.

⑨ 고객의 불만사항을 자신의 소통능력을 활용해서 해결한 경험이 있습니까?

⑩ 동료와 의견차이가 발생한다면 어떻게 해결하겠습니까?

Section 02 | 면접 답변 작성해보기

Q 교사와 갈등이 생길 경우 어떻게 해결할 것입니까?

Q 학부모가 민원을 제기할 때 어떻게 대처하겠습니까?

Q 동료와 의견차이가 발생한다면 어떻게 해결하겠습니까?

Q 학생과 소통을 할 때 가지고 있어야 하는 자세는 무엇이라고 생각합니까?

Section 03 | 질문 예상 답변

Q 교사와 갈등이 생길 경우 어떻게 해결할 것입니까?

A 대화를 통해 해결하는 것이 가장 바람직하다고 생각합니다. 회피와 무시가 갈등을 심화시키는 요인이므로 대화를 통해 해결하는 것이 가장 바람직하다고 생각합니다. 예기치 않은 오해로 갈등이 깊어질 수 있습니다. 저의 실수로 인해 갈등이 생겼다면 사과하고 조언을 받아 앞으로 이러한 일이 반복되지 않도록 고쳐나갈 것이며 업무 방식 차이로 인한 갈등이라면 의견을 공유하며 적절한 절충안을 찾아 해결하겠습니다.

> **알아두면 좋은 TIP**
>
> 갈등이 불편하여 회피하는 것은 해결 방안이 될 수 없다. 갈등이 심화되기 전에 대화로 서로 간의 오해를 풀고 업무 방식 차이라면 대화를 통한 절충안을 찾는 것이 바람직하다. 이미 감정의 골이 깊어져 진솔한 대화가 어려울 경우 중재 역할을 할 수 있는 사람과 함께 대화의 창구를 열어놓는 것이 좋다. 사람 관계에서 제일 중요한 것은 적당한 거리 유지이다. 상대방이 원하지 않는 배려는 결국 나의 이기심에서 비롯되는 것이므로 충분한 대화와 공감을 통해 업무에 방해되지 않는 원만한 관계를 유지하도록 한다.

Q 학부모가 민원을 제기할 때 어떻게 대처하겠습니까?

A 학부모가 민원을 제기할 경우, 먼저 침착하고 공감하는 태도로 학부모의 의견을 경청하며 불만의 원인을 명확히 파악하겠습니다. 문제 해결을 위해 제가 직접 처리할 수 있는 부분은 신속하게 조치를 취하고, 필요한 경우 관련 부서나 담당자에게 정확히 전달하겠습니다. 또한, 진행 상황을 학부모에게 꾸준히 공유하며 신뢰를 유지하고, 동일한 문제가 재발하지 않도록 개선 방안을 마련하겠습니다.

> **알아두면 좋은 TIP**
>
> 지도 방법에 대해 학부모가 민원을 제기했다면 유의하여 교사나 상사에게 조언을 구해 수정하고, 그 외에 다른 민원일 경우 전문성을 가진 담당자에게 상담을 요청하겠다고 정중히 안내하는 것이 바람직하다.

Q 동료와 의견차이가 발생한다면 어떻게 해결하겠습니까?

A 동료와 의견 차이가 발생할 경우, 먼저 상대방의 의견을 존중하며 경청하고, 의견 차이의 원인을 명확히 파악하려고 노력하겠습니다. 필요하다면 사실에 근거한 자료나 규정을 통해 해결책을 논의하며, 서로의 입장을 조율할 수 있는 중립적인 방법을 제안하겠습니다. 항상 공동의 목표를 우선적으로 고려하고, 원활한 협력을 위해 열린 마음으로 대화하며 문제를 해결하겠습니다.

> <u>알아두면 좋은 TIP</u>
>
> 갈등을 해결하려는 의지를 보여주는 것이 가장 중요하다. 또한 갈등이 깊어지지 않도록 어떻게 해결해 나아가는지 방법을 제시하는 해결방안을 제시해야 한다.

Q 학생과 소통을 할 때 가지고 있어야 하는 자세는 무엇이라고 생각합니까?

A 제일 기본적인 것은 학생을 진심으로 사랑하는 마음을 가지고 있어야 한다고 생각합니다. 그 이후에 학생이 올바르게 성장하길 바라는 고민을 바탕으로 사명감을 가지고 학생이 하는 말을 진정성 있게 들어주어야 합니다. 또한 학생이 다양한 교육을 제시할 수 있도록 교육정책에 문제점이 무엇이고 대안을 제시할 수 있는 적극적인 자세가 필요하다고 생각합니다. 마지막으로 학생이 관심을 가지고 있는 것에 대한 관심과 이해가 높은 것이 필요하다고 생각합니다.

> <u>알아두면 좋은 TIP</u> ······· 학생들과 소통 시 알아두면 좋은 것
>
> ① **공감과 경청** : 학생의 입장에서 생각하며 진심으로 경청하는 태도를 강조한다. 학생의 말을 무시하지 않고 이해하려는 노력이 중요하다.
> ② **친근함과 신뢰감** : 학생과의 소통에서 친근하지만 존중을 잃지 않는 태도를 보여, 신뢰를 형성할 수 있다는 점을 언급하는 것이 좋다.
> ③ **명확하고 긍정적인 표현** : 학생이 이해하기 쉬운 언어로 명확하게 전달하며, 긍정적인 피드백을 통해 소통의 효과를 높이는 점을 강조한다.
> ④ **균형 있는 권위** : 학생의 자유로운 표현을 존중하되, 규칙과 예의를 지키는 소통을 유도하는 균형 잡힌 자세를 설명한다.

chapter

03 | 예의·품행 및 성실성

평정요소별 면접기출 질문과 예상답변을 확인한다.

※ 질문유형 및 면접 연습 TIP

질문난이도 ●●●○○

[질문유형] 민원인에게 헌신과 열정을 다해서 적극적으로 행정을 할 수 있는가와 봉사정신이 있는지 확인하기 위한 질문을 주요하게 묻는다. 면접에 임하는 예의·품행 및 성실성에 따라서 높은 점수를 받는다.

[연습TIP] 일을 해보았던 경험담이나 동아리, 동호회 등에서 헌신과 열정을 가지고 성실하게 일을 했던 경험을 세세하게 정리해두는 것이 좋다. 또한 열정과 성실성을 보여줄 수 있는 사례를 정리하여 답변하는 것도 좋다.

Section 01 | 출제가 예상되는 빈출 질문유형

① 상관의 나이가 나보다 어린 경우 어떻게 할 것입니까?

② 대외적으로 규모가 큰 행사와 상관의 부탁이 동시에 있을 경우 어떻게 해결할 것입니까?

③ 개인의 약속으로 퇴근하려고 할 때 민원이 들어온 경우 어떻게 대처할 것입니까?

④ 열정적으로 무언가를 해본 경험이 있습니까?

⑤ 퇴근 시간이 무렵에 급하게 일을 해달라고 상관이 요청한 경우 어떻게 대처할 것입니까?

⑥ 친한 친구가 본인에게 사소한 것이더라도 업무에 관해 물어본다면 어떻게 대처할 것인가요?

⑦ 공무직의 복무의무에 대해서 말해보세요.

⑧ 부정청탁을 받은 경우 처리해야 하는 방법에 대해서 말해보세요.

⑨ 촉박한 마감을 맞추기 위해서 책임감을 발휘한 경험에 대해서 말해보세요.

⑩ 수수 금지 금품을 받은 경우 어떻게 처리해야 하는가?

Section 02 | 면접 답변 작성해보기

Q 공무직의 복무의무에 대해서 말해보세요.

Q 함께 일하는 동료가 일을 떠넘긴다면 어떻게 하겠습니까?

Q 해결하기 어려운 상황에 해결을 위해서 노력했던 경험이 있습니까?

Q 직장생활에서 가져야 할 자세는 무엇이라고 생각하나요?

Section 03 | 질문 예상 답변

Q 공무직의 복무의무에 대해서 말해보세요.

A ① 공무직은 법규를 준수하고 업무를 성실히 수행해야 하며, 업무를 수행할 때 소속기관의 장의 업무상 정당한 지시에 따라야 한다.

② 공무직은 소속기관의 장의 허가 또는 정당한 사유 없이 근무지를 이탈해서는 안 된다.

③ 공무직은 업무상 알게 된 비밀을 다른 사람에게 누설하거나 부당한 목적을 위하여 사용해서는 안 된다.

④ 공무직은 품위를 손상하는 행위를 해서는 안 된다.

⑤ 공무직은 업무와 관련하여 직접적이든 간접적이든 사례·증여 또는 향응을 주거나 받을 수 없으며, 업무상의 관계 유무와 상관없이 그 소속 상관에게 증여하거나 공무원을 포함한 소속 노동자로부터 증여를 받아서는 안 된다.

⑥ 공무직은 친절하고 공정하게 업무를 수행해야 한다.

⑦ 공무직은 소속기관의 장의 허가 없이 다른 업무를 겸할 수 없다.

<u>알아두면 좋은 TIP</u> ······· 서울시교육청 교육공무직원 복무의무(※ 각 시·도교육청별로 홈페이지에 공개)

- 법령 및 직무상 명령을 준수하고, 그 직무를 성실히 수행하여야 한다.
- 직무와 관련하여 직접적이든 간접적이든 사례·증여 또는 향응을 주거나 받을 수 없다.
- 퇴직 후에도 직무상 알게 된 비밀을 누설하거나 부당한 목적을 위하여 사용해서는 안 된다.
- 친절하고 공정하게 직무를 수행하여야 한다.
- 직무의 내외를 불문하고 그 품위를 손상하는 행위를 하여서는 아니 된다.
- 정당한 이유 없이 근무시간 중에 소속 부서의 장의 허가를 받지 않고 직장을 이탈하지 못한다.
- 직무를 수행할 때 소속 부서의 장의 정당한 직무상 명령에 따라야 한다. 다만, 이에 대한 의견을 진술할 수 있다.

Q 함께 일하는 동료가 일을 떠넘긴다면 어떻게 하겠습니까?

A 동료가 일을 떠넘긴다고 느껴질 경우, 먼저 상황을 정확히 파악하고 그 이유를 이해하려고 노력하겠습니다. 필요하다면 대화를 통해 업무 분배에 대해 상호간의 기대를 명확히 하고, 공정하게 협력할 수 있는 방법을 논의하겠습니다. 만약 대화로 해결되지 않는 경우, 상급자에게 상황을 객관적으로 보고하여 적절히 조정될 수 있도록 하겠습니다. 항상 원활한 협업과 조직의 목표 달성을 우선적으로 고려하며 문제를 해결하겠습니다.

Q 해결하기 어려운 상황에 해결을 위해서 노력했던 경험이 있습니까?

A 과거에 해결하기 어려운 상황으로, 업무 마감이 임박했을 때 갑작스러운 추가 요청이 들어온 경험이 있습니다. 당시 우선순위를 명확히 정리하고, 필요한 경우 동료와 협력하여 업무를 분담했습니다. 또한, 업무 진행 상황을 상급자에게 공유하며 진행에 필요한 지원을 요청했습니다. 이러한 과정을 통해 업무를 성공적으로 마칠 수 있었고, 문제 해결 과정에서 효율적인 소통과 시간 관리의 중요성을 배울 수 있었습니다.

Q 직장생활에서 가져야 할 자세는 무엇이라고 생각하나요?

A 직장생활에서 중요하다고 생각하는 것은 주어진 업무에 대해 최선을 다하는 태도입니다. 저의 생활신조이기도 합니다. 직장생활과 개인생활의 균형을 이룰 수 있는 건강한 마음과 신체를 유지하는 자세도 중요하다고 생각합니다.

창의력·의지력 그 밖의 발전가능성

평정요소별 면접기출 질문과 예상답변을 확인한다.

※ 질문유형 및 면접 연습 TIP

질문난이도 ●●●●○

[질문유형] 창의적인 사고를 통해서 발전가능성이 있는가를 확인하는 요소이다. 담당 직무에 대한 창의력과 노력 의지가 매우 강하고, 담당 직무를 충실히 수행할 수 있는 자질과 적응력이 매우 좋을 것으로 판단되는 경우에 높은 점수를 받는다.

[연습TIP] 자신이 창의성을 가지고 일을 해본 경험, 혁신을 이끌어 낸 경험이 있다면 세세하게 정리해두는 것이 좋다. 회사, 아르바이트, 동호회 등에서 고착화 된 것을 변화를 이끌어서 혁신적으로 변화한 사례와 함께 정리한다. 구체적인 사례가 없더라도 혁신적으로 변화할 수 있는 발전 가능성을 보여줄 수 있도록 입사 후에 어떠한 자기계발을 할 것인가를 정해둔다.

Section 01 | 출제가 예상되는 빈출 질문유형

① 기존의 방법으로는 해결하기 어려운 상황에서 창의적으로 접근해 문제를 해결했던 경험이 있나요?

② 가장 힘들었던 순간과 극복한 사례를 설명해 보십시오.

③ 입사 후에 전문성을 키우기 위해서 어떠한 자기계발을 할 것입니까?

④ 창의적인 사고를 통해서 변화를 이뤄내 본 경험이 있습니까?

⑤ 디지털 사용에 익숙한 편에 해당합니까? 익숙하다면 업무에 적용할 수 있는 디지털 기술에 대해서 한 가지 말해보세요.

⑥ 새로운 기술이 출시되면 사용해보는 편인가요? 사용한다면 그 이유는 무엇인가요?

⑦ 학생, 학부모, 교직원을 위한 새로운 서비스를 기획한다면 어떤 아이디어를 제안하시겠습니까?

⑧ 동료들과 아이디어를 나누고 혁신적인 방안을 도출했던 경험이 있나요?

⑨ 새로운 아이디어를 제안했을 때 동료들이 반대한 경험이 있다면 어떻게 설득했습니까?

⑩ 업무 중 비효율적인 절차나 방식이 있다고 느낀 적이 있다면 개선하기 위해 어떤 노력을 하셨나요?

Section 02 | 면접 답변 작성해보기

Q 반복되는 업무에서 지루함을 느끼지 않도록 창의적으로 접근했던 경험이 있다면 설명해보세요.

Q 자기발전을 위해서 교육청과 교육공무직원이 가져야 하는 책임과 역할에 대해서 말해보세요.

Q 새로운 업무 시스템이나 절차가 도입되었을 때 빠르게 이해하고 적응했던 경험이 있나요?

Q 창의력을 발휘할 수 있는 업무 환경을 구축하려면 어떤 변화가 필요하다고 생각합니까?"

Section 03 | 질문 예상 답변

Q 반복되는 업무에서 지루함을 느끼지 않도록 창의적으로 접근했던 경험이 있다면 설명해보세요.

A 반복적인 문서 정리 업무를 할 때 효율성을 높이고 지루함을 줄이기 위해 작업 과정을 체계화했습니다. 예를 들어, 자주 사용하는 서식과 문서를 템플릿으로 만들어 매번 새로 작성하는 시간을 줄였고, 색상이나 태그를 활용해 문서를 더 쉽게 구분하고 관리할 수 있도록 했습니다. 또한, 작업 중에 우선순위를 정해 목표를 세우고 성취감을 느끼며 업무에 집중할 수 있도록 했습니다. 이러한 방식으로 업무를 단순히 반복하는 것이 아니라, 더 체계적이고 생산적으로 개선하는 데 기여할 수 있었습니다.

Q 자기발전을 위해서 교육청과 교육공무직원이 가져야 하는 책임과 역할에 대해서 말해보세요.

A 효율적인 업무를 하기 위해서 노력을 해야 합니다. 또한 자율과 책임을 바탕으로 성실하게 업무를 수행하여야 하며, 도전적으로 자신의 능력과 창의력을 발휘하지만 경제적·사회적 영향도 고려해야 합니다. 또한 윤리규정을 준수하고 진실하고 투명하게 업무를 수행하여야 합니다. 교육청에서는 교육공무직원의 업무성과가 창출될 수 있도록 지원을 하고 업무 부담이 과중하지 않도록 배려를 해야 합니다.

Q 새로운 업무 시스템이나 절차가 도입되었을 때 빠르게 이해하고 적응했던 경험이 있나요?

A 이전에 새로운 전산 시스템이 도입되었을 때, 초기에는 익숙하지 않아 업무 진행에 어려움이 있었습니다. 하지만 사용자 매뉴얼을 꼼꼼히 읽고, 필요한 기능을 직접 시도해 보며 빠르게 익히려고 노력했습니다. 또한, 동료들과 정보와 팁을 공유하며 함께 적응 속도를 높였습니다. 이러한 과정을 통해 새로운 시스템에 빠르게 적응했고, 이후에는 동료들이 질문할 때 도움을 줄 수 있을 만큼 익숙해질 수 있었습니다.

Q 창의력을 발휘할 수 있는 업무 환경을 구축하려면 어떤 변화가 필요하다고 생각합니까?"

A 창의력을 발휘할 수 있는 업무 환경을 구축하려면 열린 소통과 협업이 중요하다고 생각합니다. 동료들과 자유롭게 아이디어를 공유할 수 있는 분위기가 조성되어야 하고, 새로운 시도를 격려하는 문화가 필요합니다. 또한, 업무의 비효율적인 절차를 개선하거나, 필요한 기술과 도구를 지원받을 수 있는 체계가 마련된다면 더 많은 창의적인 해결책이 나올 수 있을 것이라 생각합니다. 마지막으로, 실수를 두려워하지 않고 배우며 발전할 수 있는 긍정적인 피드백 환경이 조성된다면 창의력이 더욱 활성화될 것입니다.

다양한 교육공무직원의 직종별로 전문지식과 그 응용능력 평정요소를 준비하기 위한 파트에 해당한다.

직종별로 자주 물어보는 면접장에서 자주 물어보는 질문들을 직접 답변하고 써보면서 준비를 할 수 있다.

직종별
전공질문

교무행정사 면접기출

필요능력, 업무내용, 면접질문을 확인한다.

Section 01 | 필요능력

① **주요능력** : 청렴한 마인드 및 문제해결을 위한 적극적인 태도, 민원인과의 소통능력, 조직 내 갈등 해결 대처법, 협력하는 능력

② **필요지식** : 교무 및 행정업무 등의 이해, 공문서 작성법, 문서작성 프로그램에 대한 지식

Section 02 | 업무내용

① 기안, 홈페이지 유지 및 각종 통계 관리

② 교직원 연수, 방과 후 및 돌봄, 알리미 서비스 지원

③ 전·입학생 관련 처리, 학습준비물·기자재 및 간행물 관리

④ 교무 행정 관련 제반 업무 등

Section 03 | 빈출 면접질문 및 답변

Q 교무행정사가 하는 일을 말해보세요.

A 교사들의 효율적인 업무 처리와 수업에 집중할 수 있도록 보조하는 일을 합니다. 기본적인 사무능력과 소통이 중요하며 기안, 홈페이지 유지 및 각종 통계 관리, 학습준비물 관리, 행사를 지원하거나 교육활동을 보조할 수 있습니다. 학교에 따라 업무가 지정되기도 합니다.

> **알아두면 좋은 TIP**
>
> 교무행정사의 업무에는 크게 학적업무, 품의 업무, 공문서 기안 업무, 민원 업무, 행사 지원 업무 등으로 구분할 수 있다. 또한 교무행정사는 교사와 수업 등 교육 활동 업무를 하며 사무행정사는 회계, 행정업무만 전담한다. 비슷하지만 업무의 차이를 알아두도록 한다.

Q 교무행정사가 갖추어야 할 가장 기본적인 덕목을 말해보세요.

A 친절과 배려라고 생각합니다. 아이들이 미래를 꿈꾸는 곳에서 항상 학생을 위하고 배려하는 모습이 기본이 되어야 한다고 생각합니다. 그밖에 성실, 책임, 이해, 배려, 협동, 공감, 청렴 등입니다.

Q 교무행정사로서의 자세와 합치하는 본인의 장점을 말해보세요.

A 교무행정사로서 필요한 책임감과 꼼꼼함이 저의 가장 큰 장점이라고 생각합니다. 맡은 업무를 끝까지 책임지고 수행하며, 작은 부분도 놓치지 않도록 세심하게 관리하는 데 자신이 있습니다. 또한, 소통과 협업을 중요하게 생각하여 교직원과 원활하게 협력하며 업무를 지원할 수 있는 능력을 갖추고 있습니다. 이러한 장점은 교무행정사의 역할과 잘 맞아 학교의 행정 업무가 원활히 이루어지도록 기여할 수 있을 것이라 생각합니다.

> **알아두면 좋은 TIP**
>
> 협조를 요하는 직업이다. 직무 능력도 중요하지만, 마찬가지로 사람들과 융화될 수 있는지도 무척 중요하다. 이를 나타낼 수 있도록 업무에 필요한 자질(자세)과 자신의 장점을 경험에 빗대어 언급하는 것이 좋다.

Q 전화 응대 방법을 알고 있습니까?

A 먼저 소속과 성명을 밝히고 메모하며 듣습니다. 담당자가 아닌 경우 "담당자를 연결해 드리겠습니다. 혹시 연결이 끊어질 경우 ○○○○번호로 전화해주시면 감사하겠습니다." 하고 안내합니다. 담당자가 부재중일 경우 통화 가능 시간과 메모 여부를 확인하고 안내합니다.

> **알아두면 좋은 TIP**
>
> 전화 응대는 신속하고 정화하고 친절해야 한다. 인사(소속과 성명) → 용건 확인(담당이 아닐 경우 담당자 연결) → 상담 → 추가 문의사항 확인의 절차를 걸치며 담당자가 부재중일 경우 전화하신 분, 시간, 콜백 및 메모 여부를 확인하고 전달한다.

Q 개인정보 보호를 위한 방법에 대하여 말해 보시오.

A PC는 항상 패스워드를 걸어두며 중요한 자료는 외장하드에 백업해 둡니다. 공용PC에서는 공인인증서 사용 및 인터넷 거래를 자제하며 인터넷 사이트의 비밀번호는 주기적으로 변경해줍니다.

Q 학교 공문서 기능에 대하여 말해 보시오.

A 학교나 교육행정기관의 의사를 내·외부로 전달하는 기능을 합니다. 의사 보전, 자료제공의 기능, 업무간 연결 및 조정하는 기능을 수행합니다.

알아두면 좋은 TIP

공문서는 행정기관에서 공무상 작성하거나 시행하는 문서(도면·사진·디스크·테이프·필름·슬라이드·전자문서 등의 특수매체기록 포함)와 행정기관이 접수한 모든 문서를 말한다. 형식상 일정한 표준을 가지며 신뢰와 책임성을 높일 수 있도록 쉽고 명확해야 한다. 모든 공문서는 「행정업무의 효율적 운영에 관한 규정」에 의해 작성·처리·관리된다.

※ 공문서의 종류 및 작성 원칙
　㉠ 법규문서 : 헌법·법률·대통령령·총리령·부령·조례·규칙 등에 관한 문서
　㉡ 지시문서 : 훈령·지시·예규·일일명령 등 행정기관이 그 하급기관이나 소속 공무원에 대하여 일정한 사항을 지시하는 문서
　㉢ 공고문서 : 고시·공고 등 행정기관이 일정한 사항을 일반에게 알리는 문서
　㉣ 비치문서 : 행정기관이 일정한 사항을 기록하여 행정기관 내부에 비치하면서 업무에 활용하는 대장, 카드 등의 문서
　㉤ 민원문서 : 민원인이 행정기관에 허가, 인가, 그 밖의 처분 등 특정한 행위를 요구하는 문서와 그에 대한 처리문서
　㉥ 일반문서 : ㉠부터 ㉤까지의 문서에 속하지 아니하는 모든 문서

Q 교무 업무 중 발생할 수 있는 실수를 줄이고 정확성을 높이기 위해 본인이 중요하게 생각하는 점은 무엇입니까?

A 업무의 정확성을 높이기 위해 철저한 이중 확인과 체계적인 기록 관리를 가장 중요하게 생각합니다. 업무를 수행할 때 체크리스트를 활용해 누락이나 오류를 방지하고, 중요 서류는 마감 전에 반드시 재검토를 해야 합니다. 또한, 관련 규정을 꼼꼼히 숙지하고, 필요한 경우 동료나 상급자와 소통하며 업무의 정확도를 높이기 위해 노력하는 것입니다.

Q 학부모가 행정 절차에 대한 불만을 강하게 제기할 경우 어떻게 대처하겠습니까?

A 학부모가 행정 절차에 대해 불만을 제기할 경우 먼저 침착하게 경청하며 학부모의 입장을 이해하려고 노력하겠습니다. 불만 사항을 명확히 파악한 후에 제가 할 수 있는 해결 방안을 설명하고 필요한 경우 관련 규정이나 절차를 구체적으로 안내합니다. 만약 즉각적인 해결이 어려운 경우에는 추가적인 조치를 약속하고, 진행 상황을 신속히 동료 및 상급자와 공유하여 신뢰를 유지하도록 노력하겠습니다.

Section 04 | 인성 및 직무 관련 기출복원질문

① 교무행정사의 의무란 무엇입니까?

② 교무행정사가 필요한 이유를 말해보세요.

③ 교무행정사가 되기 위하여 어떤 노력을 했는지 말해보세요.

④ 공문서의 정의와 작성법에 대하여 간략하게 설명해보시오.

⑤ 학교행정실무사, 교무행정사, 교무실무사, 교육실무사 차이에 대해서 알고 있습니까?

⑥ 같이 일하는 사람들과 갈등을 피하기 위하여 필요한 자세는 무엇이라고 생각합니까?

⑦ 개인적으로 중요한 일정과 학교 행사가 겹칠 경우 어떻게 대처하겠습니까?

⑧ 협업이 필요한 업무와 자세를 3가지 말해보세요.

⑨ 기간제와 대체직으로 근무하며 자신이 했던 업무 성과를 말해보세요.

⑩ 엑셀에서 필터링이 무엇인지 설명해보시오.

⑪ 우리 교육청 교육감의 복지정책에 대해서 말해보세요.

⑫ 에듀파인 프로그램을 사용할 수 있습니까?

⑬ 공문서 관리방법에 대해 설명해 보시오.

⑭ 지시사항을 정확하게 전달하기 위해 어떻게 할 것입니까?

⑮ 공정한 업무처리를 위해서 어떤 마음가짐을 가질 것입니까?

⑯ 기록물 관리방법에 대해서 설명하시오.

⑰ 대외비 문서를 어떻게 관리해야 하는가?

⑱ 기록물을 정리할 때 유의사항은 무엇인가?

⑲ 정보공개 대상은 무엇인가?

⑳ 전산장부 보존 기간은 얼마인가?

㉑ 간행물 관리에서 분실이나 파손을 최소화하기 위해 본인이 중요하게 여기는 점을 설명해보세요.

㉒ 업무 자동화나 디지털 도구를 활용해 업무 효율성을 높였던 경험을 설명해보세요.

㉓ 행정 관련 업무의 정확성을 높이기 위해 본인이 사용하는 습관이 있다면 설명해보세요.

㉔ 문서 작성을 할 때 정확성과 효율성을 높이기 위해 어떤 방법을 사용하겠습니까?

㉕ 교직원과 협력하며 업무를 진행할 때 본인이 중요하게 여기는 태도는 무엇입니까?

Section 05 | 상황질문

① 만약 교사가 부당한 일을 시킬 경우 어떻게 대처할 것입니까?

② 외부에서 학교로 전화가 온 상황을 가정하여 통화해 보시오.

③ 교직원과 마찰이 생길 경우 어떻게 대처할 것입니까?

④ 학교에 학부모 민원이 들어왔을 경우 어떻게 대처할 것입니까?

⑤ 교직원과 마찰이 생길 경우 어떻게 대처할 것입니까?

⑥ 함께 근무하는 선생님이 업무를 하지 않는다면 어떻게 대처할 것입니까?

⑦ 공문배부가 잘못 되었을 경우 어떻게 대처할 것입니까?

⑧ 동료가 사고가 나서 업무를 하지 못하게 되면서 업무가 과중 될 경우 어떻게 대처할 것인가?

⑨ 업무 외적인 다른 일을 시킬 경우 어떻게 대처할 것인가?

⑩ 교장이나 교감, 교사가 자신의 학연, 혈연, 지연으로 강사를 채용한다면 어떻게 대처하겠습니까?

⑪ 학교 내에서 발생한 감염병 확산상황에 관련하여 가정통신문이나 학부모에게 전달되지 않고 있습니다. 교감선생님과 교사도 자리를 비운 경우 어떻게 대처할 것인가?

⑫ 중요한 자료를 잘못된 형식으로 제출했음을 발견한 경우 어떻게 대처하시겠습니까?

⑬ 예산 부족 상황에서 필요한 기자재를 효율적으로 구매하거나 관리한 경험을 설명해보세요.

⑭ 행정 업무 과정에서 비효율적인 부분을 발견했을 때 어떻게 대처하시겠습니까?

⑮ 한정된 시간 안에 처리해야 할 업무가 과중하게 주어졌습니다. 이럴 때에 효율적으로 일정을 조율했던 경험을 설명해보세요.

⑯ 여러 업무 요청이 한꺼번에 들어왔을 때 우선순위를 정하는 기준은 무엇입니까?

⑰ 학습 준비물이나 기자재 배분에서 혼선이 생겼을 때 조정하고 해결했던 경험을 설명해보세요.

⑱ 입학생 관련 서류가 누락되었거나 정보가 잘못된 경우 이를 해결하기 위해 어떻게 대처하겠습니까?

⑲ 교직원이 요청한 자료가 준비되지 못한 상황에서 이를 해결하고 신뢰를 회복한 경험을 설명해보세요.

⑳ 기안 문서를 제출해야 하는 기한이 촉박한 상황에서 추가로 문서 작성 요청이 들어온 경우 어떻게 대처하겠습니까?

사무행정원 면접기출

chapter 02

필요능력, 업무내용, 면접질문을 확인한다.

Section 01 | 필요능력

① 주요능력 : 의사소통능력, 갈등해결능력

② 필요지식 : 컴퓨터활용능력, 행정능력, 예산관리능력

Section 02 | 업무내용

① 교육활동을 위한 교육행정 업무지원 등

Section 03 | 빈출 면접질문 및 답변

Q 행정 지원 중 예상치 못한 문제가 발생했을 때 해결했던 경험을 설명해보세요.

A 예상치 못한 문제가 발생했던 경험으로, 제출 마감일 직전에 중요한 문서 파일이 손상된 적이 있었습니다. 저는 즉시 백업 파일과 관련 자료를 확인하며 빠르게 내용을 복구했고, 동료들과 협력하여 수정 작업을 마감 시간 내에 완료할 수 있었습니다. 이 경험을 통해 위기 상황에서 침착함과 팀워크의 중요성을 다시 한 번 깨달았습니다.

Section 04 | 인성 및 직무 관련 기출복원질문

① 반복적인 업무에서 실수를 줄이고 정확성을 유지하기 위해 어떤 노력이 필요하다고 생각합니까?

② 새로운 행정 소프트웨어나 시스템을 배울 때, 어떤 방법으로 적응하는지 설명해보세요.

③ 긴급 요청 속에서 스트레스를 관리하는 본인만의 방법을 설명해보세요.

Section 05 | 상황질문

① 중요한 보고서를 제출하는 날에 시스템 오류가 발생하면 어떻게 대처하시겠습니까?

② 갑작스러운 요청으로 기존 업무가 중단될 경우 새로운 업무를 처리를 어떻게 하시겠습니까?

③ 상급자로부터 업무에 대한 피드백을 수용하고 개선했던 사례를 설명해보세요.

행정실무사 면접기출

필요능력, 업무내용, 면접질문을 확인한다.

Section 01 | 필요능력

① 주요능력 : 컴퓨터활용능력, 의사소통능력, 조직이해능력
② 필요지식 : 정보통신 능력, 경영학, 금융지식

Section 02 | 업무내용

① 학교의 교육활동지원을 위한 행정사무 업무 전반
② 행정기관 행정사무 업무 전반

Section 03 | 빈출 면접질문 및 답변

Q 행정 업무에서 문서 작성 시 정확성과 효율성을 높이기 위해 사용하는 방법을 설명해보세요.

A 문서 작성 시 정확성을 높이기 위해 우선 작성 전 필요한 정보를 체계적으로 정리하겠습니다. 효율성을 위해 템플릿과 단축키를 적극 활용하며, 문서 작성 후에는 반드시 검토 과정을 거쳐 잘못된 부분이 없는지 확인하겠습니다. 또한, 긴급한 경우를 대비해 주요 문서는 주기적으로 백업을 하겠습니다.

Section 04 | 인성 및 직무 관련 기출복원질문

① 업무에서 실수를 줄이고 정확성을 유지하기 위한 본인만의 방법을 말해보세요.
② 업무가 많거나 마감 기한이 촉박할 때 스트레스를 관리하며 일하는 본인만의 방법을 설명해보세요.
③ 행정 업무를 수행하며 가장 중요하다고 생각하는 부분은 무엇이라 생각하나요?
④ 행정 프로세스에서 비효율성을 발견했을 때 개선한 경험이 있습니까?

Section 05 | 상황질문

① 교직원이나 민원인과의 관계에서 갈등이 생겼을 때 이를 어떻게 해결하겠습니까?
② 중요한 문서를 마감 시간 전에 제출해야 하는데 시스템 오류가 발생했다면 어떻게 대처하겠습니까?

늘봄실무사 면접기출

chapter 04

필요능력, 업무내용, 면접질문을 확인한다.

Section 01 | 필요능력

① 주요능력 : 아동과의 소통능력, 갈등해결능력, 창의력

② 필요지식 : 사무 관련 컴퓨터 활용능력, 문제해결능력, 의사소통기술

Section 02 | 업무내용

① 늘봄학교 관련 신규 업무

② 늘봄학교 및 방과후학교 행정 · 회계 업무

③ 초등돌봄교실과 관련된 늘봄학교 신규 업무

④ 늘봄학교 및 방과후학교 학생 · 학부모 수요 조사 및 프로그램 강사 선정

⑤ 늘봄학교 및 방과후학교 운영 계획 수립 및 심의

⑥ 늘봄학교 및 방과후학교 민원 관리 · 대응

⑦ 늘봄학교 및 방과후학교 학생 안전 관리 등 운영전반 및 평가

Section 03 | 빈출 면접질문 및 답변

Q 늘봄학교에 대해서 설명해보세요.

A 정규수업 이외에 학교와 지역사회의 다양한 교육자원을 연계하여 학생의 성장과 발달을 위해 제공하는 종합교육 프로그램에 해당합니다. 기존의 초등학교 방과후와 돌봄을 통합 · 개선한 단일체제에 해당합니다. 희망하는 초등학생은 누구나 이용이 가능하고, 초등 1~2학년 맞춤형 프로그램이 매일 2시간 무료로 운영됩니다. 초등 3~6학년 대상으로는 양질의 프로그램이 운영됩니다.

Q 늘봄학교의 운영 목적이 무엇이라 생각하는지 설명해보세요.

A 최근 합계출산율이 점차 감소하고 있고 초등학교 입학 후 저학년의 돌봄 공백이 증가하고 있었기에 늘봄학교를 운영하는 것은 교내외에 교육자원을 활용하여 내실이 있는 돌봄 프로그램을 운영하는 것이라 생각합니다. 학생의 미래역량을 신장시키기 위해 지역사회와 연계하여 맞춤형 프로그램을 운영하는 것이라 생각합니다. 또한 학부모의 양육부담을 완화하기 위해서 교육인프라를 보완하는 프로그램을 운영하는 것이 늘봄학교의 운영목적이라고 생각합니다.

Q 늘봄학교 운영시 오전과 오후 시간대별 대상이 되는 학생을 설명해보세요.

A ① 아침늘봄 : 이른 등교로 정규수업 이전의 늘봄서비스가 필요한 초등 1~6학년을 대상으로 합니다.
② 오후늘봄 : 맞벌이 가정, 저소득층 가정, 한부모가정, 다자녀가정, 다문화가정, 담임추천대상자의 학생을 대상자로 합니다.

Q 학생의 안전지도를 위한 내용을 설명해보시오.

A ① 활동안전 : 실내활동에서 교구·문구의 사용시, 실외활동에서는 사고나 부상을 예방한다.
② 귀가안전 : 보호자 동행귀가를 원칙으로 동행귀가를 한다.
③ 감염병 안전 : 개인위생관리 요령을 지도하고, 감염병 증상이 있는 경우 출입을 제한하거나 귀가 조치를 시킨다.
④ 응급처치 : 응급상황에 대비하고 처치한다.

Q 학생의 안전귀가를 위해 해야 하는 것을 설명해보세요.

A 학생이 귀가할 때 보호자 동행귀가 원칙을 지켜야 합니다. 보호자가 동행하여 귀가를 할 수 없는 경우에는 보호자가 지정한 대리자와 동행귀가를 할 수 있게 합니다. 또한 귀가관리대장을 통해서 대리자는 보호자 동의 후에 귀가를 하도록 합니다. 문자서비스를 통해 학생의 안전지도를 학부모에게 알려주도록 합니다.

Q 응급상황이 발생하였을 때 응급처치의 기본적인 원칙에 대해서 설명해보세요.

A 응급처치자의 안전을 우선으로 하고 현장에서 안전을 확보합니다. 전문가의 진단이 있기 전까지는 의약품을 남용하지 않아야 합니다. 또한 기도 폐쇄나 응급수술, 중요 검사를 해야 하는 상황이 발생할 수 있기 때문에 음식을 제공하지 않아야 합니다. 또한 현장에서 응급처치로 의식이 회복되었다고 하더라도 전문 의료인에게 인계하여 증상을 확인하도록 해야 합니다.

Section 04 | 인성 및 직무 관련 기출복원질문

① 늘봄실무사의 주요 업무는 무엇입니까?

② 늘봄실무사를 하면서 교사와 갈등이 발생하는 경우에 문제를 어떻게 해결할 것인지 설명해보세요.

③ 늘봄학교에 대해서 설명해보세요.

④ 방과후학교와 늘봄학교의 차이점에 대해서 설명해보세요.

⑤ 늘봄실무사가 갖춰야 하는 능력은 무엇이라고 생각하는지 설명해보세요.

⑥ 늘봄 프로그램을 운영할 때 무엇을 염두에 두고 구성하겠습니까?

⑦ 늘봄학교를 추진하는 목적이 무엇이라고 생각합니까?

⑧ 초등학교 1학년 신입생 발달단계에 맞는 프로그램은 무엇이라고 생각합니까?

⑨ 본인의 교육철학을 설명해보세요.

⑩ 예산관리를 해본 경험이 있나요? 있다면 해본 경험을 말해보세요.

Section 05 | 상황질문

① 늘봄 과정에서 다양한 프로그램을 편성한다면 어떤 프로그램을 운영해보고 싶은가요?

② 학생 수요 맞춤에 따른 프로그램에 대해서 아이디어가 있나요? 있다면 설명해보세요.

③ 우리 학교 특색에 맞는 프로그램을 편성한다면 무엇을 활용하는 것이 좋다고 생각하는지 설명해보세요.

④ 수업 진행 중에 자연재해가 발생할 경우 어떻게 대처해야하는지 설명해보세요.

⑤ 간식을 먹고 알레르기가 발생한 학생이 발견하면 어떻게 대처하겠습니까?

⑥ 잦은 결석을 하는 학생을 어떻게 대처하겠습니까?

⑦ 눈병이 걸린 학생을 발견한 경우 어떻게 대처하겠습니까?

⑧ 프로그램 강사에게 예의 없이 행동하는 학생에게 어떻게 할 것인지 설명해보세요.

⑨ 학교 시설물을 막 다루는 학생에게 어떻게 할 것인지 설명해보세요.

⑩ 학부모가 강력하게 항의를 하면서 소리를 치는 상황에 어떻게 대처하겠습니까?

교육실무사(늘봄) 면접기출

필요능력, 업무내용, 면접질문을 확인한다.

Section 01 | 필요능력

① 주요능력 : 아동과의 소통능력, 갈등해결능력

② 필요지식 : 의사소통기술, 사무 관련 컴퓨터 활용능력, 문제해결능력, 조직관리

Section 02 | 업무내용

① 늘봄학교 관련 신규 업무(늘봄학교 행정·회계 업무, 학생·학부모 수요 조사 및 프로그램 강사 선정, 운영 계획 수립 및 심의, 민원 관리·대응, 학생 안전관리 등 운영 전반 및 평가)

② 방과후학교 제반업무

Section 03 | 빈출 면접질문 및 답변

Q 늘봄학교와 방과후학교의 차이점을 설명해보세요.

A

구분	방과후학교	늘봄학교
이용시간	오후 1~5시까지 중심으로 운영	정규수업 전 아침, 정규수업 후 희망시간까지 이용(최장 오후 8시까지)
비용	프로그램 비용은 학생과 학부모가 부담	연중 매일 2시간 이내(2개 프로그램) 프로그램 비용이 무료로 제공
프로그램	학교 인근의 공급처 위주로 제공	전문기관, 대학, 기업 등에서 공급
운영공간	일반학급에서 운영	학교 안의 공간(일반교실, 특별실 등)과 학교 밖 지역 교육공간(도서관, 공공기관, 대학 등)에서 운영

Q 늘봄학교가 지역사회와 연계하여 이용할 수 있는 자원은 무엇이 있는지 설명해보세요.

A 지자체 예산, 인적자원(프로그램 강사, 지원인력, 교수 등), 물적자원(교육장소, 물품, 교통수단 등), 프로그램, 정보가 있습니다.

Section 04 | 인성 및 직무 관련 기출복원질문

① 교육실무사(늘봄)의 역할은 무엇인가 설명해보세요.

② 교육실무사로서 본인이 이루고 싶은 목표는 무엇인가요?

③ 늘봄학교에서 학교폭력이 발생한 경우 어떻게 대응할 것인지 설명해보세요.

④ 프로그램을 계획할 때 우리 지역의 어떠한 시설과 연계하여 운영해보겠습니까?

⑤ 늘봄학교의 비전에 대해서 말해보세요.

⑥ 늘봄학교 학생 대상 프로그램 운영에서 가장 중요하다고 생각하는 가치는 무엇인가요?

⑦ 늘봄학교에서 발생하는 안전사고를 어떻게 할 것인지 설명해보세요.

⑧ 프로그램 강사를 선정할 때 어떤 기준을 중점적으로 고려하시겠습니까?

⑨ 예산을 효율적으로 관리하기 위한 방법을 설명해보세요.

⑩ 프로그램 운영계획을 수립할 때 어떤 데이터를 주로 활용하겠습니까?

Section 05 | 상황질문

① 프로그램 강사에 해임을 요청하는 학부모 항의가 들어온 경우 어떻게 대처하겠습니까?

② 상부에서 본인의 계획과는 맞지 않는 업무를 하라고 지시한 경우 어떻게 소통하겠습니까?

③ 학생이 부상을 입은 경우 어떻게 대처할지 설명해보세요.

④ 학부모가 프로그램 내용에 대해서 강력하게 항의를 하고 있습니다. 이런 경우 어떻게 대처하겠습니까?

⑤ 담임교사와 갈등이 발생한 경우 어떻게 갈등을 해결해나가겠습니까?

⑥ 본인이 늘봄학교 프로그램의 강사와 갈등이 발생한다면 어떻게 해결하겠습니까?

⑦ 본인이 계획한 프로그램이 학부모로부터 강한 항의를 받게 되었습니다. 강력하게 항의하는 학부모에게 어떻게 대처하겠습니까?

⑧ 학생이 상담을 요청하는 경우 어떻게 대응할 것인지 설명해보세요.

⑨ 공공기관의 예산을 무단으로 사용하거나 지위를 이용하여 이익을 도모하는 행위를 하는 사람을 본 경우 어떻게 대처하겠습니까?

⑩ 학생의 상담을 위해 가정방문을 요청하는 학부모에게 어떻게 대응할 것인지 설명해보세요.

06 chapter | 교육실무사(통합) 면접기출

필요능력, 업무내용, 면접질문을 확인한다.

Section 01 | 필요능력

① **주요능력** : 민원인 갈등해결능력, 문제해결능력, 소통능력, 컴퓨터활용능력
② **필요지식** : 문서관리, 과학실험 관련 지식

Section 02 | 업무내용

① 학교 교육활동(과학실험 등) 및 교무행정 업무 지원
② 교원의 업무를 직·간접적으로 지원
③ 과학실 관리 보조 및 실험 소모품 및 과학 교구 정리와 실험수업 보조
④ 근무지 소속기관장이 업무분야를 결정

Section 03 | 빈출 면접질문 및 답변

Q 다양한 교육실무 업무 중에서 내가 기피하고 싶은 것을 지시하는 경우 어떻게 할 것인가?

A 제가 기피하고 싶은 업무일지라도 최선을 다해서 주어진 업무에 책임을 지겠습니다. 업무는 항상 제가 하고 싶은 일만 할 수 있다고 생각하지 않습니다. 기피하는 업무에서도 제가 배울 점이 분명히 있다고 생각하고 지시하신 업무를 성실하게 하겠습니다.

Q 실험·실습 중에 사고가 발생할 때 어떻게 대처할 것인가?

A 사고가 발생한다면 응급조치로 현장 상황을 파악하고 보건교사에게 연락을 합니다. 그 뒤로 보건교사의 조치에 따릅니다. 보건교사가 부재하거나 중상인 경우에는 비상연락망으로 연락을 하고 119에 지원을 요청하여 의료기관으로 이송을 합니다.

Section 04 | 인성 및 직무 관련 기출복원질문

① 교육실무사가 가져야 하는 자질은 무엇입니까?

② 배정받은 학교에서 정해진 업무와는 다른 업무를 시킨다면 어떻게 할 것인가?

③ 본인의 성격이 교육실무사를 하는데 어떠한 영향을 줄 것이라고 생각하는가?

④ 교육실무사로 근무를 하게 된다면 자신의 역량 강화를 위해 어떻게 노력할 것인가?

⑤ 우리 교육청의 교육정책에 대해서 말해보세요.

⑥ 교육실무사가 필요한 이유는 무엇입니까?

⑦ 우리 교육청의 교육방향에 대해서 말해보세요.

⑧ 실험실에서 지켜야 하는 안전수칙에 대해서 말해보세요.

⑨ 교사의 행정업무를 지원하며 가장 중요하게 생각하는 가치에 대해서 말해보세요.

⑩ 교사와의 원활한 협력을 위해 본인이 중요하게 여기는 태도나 방식은 무엇입니까?

Section 05 | 상황질문

① 학부모가 본인에게 교육활동에 대한 항의를 하는 경우 어떻게 대처할 것입니까?

② 교사와 갈등이 생기는 경우 어떻게 대처할 것입니까?

③ 무례하게 행동하는 학생에게 어떻게 대처할 것입니까?

④ 민원정보를 잘못 알려주어 학생이 불이익을 받아서 학부모가 찾아와서 항의를 하는 경우 어떻게 대처할 것인가?

⑤ 같이 일하는 동료가 한 달 동안 휴가를 내면서 내가 맡은 업무가 많아진다면 어떻게 대처할 것인가?

⑥ 급한 업무를 하는 도중에 민원인이 강하게 항의를 하며 민원을 넣는 경우 어떻게 대처할 것인가?

⑦ 폭력적인 행동을 보이는 학생을 발견하면 어떻게 대처할 것인가?

⑧ 실험실에서 음식을 섭취하려는 학생이 있다면 어떻게 할 것인가?

⑨ 수업 중에 응급상황이 발생하면 어떻게 대처해야 하는가?

⑩ 수업을 할 때 학습이 부진하여 학생이 수업에 참여하지 못한다면 어떻게 관리할 것인가?

유치원교육실무사 면접기출

필요능력, 업무내용, 면접질문을 확인한다.

Section 01 | 필요능력

① 주요능력 : 활동지원능력, 소통능력, 행정능력, 원아관리, 성실성

② 필요지식 : 문서관리, 교무행정업무 지원

Section 02 | 업무내용

① 유치원 교육활동

② 유치원 수업준비 업무 지원

Section 03 | 빈출 면접질문 및 답변

Q 유치원교육실무사와 교무실무사의 차이점은 무엇입니까?

A 유치원교육실무사는 유치원 교육활동 및 수업준비 등의 업무 지원을 합니다. 교육실무사는 유치원을 제외한 공립학교의 교무행정, 과학실험, 전산업무를 지원하는 행정업무를 합니다.

Section 04 | 인성 및 직무 관련 기출복원질문

① 유치원교육실무사에 지원한 동기는 무엇입니까?

② 유치원교육실무사의 주된 업무에 대해서 말해보세요.

③ 현장학습에서 발생할 수 있는 위험요소와 예방법을 말해보세요.

Section 05 | 상황질문

① 학부모가 불만을 가지고 유치원에 방문을 했는데 교무실에 나밖에 없다면 어떻게 대응할 것인가?

② 주어진 업무로 바쁜 상황에 기관에서 행사준비를 하고 있다. 이때 어떠한 것을 우선순위로 둘 것인가?

③ 현장학습에서 유아가 다치는 경우 어떻게 대처할 것입니까?

특수교육실무사 면접기출

chapter 08

필요능력, 업무내용, 면접질문을 확인한다.

Section 01 | 필요능력

① 주요능력 : 학생지원 능력, 학부모와의 소통 능력, 보조 인력으로서의 수행 역할

② 필요지식 : 특수교육과 장애학생에 대한 기본적인 지식

Section 02 | 업무내용

① 교사의 지시에 따라 학습자료 및 학용품 준비, 이동 지원, 교실과 운동장에서의 학생활동 지원, 학습자료 제작 지원

② 특수교육대상자의 교수·학습활동, 신변처리, 급식, 교내외 활동, 방과 후 활동, 등·하교 등 특수교육대상자의 교육 및 학교 활동에 대한 지원

③ 용변 및 식사지도 등 신변처리, 보조기 착용, 착·탈의, 건강보호 및 안정된 학교생활 지원

④ 적응행동 촉진 및 부적응 행동관리 지원, 또래와의 관계 형성 지원, 행동지도를 위한 프로그램 관리

⑤ 기타 학교장이 지정하는 특수교육 관련 업무

Section 03 | 빈출 면접질문 및 답변

Q 특수 교육의 목적을 설명해보세요.

A 특수 교육 대상 학생의 개별화 교육과 문제행동 관리를 위함입니다. 학생이 학교생활에 적응할 수 있도록 지원하며 장애 학생의 교육권을 보장하고 특수 교육의 질을 제고합니다.

> **알아두면 좋은 TIP** ······· **특수 교육의 목적**
>
> 특수 교육이란 정상에서 이탈되어 있는 학생에게 알맞은 학교교육과정을 조정하거나 재구성하는 것이다. 대상 학생들이 제한된 소질을 개발하는 데 일반 학교 교육 계획으로는 어렵기 때문에 특수성에 맞는 설계된 교육을 제공한다.

Q 특수교육실무사의 역할에 대해 말해보세요.

A 교사 고유 업무인 수업, 유아지도, 평가, 상담, 행정 업무 등을 대리 할 수 없으며 교사의 지시에 따라 지도를 보조하는 역할입니다. 특수 교육 대상 학생의 용변 및 식사지도, 착·탈의, 건강 보호 및 안전 생활 지원 등 개인 욕구 지원과 학습 자료 및 학용품 준비, 이동 보조, 활동 보조, 그리고 적응행동 촉진 및 또래 관계 형성 지원 등의 문제행동 관리 지원 업무를 시행합니다.

> <u>알아두면 좋은 TIP</u> ········ 특수 교육 실무사의 역할
>
> ㉠ 개인 욕구 지원 : 용변 및 식사지도, 착·탈의, 건강 보호 및 안전한 생활 지원 등
> ㉡ 교수-학습활동 지원 : 실외 활동 보조, 학습자료 제작 지원 및 학용품 준비, 아동 보조 등
> ㉢ 문제행동 관리 지원 : 적응 행동 촉진, 또래 관계형성 지원, 행동지도를 위한 프로그램 관리 등

Q 특수교육실무사가 갖추어야 할 가장 기본적인 덕목은 무엇이라고 생각합니까?

A 성실함과 친절, 그리고 배려라고 생각합니다. 교육공무직의 의무 중 "맡은 바 임무를 성실히 수행한다." 처럼 주어진 업무 지시는 성실히 수행해야 할 것이며, 아이들이 미래를 꿈꾸는 곳에서 항상 학생을 위하는 모습이 기본이 되어야 한다고 생각합니다. 또한 특수교사와 원활한 협의가 이루어져야 하므로 배려와 협동심이 중요합니다. 직·간접적인 사례를 받지 않는 양심과 청렴이 기본적인 덕목입니다.

> <u>알아두면 좋은 TIP</u>
>
> 청렴, 배려, 협조, 희생, 봉사, 협업은 답변 활용에 아주 좋은 키워드가 된다. 답변 시 특수 교사의 고유 권한 인정, 아동 및 교사 간 원활한 관계를 위한 배려와 이해, 공직자로서 청렴함을 어필하는 것도 좋다.

Q 특수교육실무사의 구체적인 업무에 대해 알고 있나요?

A 자리를 이탈하지 않도록 행동을 통제하고, 또래들과 소통할 수 있도록 놀이 활동을 독려합니다. 활동 시 폭력적인 행동을 통제하며 활동에 집중할 수 있도록 합니다. 등·하교 시 안전하게 승·하차할 수 있도록 보조하며 식사할 때에는 편식 하지 않도록 보조, 식사를 마친 후에는 양치질을 할 수 있도록 지도합니다. 겉옷 정리나 의복 착·탈의 시 등 직접 해주는 것이 아니라 보조임을 명심합니다.

> <u>알아두면 좋은 TIP</u> ········ 특수교육실무사의 업무
>
> ㉠ 학습 지원 : 자리이탈 행동 통제, 학습 활동 참여 독려, 화장실 사용 보조 등
> ㉡ 사회성 : 또래와 소통할 수 있도록 놀이 활동 참여 독려, 폭력적인 행동 통제, 학습 및 놀이 활동에
>   집중할 수 있도록 보조 등
> ㉢ 등·하교 : 안전하게 승·하차할 수 있도록 보조 등
> ㉣ 식사 지도 : 식사 도중 자리이탈 행동 통제, 편식을 하지 않도록 식사 보조, 식사 후 양치질 보조 등

Q 특수 아동이 폭력성 또는 성에 관련하여 문제행동을 보일 경우 어떻게 대처할 것입니까?

A 먼저, 혼자 해결하려 하지 않고 교사와 함께 의논하겠습니다. 폭력성을 보인다면 우선 주변의 위험한 물건부터 치운 다음, 아이가 진정할 때까지 기다리겠습니다. 이후 행동의 이유와 상황을 교사에게 전달하여 조언을 받아 문제행동을 줄일 수 있도록 할 것이며, 성에 관련한 문제행동을 보일 경우 사회적으로 문제가 되는 행동임을 인지할 수 있도록 교사의 조언과 피드백을 통해서 대처하겠습니다.

> <u>알아두면 좋은 TIP</u>
>
> 특수 아동이 폭력적인 행동을 보일 때는 단호한 의사표현으로 문제행동을 통제해야 한다. 이후 아동의 감정이 가라앉았을 때 행동의 이유와 폭력 대신 대화로 표현할 수 있도록 지도한다. 성과 관련된 문제행동을 보일 때 역시 단호하게 표현해야 한다. 사회적 문제가 되는 행위임을 인지하지 못하거나 알고 있으면서 상대방 반응과 자신에게 오는 관심을 즐기고 있는 것이기 때문에 성인지 교육을 분명하게 지도하고 훈련하여 가해자 및 피해자 발생을 예방해야 한다. 독단적으로 해결하기보다 특수 교사의 피드백과 조언으로 함께 해결해 나가는 것이 바람직하다.

Q 특수교육대상자와 장애인의 차이는 무엇인가?

A 특수교육대상자는 교육청에서 장애인에 대한 특수교육법에 의하여 선정하며 장애인은 지역 주민센터에 신청을 하여 장애인복지법에 의하여 선정됩니다.

Q 특수교육대상학생의 학부모가 상담을 요청한다면 어떻게 대처할 것인가?

A 민원인의 민원문제를 경청하여 듣습니다. 그 이후에 상담이 가능한 특수교사에게 상담을 요청드릴 것을 알리고 특수교사에게 민원내용을 알립니다.

> <u>알아두면 좋은 TIP</u>
>
> 특수교육실무사의 업무가 특수교사의 보조임을 기억한다. 학부모가 상담을 요청한다면 특수교사에게 그 사실을 알려 대처방법을 확인한다.

Q 학생이 씻지 않고 학교에 온 경우 어떻게 대처할 것인가?

A 특수교사에게 사실을 알리고 지시에 따릅니다. 아이가 다른 아이들에 의해 상처받지 않도록 씻기거나 옷을 정돈해줍니다.

Q 아동이 편식할 때 어떻게 지도하겠습니까?

A 저는 세 가지에 유의하여 지도하겠습니다. 음식을 작게 잘라주고 익숙해질 수 있도록 시도하겠습니다. 그리고 아동이 편식하는 음식을 먹고 "정말 맛있다~", "오늘은 딱 한 번만 먹어보자"고 권유하겠습니다. 만약 여러 번 권유했으나 안 먹겠다고 할 경우, 아이에게 억지로 먹이지 않고 다음을 기약합니다.

> 알아두면 좋은 TIP
>
> 아동 편식 지도 시 절대 억지로 먹이면 안 되는 것을 유의해야 한다. 편식 지도 프로그램을 구성하여 장기적으로 아동의 편식을 바로 잡아주는 것도 바람직하다.

Q 욕설이나 공격적인 행동으로 감정을 표출하는 장애학생에게 어떤 중재를 할 것인가?

A 학생이 불안한 감정을 충동적으로 표출하는 것임을 기억하고 학생에게 화를 내지 않도록 합니다. 이후에는 감정 표출이 공격적인 것이 아닌 긍정적인 대체 행동이 있음을 알려줍니다. 심호흡을 하거나 주먹을 쥐었다 펴는 등의 완화된 행동으로 감정을 표출하도록 알려줍니다.

Q AAC에 대해 설명해보세요.

A AAC는 보완대체의사소통을 말합니다. 언어로 의사소통이 불가능하거나 어려움이 있는 사람들이 픽토그램, 수어, 점자, 표정 등으로 의사소통을 하는 다른 방법입니다.

구분	내용
상징	실제 사물, 제스처, 수화, 사진, 그림, 표의문자, 낱말, 점자 등
보조도구	의사소통판, 음성출력도구 등
테크닉	눈 응시, 표정 등

> 알아두면 좋은 TIP
>
> 보완대체의사소통(AAC ; Augmentative and Alternative Communication) ⋯ 독립적으로 말이나 글로 의사소통을 할 수 없는 사람들의 문제를 감소시키고 언어능력을 촉진하기 위해 사용하는 여러 형태의 의사소통 방법을 말한다.

Q 긍정적 행동지원이 무엇인가?

A 문제행동만을 집중하는 것이 아니라 장애학생이 사회적으로 활동이 가능하도록 긍정적인 행동을 형성하도록 돕는 것을 의미합니다. 문제행동이 더 발전되어 발현되기 전에 예방하는 환경을 만드는 것을 의미합니다.

Section 04 | 인성 및 직무 관련 기출복원질문

① 특수교육대상 학생 지원이 일반 학생 지원과 다른 점을 말해 보십시오.

② 특수교육대상 학생 생활지도에 있어 가장 중요한 점은 무엇이라고 생각합니까?

③ 특수교육실무사의 역할이 무엇이라고 생각합니까?

④ 특수교육 대상자와 장애인의 차이를 말해 보십시오.

⑤ Barrier Free에 대해서 설명해 보십시오.

⑥ 특수교육실무원의 자격조건은 무엇이라고 생각하는가?

⑦ 봉사활동을 한 경험이 있다면 말해보십시오.

⑧ 의사소통이 어려운 특수대상자를 위한 보완대체의사소통(AAC)의 정의와 종류를 말해 보십시오.

⑨ 장애유형에 대해서 설명해 보십시오.

⑩ 학습장애아동의 특징과 본인이 직접 지원해줄 수 있는 방법에 대해서 설명해 보십시오.

⑪ 특수교육대상 학생은 어떻게 교육 및 지도해야합니까?

⑫ 특수교육대상 학생을 이해하기 위해서 제일 중요한 것은 무엇이라 생각합니까?

⑬ 특수교육대상 학생의 학부모와 소통하기 위해 제일 중요한 자세는 무엇인가요?

⑭ 특수교육대상 학생에게 제일 중요한 것이 무엇이라 생각합니까?

⑮ 지적장애의 특징 3가지를 말해 보시오.

⑯ 지체장애 아동 식사지도 시 주의해야할 점을 말해 보시오.

⑰ 기도폐쇄를 예방하기 위한 방법을 말해 보시오.

⑱ 다른 선생님과 함께 협업을 할 때 중요하다고 생각하는 덕목은 무엇입니까?

⑲ 특수교육실무사의 교수활동지원은 무엇이 있습니까?

⑳ 장애학생을 도와준 경험 중에서 가장 기억에 남는 경험은 무엇입니까?

㉑ 발달장애인의 특징에 대해서 설명하시오.

㉒ 자폐의 특성에 대해서 설명하시오.

㉓ 장애학생이 통합수업을 받아야하는 목적은 무엇입니까?

㉔ 학생의 안전을 보장하기 위해 가장 중요하게 생각하는 점은 무엇입니까?

㉕ 식사지도를 하면서 학생들에게 자립심을 길러주기 위해 어떤 방법을 사용하는지 설명해보세요.

㉖ 부적응 행동을 보일 때 개선하기 위해 어떤 방법을 사용할 것인가 설명해보세요.

㉗ 적응 행동을 촉진하기 위해 학생 개개인의 강점과 흥미를 활용했던 경험을 설명해보세요.

㉘ 관계 형성을 지원하기 위해 구체적으로 어떤 활동이나 프로그램을 운영해보고 싶습니까?

㉙ 학생의 부적응 행동 관리 과정에서 교사나 부모와 협력했던 경험이 있다면 설명해보세요.

㉚ 학생마다 다른 필요와 특성을 지원하기 위해 개별화된 접근 방식을 사용했던 경험을 설명해보세요.

Section 05 | 상황질문

① 업무 중에 학부모의 문의가 있다면 어떻게 처리할 것인가?

② 특수대상자가 등교를 했는데 위생상태가 좋지 않은 상태일 경우 어떻게 대처할 것입니까?

③ 지원자는 경력이 오래되었지만, 신입 특수교사가 발령이 와서 담당이 되었다. 학생 지도에 있어서 갈등 상황이 생길 경우 어떻게 대처할 것인가?

④ 학부모가 특수교육대상 학생의 교육에 이것저것 요구를 한다면 어떻게 대처할 것입니까?

⑤ 바쁜 업무 중에 특수교사가 다른 업무를 요청한다면 어떻게 할 것입니까?

⑥ 아동학대와 비리를 목격했을 경우 어떻게 대처할 것인가?

⑦ 학생이 대소변을 실수할 경우 어떻게 지원할 것인가?

⑧ 교내에서 학생이 교사를 무시하는 언행을 하는 특수대상 아동을 본다면 어떻게 대처하겠습니까?

⑨ 특수교사와 의견차이로 갈등이 발생하게 된다면 어떻게 대처할 것인가?

⑩ 일반아동과 특수아동을 혼합하여 수업을 운영해야한다면 어떻게 대처할 것인가?

⑪ 위험한 행동을 하는 학생을 발견한다면 어떻게 대처할 것인가?

⑫ 일반학생이 장애아동에게 학교폭력 가하는 행동이 발생하는 경우 중재방법을 말해보세요.

⑬ 장애아동이 평소에 하지 않는 행동을 하고 있다. 특수 교사가 다른 지시를 하지 않는 상황에 어떻게 대처할 것인가?

⑭ 장애아동이 일과 중에 학교를 이탈한다면 어떻게 대처할 것인가?

⑮ 장애학생의 교육실습 중에 안전사고를 예방하기 위해 어떻게 관리할 것인가?

⑯ 장애아동이 양손으로 머리를 때리며 우는 행동을 하는 경우 어떻게 대처할 것인가?

⑰ 자해를 하는 장애아동이 있다면 어떻게 대처할 것인가?

⑱ 부적절한 성적행동을 하는 장애아동이 있다면 어떻게 대처할 것인가?

⑲ 장애학생이 다른 학생을 때리거나 잡아당기는 공격행동을 보이는 경우 중재방법에 대해서 말해보세요.

⑳ 수업 중에 물건을 던지거나 바닥에 눕는 장애학생의 문제행동에 어떠한 중재방법을 사용할 것인가?

chapter 09 | 특수에듀케어강사 면접기출

필요능력, 업무내용, 면접질문을 확인한다.

Section 01 | 필요능력

① 주요능력 : 의사소통능력, 갈등해결능력

② 필요지식 : 특수교육대상자에 대한 기본적인 지식

Section 02 | 업무내용

① 특수학교 돌봄(늘봄)교실, 유치원 특수학급 방과후 과정 운영

② 특수교육대상자 돌봄(늘봄) 활동에 따른 제반업무 등

Section 03 | 빈출 면접질문 및 답변

Q 특수교육대상자의 학업 성과나 발달 상태를 평가할 때 어떤 방법을 사용하나요?

A 정량적 데이터와 정성적 관찰을 병행하면서 학생의 강점과 약점을 파악하고, 부모와의 소통을 통해 평가 결과를 공유하고 피드백을 반영합니다.

Section 04 | 인성 및 직무 관련 기출복원질문

① 다양한 성격과 배경을 가진 학생들과 어떠한 방식으로 관계를 형성하시겠습니까?

② 다른 교사와 협력을 해야 하는 상황에서 본인의 역할은 무엇이라고 생각하나요?

③ 특수교육에서 사용하는 교수 방법 중에 가장 선호하는 것은 무엇인가요? 그 이유는요?

Section 05 | 상황질문

① 업무 중에 학생이 소란스럽게 하며 수업 분위기를 엉망으로 만드는 상황에 어떻게 하시겠습니까?

② 학부모가 찾아와 자신의 아이를 더욱 신경써주지 않았다며 항의를 강력하게 한다면 어떻게 해결하시겠습니까?

③ 학부모와 학생에게 효과적으로 피드백을 하기 위해 어떻게 하시겠습니까?

교육복지사 면접기출

필요능력, 업무내용, 면접질문을 확인한다.

Section 01 | 필요능력

① 주요능력 : 교육공무직원으로서 자세와 마인드, 민원인과의 소통능력, 교육복지 관련 사업계획 수립능력

② 필요지식 : 사회복지학, 교육학, 청소년학

Section 02 | 업무내용

① 교육복지우선지원사업 중점학교 운영 및 지원 업무

② 교육취약계층 학생을 지원하기 위해 필요한 업무

③ 교육 · 문화 · 복지 등 지역사회 기관 연계 · 협력 업무

④ 교육복지우선지원사업 중점학교 및 교육복지안전망센터 사업계획 수립 운영 등

⑤ 각종 취약계층 학생 지원 업무

⑥ 기타 기관(학교)장이 지정하는 업무

Section 03 | 빈출 면접질문 및 답변

Q 교육복지사가 가져야 하는 자세는 무엇인가?

A ① 전문가로서의 품위와 자질을 유지하고 맡은 일에 책임감을 가진다.

　② 내담자의 종교, 인종, 성, 연령, 경제적 지위, 신체적 조건 등에 따라서 차별하지 않는다.

　③ 성실하고 공정하고 업무를 하고 부당한 압력에 타협하지 않는다.

　④ 내담자의 복지 증진을 위해 헌신하고 환경 조성을 요구한다.

　⑤ 자신의 이익을 위해 가치와 권위를 이용하지 않는다.

　⑥ 전문성 개발을 위해 지식과 기술을 개발하는데 노력한다.

Q 교육복지사에게 주어진 업무는 무엇입니까?

A 학생들의 심리 · 사회적, 경제적, 정서적, 개인적 문제로 인하여 학교생활에 어려움이 있는 경우 담당교사와 협력하여 원활한 학교생활과 교육을 받을 수 있도록 돕는 교육복지 업무를 합니다.

Section 04 | 인성 및 직무 관련 기출복원질문

① 교육복지사가 가져야 할 자질은 무엇이라고 생각하는가?

② 학교사회복지사로 활동할 때 문제를 해결한 경험이 있는가?

③ 우리 교육청의 교육복지 방향에 대해서 설명하시오.

④ 지역네트워크사업 활동을 할 때 기억에 나는 일이 무엇이 있는가?

⑤ 교육복지사가 업무를 원활히 수행하기 위해서 필요한 능력은 무엇인가?

⑥ 우리 교육청의 교육정책을 교육복지에 어떻게 적용할 것인가?

⑦ 업무량이 과도하게 많을 수 있다. 어떻게 일을 해나갈 것인가?

⑧ 우리 교육청의 중점과제는 무엇이고 어떤 사업을 하는지 말해보세요.

⑨ 기후 위기 관련하여 학교에서 실천할 수 있는 것은 무엇이 있는가?

⑩ 교직원의 감염병 확산 방지를 위해 지켜야 하는 생활방칙 수칙에 대해서 말해보세요.

⑪ 학생들의 건전한 문화생활을 위해서 어떠한 것을 지원할 것인가?

⑫ 아동복지의 정의는 무엇인가?

⑬ 교육소외를 해소하기 위해 필요한 것이 무엇이라고 생각합니까?

⑭ 교육복지학교(유치원)를 지정하는 목적이 무엇이라고 생각합니까?

⑮ 교육복지사업 계획을 수립한다면 어떤 것을 추진하고 싶습니까?

Section 05 | 상황질문

① 쉬는 날 급하게 가정방문을 해야 하는 경우가 생긴다면 어떻게 대처하겠습니까?

② 내가 지원한 업무와 다른 분야의 업무를 지시받은 경우 어떻게 대처하겠습니까?

③ 아동학대 정황을 포착한 경우 교육복지사로서 어떻게 행동할 것인가?

④ 저소득 가정의 학생이 학습에 집중하지 못한 경우 어떻게 대처하겠습니까?

⑤ 다문화가정의 학생이 수업에서 소외받고 있는 것을 알았다면 어떻게 할 것인가?

⑥ 정서가 불안하여 학교에 적응하지 못한 학생을 교사가 알려주었다면 어떻게 대처하겠습니까?

⑦ 학생이 본인이 권하는 방향으로 행동하지 않고 계속 어긋난 행동을 한다면 어떻게 대처하겠습니까?

⑧ 복지프로그램에서 계속 이탈하는 학생이 있다면 어떻게 대처하겠습니까?

⑨ 집중지원이 필요한 학생의 가정방문을 해야 한다면 어떻게 할 것인가?

⑩ 지역기관과 연계하여 사업을 추진할 때 원활하게 진행하기 위해서 어떻게 할 것인가?

chapter 11 지역사회 교육전문가 면접기출

필요능력, 업무내용, 면접질문을 확인한다.

Section 01 | 필요능력

① 주요능력 : 의사소통능력, 상담능력, 문제해결능력

② 필요지식 : 컴퓨터활용능력, 예산관리능력, 청소년 상담능력

Section 02 | 업무내용

① 학교단위 학생맞춤통합지원 대상 및 집중지원 학생 발굴·지원·관리

② 학생맞춤통합지원을 위한 가정-학교-지역사회 연계 및 학교 중심의 교육복지 네트워크 구축

③ 학교단위 사업 계획 수립 및 운영, 교육복지실 운영 및 관리, 관련 행정 업무

④ 학생맞춤통합지원(교육복지우선지원사업)사업 평가 지원

Section 03 | 빈출 면접질문 및 답변

Q 청소년이 심각한 위기 상황(자해 충동 또는 가정폭력)을 털어놓는다면, 어떻게 대처하시겠습니까?

A 먼저 안전을 최우선으로 고려하며, 침착하게 경청하고 공감적인 태도로 신뢰를 형성하겠습니다. 필요한 경우 보호자나 관련 기관과 협력하여 즉각적인 지원을 제공하며, 상황에 따라 적합한 전문 상담이나 의료 서비스를 연계하여 청소년의 안전과 심리적 안정을 도모하겠습니다.

Section 04 | 인성 및 직무 관련 기출복원질문

① 갈등이 있는 청소년이나 학부모와 대화를 진행할 때 어떻게 신뢰를 형성합니까?

② 현장에서의 스트레스가 큰 편인데, 이를 관리하거나 극복하는 본인만의 방법이 있다면 설명해보세요.

③ 청소년의 발달을 지원하기 위한 프로그램을 설계해 본 경험이 있습니까? 있다면 설명해보세요.

Section 05 | 상황질문

① 다문화 가정 청소년과 일할 때 고려해야 할 점은 무엇이라고 생각하나요?

방과후과정 전담사 면접기출

필요능력, 업무내용, 면접질문을 확인한다.

Section 01 | 필요능력

① 주요능력 : 아동과의 원활한 소통능력, 갈등해결 능력, 언어사용능력
② 필요지식 : 사무 관련 컴퓨터 활용능력, 문제 분석 및 해결능력, 의사소통기술, 분석력

Section 02 | 업무내용

① 유치원 · 초등학교 방과후과정 학급 담당
② 기타 유치원(학교)장이 지정하는 업무

Section 03 | 빈출 면접질문 및 답변

Q [유치원] 안전한 방과후과정을 어떻게 운영해야 합니까?

A 방과 후 과정 내실화 계획에 근거하여 놀이와 쉼을 중심으로 프로그램을 운영합니다. 안전을 최우선으로 하고, 학부모의 요구를 최대한으로 반영하여서 운영합니다. 또한 밀접 접촉으로 인해서 호흡기 전파가 가능한 프로그램은 지양하고 감염병 예방 활동 강화와 위생 점검을 철저하게 하여 안전한 돌봄 환경을 조성합니다.

Q [유치원] 방과후과정 시설 · 환경을 어떻게 관리해야 합니까?

A 정해진 소독지침에 따라서 돌봄 교실을 일상 소독을 합니다. 돌봄 교실 안에 체온계, 손소독제, 마스크 등과 같은 방역물품을 확보하고 비치합니다.

Q [초 · 중등] 방과후 학교의 운영의 기본방향에 대해서 말해보세요.

A 학생의 안전을 최우선으로 합니다. 방역지침을 준수하는 범위 내에서 학사운영과 연계하여 학생 · 학부모의 의견을 수렴하여 운영합니다. 또한 운영 교실 환경위생 관리를 철저히 합니다.

Q [초 · 중등] 방과후과정에서 지켜야 하는 안전 · 위생 관리방법에 대해서 말해보세요.

A 학교 방역 기본 대책에 따라서 방과후학교의 환경 관리와 개인 방역와 유증상자 및 확진환자를 대응합니다. 재유행과 같은 비상상황이 발생하는 경우 업무연속성계획(BCP)에 따라서 대응합니다.

Q 방과후과정 전담사가 가져야 하는 가장 중요한 것은 무엇이라고 생각하는가?

A 방과후과정 전담사는 인성, 품성, 프로그램 지도능력, 학생관리능력이 가장 중요하다고 생각합니다. 교육적 사명감을 가지고 학생을 대하고 책임감과 성실성으로 업무에 임해야 합니다. 또한 운영 중인 프로그램에 대한 이해도를 높여 학생들을 전문적으로 지도하는 것이 필요합니다. 또한 학생의 안전관리와 수업계획에 대한 꼼꼼한 계획이 필요하다고 생각합니다.

Section 04 | 인성 및 직무 관련 기출복원질문

① 방과후과정 전담사가 하는 일은 무엇이고 가져야 하는 덕목은 무엇입니까?

② 수준이 제각각인 학생들을 어떻게 지도하겠습니까?

③ 학부모와 어떻게 상담할 것입니까?

④ 방과후학교를 운영하면 학생들에게 기대되는 효과가 무엇이라고 생각하는가?

⑤ 방과후과정 지도계획이 있는가? 있다면 어떻게 되는가?

Section 05 | 상황질문

① 무단으로 결석한 학생이 있다면 어떻게 대처하겠습니까?

② 수업 중 아이들이 다툼이 생겼을 경우 어떻게 대처하겠습니까?

③ 수업 중에 학생이 다친 경우 어떻게 대처하겠습니까?

④ 수업에 흥미를 느끼지 못하는 학생이 있다면 어떻게 대처하겠습니까?

⑤ 학부모가 수업에 대한 민원을 하는 경우 어떻게 대처하겠습니까?

⑥ 담임교사와 나의 교육관이 다르다면 어떻게 대처하겠습니까?

⑦ 야외활동 중에 안전사고가 발생하였다면 어떻게 대처하겠습니까?

⑦ 교사의 부재로 업무공백이 발생한다면 어떻게 대처하겠습니까?

⑧ 하교를 하는 학생의 학부모가 아닌 자가 귀가를 도와주겠다고 한다면 어떻게 대처하겠습니까?

⑨ 수업 중 불량한 자세로 수업을 듣는 학생을 발견하였다면 어떻게 대처하겠습니까?

⑩ 수업 중에 학생이 갑자기 쓰러졌다면 어떻게 대응하겠습니까?

초등 돌봄전담사 면접기출

필요능력, 업무내용, 면접질문을 확인한다.

Section 01 | 필요능력

① 주요능력 : 교육공무직원의 자세와 마인드, 민원인과의 소통능력, 아동과의 원활한 소통능력, 갈등의 해결 능력

② 필요지식 : 아이돌봄지원법, 아동복지법 등 관련 법률에 대한 이해도

Section 02 | 업무내용

① 학생 돌봄 및 관리
② 돌봄교실 관리 및 돌봄교실 관련 업무 추진 및 협조
③ 연간-월간-주간-방학 중 운영계획 작성
④ 프로그램 및 개인활동 관리
⑤ 간식 및 급식 업무 추진(준비-제공-사후처리 포함)

Section 03 | 빈출 면접질문 및 답변

Q 돌봄전담사를 지원한 동기는 무엇인가요?

A 아이들을 좋아하여 다년간 보육교사로 근무한 경험이 있습니다. 물론 돌봄전담사는 아이들을 좋아해서만 가능한 직업이 아니기 때문에 교사로서의 경험과 저의 교직관이 돌봄전담사 자질에 합치한다고 생각하여 지원하게 되었습니다.

> **알아두면 좋은 TIP**
>
> 돌봄전담사라는 직업에 관심을 갖게 된 이유와 또 어떤 각오로 임할 것인지 포부를 함께 말하면 더욱 좋다. 이때, 본인의 경험이나 자질 등 지원동기에 대해 꼬리 질문이 이어질 수 있으므로 처음부터 너무 장황하게 답하지 않는다.

Q 돌봄전담사의 역할은 무엇이라고 생각합니까? 또한 돌봄전담사의 업무와 본인의 성격 어떤 점에서 부합한다고 생각합니까?

A 가정에서처럼 돌봄교실 학생들이 건강하고 학습에 지장이 없도록 세심한 관심으로 아이들을 보호하고 관리하는 역할을 합니다. 저는 자타공인 낙천적인 성격이며, 꼼꼼합니다. 아이들이 말썽을 일으키는 경우도 아이들에게 짜증을 내기보다 관심을 구하는 표현이라고 생각하며 아이들을 사랑으로 포용하고 유연하게 대처할 수 있습니다. 돌봄교실에서는 정규수업 외의 시간으로 학생들의 재능을 계발하고 맞춤식 과제를 지도합니다. 저의 낙천적이고 꼼꼼한 성격은 이런 때에도 도움이 될 것이라고 생각합니다.

> **알아두면 좋은 TIP**
>
> 돌봄전담사는 방과후 돌봄교실에서 학생관리, 교실관리, 운영계획 작성이나 프로그램 관리, 개인활동 관리, 간식 준비 등 돌봄교실에서 필요한 업무를 돌봄전담사가 전담한다. 때문에 특히 더 아이들을 이해하고 세심한 관리를 할 수 있는 점을 어필하는 것이 좋다.

Q 교실에서 수업에 방해가 되도록 떠들거나 돌아다니는 아이를 어떻게 통제할 것인가?

A 아이에게 수업 전 집중할 것을 당부하며 세심한 관심을 통해 집중을 유도할 것입니다. 그래도 집중하지 못한다면 아이를 지켜보며 옆에서 활동을 함께 해줄 것입니다.

Q 돌봄서비스의 내실화 방안을 말해 보시오.

A 맞벌이 가정이 늘어나면서 돌봄서비스의 사회적 요구가 증가하였습니다. 따라서 초등학교 내 돌봄서비스가 원활하게 운영되기 위해서는 적절한 인원과 학부모들의 출퇴근 시간을 고려한 시간대를 적용하여 서비스의 만족도를 높이는 것이 중요하다고 생각합니다.

Q 학생이 갑자기 아프다고 할 경우 어떻게 대처할 것인가?

A 학생의 상태에 따라서 판단할 것입니다. 가벼운 증상일 경우 교실에서 휴식을 취하게 하며 상태를 확인하고 증상이 심해질 경우 담임선생님에게 오전시간 학생의 상태를 확인합니다. 가벼운 상처의 경우 보건실에서 처치를 하며 심한 경우에는 학부모에게 연락 후 귀가시킵니다.

Q 돌봄교실에 입실하기 전에 학생에게 호흡기 증상이 있다면 어떻게 대처할 것인가?

A 학교방역 담당자에게 보고합니다. 또한 학생을 일시적으로 관찰실로 이동시킨 후에 보호자에게 학생의 상태를 설명한 뒤에 지정된 의료기관에 방문하거나 신속항원검사도구로 검사를 실시합니다.

Section 04 | 인성 및 직무 관련 기출복원질문

① 초등돌봄전담사가 하는 일은?

② 초등돌봄전담사의 직무에 개선점은 무엇입니까?

③ 돌봄교실이 운영되는 이유에 대해서 설명해 보십시오.

④ 돌봄전담사 업무를 원활하게 하고 역량을 강화하기 위해서 어떠한 것을 했습니까?

⑤ 아동복지법에 대해서 간략하게 설명해보세요.

⑥ 아동돌봄지원법의 목적은 무엇입니까?

⑦ 아동에게 급식과 간식을 줄 경우 주의해야 할 점은 무엇인가?

⑧ 다양한 성격의 아동이 있는 돌봄교실을 어떻게 관리하겠습니까?

⑨ 우리 교육청의 교육정책은 무엇이고 어떻게 업무에 반영할 것입니까?

⑩ 본인이 생각하는 훌륭한 교육방법은 무엇입니까?

⑪ 초등돌봄전담사가 된다면 어떠한 방식으로 학생들을 관리하겠습니까?

⑫ 학교운영위원회에 심의를 받아야하는 것은 무엇입니까?

⑬ 안전한 귀가 방법은 무엇이라고 생각합니까?

⑭ 가정환경이 어려운 학생을 어떻게 지도할 것입니까?

⑮ 학생안전을 위해서 어떤 것을 제일 중요하게 할 것입니까?

Section 05 | 상황질문

① 학생이 무리한 요구를 계속해서 한다면 어떻게 대처할 것입니까?

② 학급 내 정해진 정원이 초과하였는데 수용해달라고 요구하는 학부모에게 어떻게 대처할 것입니까?

③ 아동학대 및 방치가 의심되는 아동이 있다면 어떻게 대처할 것입니까?

④ 본인에게 청탁하며 학생 교육을 요청하는 학부모에게 어떻게 대처할 것입니까?

⑤ 담당하는 학생의 수가 많을 때 어떻게 관리할 것입니까?

전문상담사 면접기출

필요능력, 업무내용, 면접질문을 확인한다.

Section 01 | 필요능력

① **주요능력** : 학생 위기 사안에 대한 대처 능력, 학생과 보호자 · 교사 · 기관 등 중간에서 원활한 소통 능력, 상담내용에 대한 비밀 유지 및 문제해결을 위한 적극적인 자세

② **필요지식** : 학교폭력 예방 및 대책에 관한 법률, 초 · 중등 교육법, 아동 · 청소년 성보호, 아동복지법, 행정절차법 등 관련 법률에 대한 이해도

Section 02 | 업무내용

① 학생 생활교육을 위한 이해, 학교폭력, 학업중단 등 학습상담 및 코칭

② 센터 운영 관련 업무

③ 대안교육 위탁과정 계획 수립 및 추진, 강사 채용

④ 학생정서 · 행동특성검사, 치료비 업무 지원

⑤ 센터 비품, 교구 및 도서 관리, 행정 지원

Section 03 | 빈출 면접질문 및 답변

Q 상담이란 무엇인가?

A 내담자의 문제해결을 돕고 능력을 발휘하여 활용하여 자기 스스로 결정하도록 돕는 것을 목적으로 하는 상담자와 내담자의 상호작용입니다.

Q 상담의 핵심 조건으로 무엇이 있습니까?

A 상담의 핵심 조건으로는 공감적 이해, 긍정적 존중, 진실성, 일치성이 있습니다.

> <u>알아두면 좋은 TIP</u> ……… 상담의 실제 조건
> 상담관계가 생산적이고 긍정적인 방향으로 유지 발전되기 위해서 구체성, 따뜻함, 신뢰감, 문화적 인식이 필요하다.

Q 집단상담을 할 때 가져야 하는 자질은 무엇인가?

A 상담자는 집단구성원이 보여주는 다양한 전이를 다룰 수 있어야 하고, 자신의 잘못을 인정할 수 있어야 한다. 집단 내에 갈등과 문제를 능숙하게 해결하는 능력이 필요하다고 생각합니다.

알아두면 좋은 TIP .... 집단상담자의 역할

① **지도적 기능** : 집단이 침체에 빠지면 상담자가 집단이 어려워 하는 주제를 확인하고 그 주제를 따라 가도록 돕는다.
② **확장적 기능** : 고착되는 경우 의사소통의 범위를 확장하고 집단구성원의 의식적 자아와 무의식적 자아를 연결한다.
③ **자극적 기능** : 정서적 피로, 억압, 저항, 흥미의 상실 등으로 집단이 무감각한 상태에 빠지는 경우 자극적 기능을 행사한다.
④ **해석적 기능** : 집단구성원의 의사소통 속에 숨겨진 무의식을 의식화시키려는 집단상담자의 기능이다.

Q 청소년기 정서의 특징에 대해서 말해보세요.

A 청소년기에는 일관성이 없고 불안정하며, 감정의 기복이 크고 예민합니다. 또한 수줍음이 많고 열정적이며, 호기심과 모방성이 강한 특징이 있습니다.

Q 학생들이 자살을 행동으로 옮길 가능성이 큰 경우는 언제인가?

A 자살생각이 잦고, 자살방법이나 상황에 관한 생각이 구체적이고, 자살방법에 대한 실천적 준비가 있고 이전에 자살시도를 한 경력이 있는 경우 자살을 행동으로 옮길 가능성이 높은 경우입니다.

알아두면 좋은 TIP .... 자살 예방을 위해 학교에서 할 일

① 자살에 대한 심층적 공감과 정서적 지지
② 보호자와 연락하여 학생의 자살 위험요인을 가정과 학교가 연계하여 제거
③ 전문가와 상담을 통해 자살을 예방
④ 자살 시도학생의 주변 학생들을 파악하여 상담을 실시
⑤ 자살 시도학생이 학교에 정상적 적응을 하도록 도움
⑥ 자살 시도학생이 반복적으로 자살 시도를 하지 않도록 지속적으로 관심
⑦ 자살 시도학생의 사건을 기록으로 남기고 사건일지 작성

Q 학교폭력 대처방안은 무엇인가?

A 피해 학생, 폭력 양상 등의 정확한 실태를 파악합니다. 피해 학생에 대한 지지와 보호를 하고 가해 학생이 가해행동을 하지 않도록 합니다. 또한 폭력예방교육 훈련프로그램을 활용합니다

Q 학업중단과 관련하여 사업계획을 수립하게 된다면 어떠한 것을 주요하게 생각할 것입니까?

A 우선 학교 현장과 전문가와 협의가 중요하다고 생각합니다. 위험요인과 안전대책을 철저하게 포함하여 안전영역에 신중을 기할 것입니다. 교육 사각지대가 발생하지 않도록 고려하여 계획을 수립할 것입니다.

<u>알아두면 좋은 TIP</u> ········ 학업중단 예방 사업계획 시 검토항목

① **협업**: 학교현장 의견과 전문가의 협의가 이루어 졌는가?
② **안전**: 위험요인과 안전대책이 포함되었는가?
③ **교육 사각지대**: 다문화·탈북, 유아, 특성화고, 원도심 및 도서지역, 한부모 또는 저소득 가정, 각종 및 대안학교, 위기학생·학교밖 청소년 등의 교육 사각지대가 발생하지 않도록 고려하였는가?
④ **인권**: 학교구성원, 노동자, 장애인, 성인지 감수성 등 인권 존중에 반하는 내용이 없는가?
⑤ **갈등**: 이해당사자와 갈등 발생 가능성이 없는가?
⑥ **현장지원**: 현장 업무경감을 위한 방안을 검토하였는가?
⑦ **법령**: 관련 법령, 조례 등을 검토하였는가?
⑧ **정확성**: 표현, 표기, 통계가 정확한지 검토하였는가?

Q 청소년 흡연의 원인은 무엇인가?

A 흡연을 하는 또래집단에 일원이 되고 싶어서입니다. 이외로는 스트레스 해소, 호기심, 어른스럽게 보이기 위해서입니다.

Q 청소년의 가출을 예방하기 위해서 어떻게 해야 하는가?

A 가출 청소년은 대부분 신체나 심리적으로 문제가 있는 경우가 많으므로 이에 대한 사정이 필요합니다. 이후에 부모가 청소년을 이해하고 대처할 수 있도록 지지하고 가족기능 강화프로그램으로 가족 내에서 의사소통 방법을 향상시킵니다. 또한 청소년의 스트레스를 관리합니다. 학업중단을 방지하기 위해 꾸준히 교육기회를 제공합니다.

Q ADHD 정의에 대하여 말해보세요.

A ADHD는 산만한 행동과 충동적이며 과잉행동을 다른 또래의 친구들보다 많이 하는 상태입니다. 이러한 과잉행동에는 '충동형, 부주의형, 혼합형' 세 가지의 유형이 있습니다.

Q 블렌디드 수업의 장점을 말해보세요.

A 온·오프라인을 유연하게 활용하여 학생을 만날 수 있습니다. 공간적인 제약이 없이 학습 환경을 조성하여 학습효과를 높일 수 있다는 장점이 있습니다. 또한 학부모 상담을 쉽게 진행할 수 있습니다.

Section 04 | 인성 및 직무 관련 기출복원질문

① 학생상담을 하는 목적은 무엇이라고 생각합니까?

② 자신만의 상담 프로그램 개발 및 운영 방법이 있다면 말해 보십시오.

③ 기억에 남는 학교폭력 상담 경험에 대해 말해 보십시오.

④ 집단 상담 프로그램에 관해서 설명해 보십시오.

⑤ 기관, 학생, 보호자 간에 연계 역할을 어떻게 할 것입니까?

⑥ 학교 폭력 사안처리를 지원해본 경험이 있습니까?

⑦ 학교폭력예방 및 대책에 관한 법률에 대해서 설명해 보십시오.

⑧ 학교폭력이 발생한 상황에서 피해 학생과 가해 학생의 부모 간 중재방법을 말해 보십시오.

⑨ 학교 폭력 예방하기 위한 프로그램을 설명해 보십시오.

⑩ 자살을 생각하는 학생에게 해야 하는 절차를 상세하게 설명해 보십시오.

⑪ 학업중단 위기에 놓인 학생에게 어떻게 교육할 것입니까?

⑫ 학업중단 위기에 놓인 학생들을 위해 어떠한 프로그램을 기획할 것입니까?

⑬ 학생 생활교육과 지도를 어떻게 진행할 것입니까?

⑭ 초 · 중등교육법을 3가지 설명해 보십시오.

⑮ 아동 · 청소년 성보호에 관한 법률을 설명해 보십시오.

Section 05 | 상황질문

① 전문상담사로 교육청에서 근무하게 되면 학생과 교사들에게 어떤 서비스를 제공할 것인가?

② 교사나 학부모님이 학생과의 상담 내용을 알려달라고 할 때 어떻게 할 것입니까?

③ 말수가 적은 아동과 어떻게 관계를 형성할 것입니까?

④ 학부모 상담을 요청해도 방문하지 않는다면 어떻게 대처할 것인가?

⑤ 가출 청소년이 상담을 받으러 왔다면 어떻게 상담을 진행할 것인가?

⑥ 지역사회와 연계가 원활하게 진행되지 않는다면 어떻게 대처할 것인가?

⑦ 학생의 정서 행동검사에 참여하는 것을 학부모가 강력하게 반대한다면 어떻게 할 것인가?

⑧ 학생의 검사결과 또는 상담결과를 타인이 알려달라고 하는 경우 어떻게 대처할 것인가?

⑨ 행동특성검사 결과가 관심 대상군으로 나온 것에 화를 내시는 학부모에게 어떻게 대처할 것인가?

⑩ 학생을 2차 평가기관에 의뢰하려고 하지만 학부모가 반대한다면 어떻게 대처할 것인가?

취업지원관 면접기출

필요능력, 업무내용, 면접질문을 확인한다.

Section 01 | 필요능력

① **주요능력** : 민원인과의 소통능력, 학생과 원활한 상담능력
② **필요지식** : 인사·노무 관련 지식, 경영자 단체취업처 자료 수집 및 관리방법, 취업상담 계획수립, 학생 특성 및 취업준비도 조사방법

Section 02 | 업무내용

① 취업환경 정보 수집
② 취업처 발굴 및 관리
③ 취업상담 및 취업준비과정 지원
④ 취업준비과정 지원 및 취업지원프로그램 운영
⑤ 현장실습 및 취업지원과 관련한 학교장(기관장) 지시사항 등

Section 03 | 빈출 면접질문 및 답변

Q 진로상담을 통해 기대되는 효과가 무엇입니까?

A 진로상담을 통해서 학생이 자신의 흥미와 적성을 파악하는 것입니다. 자신이 좋아하는 것을 올바르게 이해하고 나면 높은 학습동기를 가질 수 있으며 학교 수업에도 더욱 집중하여 임할 수 있다고 생각합니다. 또한 직업에 대한 이해도를 높이면서 올바른 직업관을 가질 수 있게 도울 수 있다고 생각합니다.

Q 이력서를 작성하는 기본원칙에 대해서 말해보세요.

A 이력서를 쓸 때에는 최대한 수식어를 넣지 않고 간결하게 써야합니다. 또한 거짓이 들어가지 않게 솔직하게 쓰고 자신이 가지고 있는 장점을 최대한 작성합니다. 또한 작성한 이력서는 따로 보관하여 면접장에서 이력서에 쓴 사실과 다르지 않아야 합니다.

Section 04 | 인성 및 직무 관련 기출복원질문

① 취업지원관이 가져야 하는 중요한 덕목은 무엇이라고 생각합니까?

② 취업정보 수집을 위해 어떻게 할 것입니까?

③ 진로상담의 목적은 무엇이라고 생각합니까?

④ 취업지원을 하는 목적이 무엇이라고 생각합니까?

⑤ 학생에게 이력서를 쓰는 방법을 어떻게 설명할 것인가?

⑥ 면접을 준비하는 학생에게 가르쳐 주어야 하는 것은 무엇입니까?

⑦ 쿠션언어가 무엇입니까?

⑧ 민주시민교육에 대해서 설명하시오.

⑨ 학생에게 알려줘야 하는 직장 근무예절을 말해보세요.

⑩ 학생에게 알려줄 최신 취업정보를 수집하기 위해서 어떤 방법을 사용할 것입니까?

⑪ 현장실습과 취업이 자연스럽게 연결되도록 하기 위해 어떤 방식을 활용하겠습니까?

⑫ 지시사항이 모호하거나 불분명할 때 명확히 하기 위해 어떤 방법으로 소통하겠습니까?

⑬ 학교장의 요구와 학생들의 필요 사이에 충돌이 발생할 경우 어떻게 조정하겠습니까?

⑭ 학생들의 취업률을 높이기 위해 최신 취업환경 정보를 어떠한 방식으로 수집하겠습니까?

⑮ 발굴한 취업처와 장기적인 관계를 유지하기 위해 중요하게 생각하는 점은 무엇입니까?

Section 05 | 상황질문

① 학생의 취업을 요청하는 학부모에게 어떻게 대처하겠습니까?

② 학부모와 상담을 하는 도중 상담에 만족하지 못한 학부모와 갈등이 생긴다면 어떻게 해결하겠습니까?

③ 학생이 원하는 진로와 학부모가 원하는 진로방향과 다를 때 어떻게 대처하겠습니까?

④ 학생과 진로상담을 하는데 심리적으로 어려워 보이는 경우 어떻게 대처하겠습니까?

⑤ 과도하게 취업정보 및 자료를 요구하는 학생에게 어떻게 대처하겠습니까?

⑥ 협력 중인 취업처가 요구 조건을 변경하거나 협력이 어려운 상황이 발생했을 때 어떻게 대처하겠습니까?

⑦ 학생이 진로 선택에 대해 혼란스러워할 때 어떤 방식으로 상담을 진행하겠습니까?

⑧ 취업을 희망하지 않거나 진로 방향에 관심이 없는 학생과의 상담을 어떻게 진행하시겠습니까?

⑨ 현장실습 도중 학생이 적응하지 못한다면 어떻게 해결하겠습니까?

⑩ 학생이 선호하지 않는 직무에 취업을 하게 되는 상황이 발생한다면 어떻게 설득하겠습니까?

조리사 면접기출

필요능력, 업무내용, 면접질문을 확인한다.

Section 01 | 필요능력

① **주요능력** : 급식품 취급 시 조리시설에 대한 위생적인 자세, 갈등 해결을 위한 대처능력

② **필요지식** : 식재료 보관법, 조리법, 조리기구 사용 및 관리법, 개인위생 수칙에 대한 이해

Section 02 | 업무내용

① 집단급식소에서의 식단에 따른 조리업무

② 구매한 식품 검수 지원

③ 급식 설비 및 기구의 위생·안전 실무

④ 영양(교)사의 지도사항 이행 및 조리원 지도 관리

⑤ 급식품의 위생적인 조리·세척·배식 작업수행

Section 03 | 빈출 면접질문 및 답변

Q 영양사에게 건의할 사항이 있을 경우 바로 이야기할 수 있는가?

A 건의사항은 언제든지 할 수 있다고 생각합니다. 더 나아지기 위한 건의사항을 눈치보고 이야기하지 않는
것이 모두에게 좋지 않은 것이라고 생각합니다.

Q 급식실 소독 기간 및 횟수에 대해서 말해보세요.

A 기간에 따라서 4~9월에는 2개월에 1회 이상, 10~3월에는 3개월에 1회 이상 진행합니다.

기간	소독 횟수	비고
4월 ~ 9월	1회 이상 / 2개월	허가된 소독업체에서 정기소독
10월 ~ 3월	1회 이상 / 3개월	

Q 급식실 작업위생 방법을 말해보세요.

A 「학교급식법 시행규칙」 학교급식의 위생·안전관리기준에 따라 다음과 같다.

① 칼과 도마, 고무장갑 등 조리기구 및 용기는 원료나 조리과정에서 교차오염을 방지하기 위하여 용도별로 구분하여 사용하고 수시로 세척·소독한다.

② 식품 취급 작업은 바닥으로부터 60㎝ 이상의 높이에서 실시하여 식품의 오염을 방지한다.

③ 조리가 완료된 식품과 세척·소독된 배식기구·용기 등은 교차오염의 우려가 있는 기구·용기 또는 원재료 등과 접촉에 의해 오염되지 않도록 관리한다.

④ 해동은 냉장해동(10℃ 이하), 전자레인지 해동 또는 흐르는 물(21℃ 이하)에서 실시한다.

⑤ 해동된 식품은 즉시 사용한다.

⑥ 날로 먹는 채소류, 과일류는 충분히 세척·소독한다.

⑦ 가열조리 식품은 중심부가 75℃(패류는 85℃) 이상에서 1분 이상으로 가열되고 있는지 온도계로 확인하고, 그 온도를 기록·유지한다.

⑧ 조리가 완료된 식품은 온도와 시간관리를 통하여 미생물 증식이나 독소 생성을 억제한다.

Q 급식실 위생관리 방법에 대해서 말해보세요.

A ① 급식실 소독을 철저히 진행합니다.

② 조리실은 채광, 환기, 통풍, 배수가 잘되게 관리합니다.

③ 배수구는 덮개를 설치합니다.

④ 쓰레기통은 뚜껑이 있는 내수성 자재를 사용합니다.

⑤ 급식조리 중에는 급식종사자 이외에는 조리실 출입을 통제합니다.

Q 매일 세척·청소해야하는 조리기구에 대해서 말해보세요.

A ① 전처리실, 조리실 및 식당

② 쉽게 오염되는 벽 및 바닥

③ 냉장·냉동고의 내·외부(손잡이 등)

④ 배수구 및 트랜치, 찌꺼기 거름망

⑤ 내부 설치된 그리스트랩

⑥ 식재료보관실 및 화장실

> **알아두면 좋은 TIP** ········ 시기별 청소계획
>
> ① 주별 : 배기후드, 보일러, 기화실
> ② 월별 : 유리창, 방충망, 식재료보관실 대청소
> ③ 연간 : 개학·방학 대비 대청소, 식판 및 기기 스케일 제거, 덕트 청소, 위생시설 및 설비 관리

Q 급식종사자가 지켜야하는 개인 위생관리에 대해서 말해보세요.

A ① 손 씻기 : 올바른 방법으로 손을 씻는다.

② 소독 : 70% 에틸알코올 또는 동등한 소독 효과를 가진 살균 소독제를 용법에 맞게 사용하여 소독한다.

③ 위생장갑 : 교차오염을 방지하기 위해서 조리용 고무장갑 또는 일회용 고무장갑을 사용하고, 배식 시에는 일회용 장갑을 사용한다.

④ 위생복장 착용 : 위생복, 위생모, 위생화 등을 착용한다.

⑤ 마스크 사용 : 비말 전파 차단을 위해 급식 전에는 KF80 이상의 마스크를 착용한다.

⑥ 휴게실 : 주기적으로 환기를 하고 마스크를 착용한다. 또한 휴게실 내부와 락커 손잡이를 수시로 소독한다.

Q 손을 씻어야 하는 때에 대해서 말해보세요.

A 조리하기 전, 화장실을 이용하고 난 이후, 신체 부위나 주변 환경에 접촉하였을 때, 장갑을 벗고난 이후에 손 씻기를 합니다.

> <u>알아두면 좋은 TIP</u> ……… 손 씻기 방법
>
> ① 손이 팔꿈치보다 아래에 위치하게 한다.
> ② 깨끗하게 흐르는 미지근한 물에 손을 적신 후 비누를 묻힌다.
> ③ 손바닥, 손 끝, 손가락 사이, 엄지손가락, 손톱, 손등을 꼼꼼하게 닦아준다.
> ④ 비누로 손을 15초 이상 문지르며 닦는다.

Q 교차오염 예방법을 말해 보시오.

A 냉장보관 시 채소·육류·어류·가금류를 분류하여 보관합니다. 같은 곳에 보관할 경우에는 채소를 위에 두고 육류는 아래에 보관합니다. 도마와 칼을 따로 사용하는 것도 예방법 중 하나입니다.

Q 폐식용유 관리방법에 대해서 말해보세요.

A 유통기한이 지난 산패 식용유는 학교 급식에 사용하지 않습니다. 또한 학생의 위생 및 안전에 유해한 장소인 보일러실이나 식품창고와 같은 장소에 보관하지 않습니다.

Q 음식물쓰레기 적정 처리 및 청결방법에 대해서 설명하시오.

A 배식 후에 남은 잔반은 매일 수거하여 처리합니다. 또한 음식물쓰레기통은 덮개를 사용하여 관리합니다.

Q 급식실 시설관리방법을 말해보세요.

A 「학교급식법 시행규칙」 학교급식의 위생·안전관리기준에 따라 다음과 같다.

　① 급식시설·설비, 기구 등에 대한 청소 및 소독계획을 수립·시행하여 항상 청결하게 관리한다.

　② 냉장·냉동고의 온도, 식기세척기의 최종 헹굼수 온도, 식기소독보관고의 온도를 기록·관리한다.

　③ 급식용수로 수돗물이 아닌 지하수를 사용하는 경우 소독 또는 살균하여 사용한다.

Q 급식기구 세척에 사용하는 세척제와 헹굼 보조제 관리방법에 대해서 말해보세요.

A 식기와 같은 급식기구 세척에 사용하는 세척제와 헹굼 보조제는 용법에 맞게 사용합니다. 수산화나트륨 (NaOH)가 혼합된 혼합물은 유독물질이므로 식기세척제로 사용하지 않고 사용하더라도 5% 미만의 제품 만을 사용합니다. 식기에 세척제가 잔류되지 않도록 음용이 가능한 물로 헹굽니다.

Q 식중독이 발생했다면 관리 대책을 위해 무엇을 해야 합니까?

A 식중독이 발생한 음식을 보관합니다. 보존식은 전용 냉동고에 소독처리를 하지 않고 보관하며 완제품의 경우는 포장상태 그대로 보관합니다. 그 이후에 영양교사의 지시에 따릅니다.

Q 식중독 예방을 위해서 해야 하는 것을 말해보세요.

A 개인위생을 철저히 지킵니다. 교차오염을 방지하기 위해 식재료 별로 구분하여 조리 기구를 사용합니다. 또한 유통기한, 소비기한에 맞게 식자재를 보관하며, 조리장에 방충 시설을 잘 관리합니다.

Q 당 섭취를 낮추기 위한 조리방법에 대해서 설명하시오.

A 당 함량이 높은 원료의 사용을 줄입니다. 설탕이나 물엿을 사용을 줄이고 케첩을 대신하여 토마토를 활용합니다. 또한 후식에 제공되는 음료에 당 함유량을 파악합니다.

Q 나트륨 섭취를 낮추기 위한 조리방법에 대해서 설명하시오.

A 국물에 염도를 매일 확인합니다. 또한 볶음, 조림, 국에 사용되는 염분의 사용을 줄입니다. 칼륨과 마그 네슘이 풍부한 음식을 제공하고 가공식품보다는 신선식품을 활용합니다. 또한 양념에 들어가는 나트륨 을 줄일 수 있는 재료를 사용합니다.

Section 04 | 인성 및 직무 관련 기출복원질문

① 조리사가 가장 중요하게 생각해야 할 점은 무엇이라고 생각합니까?

② 조리 기본수칙에 관해서 설명해 보십시오.

③ 조리 기구를 어떻게 관리할 것입니까?

④ 조리기구 세척방법에 대해 설명해 보십시오.

⑤ 조리기구 소독을 어떻게 할 것입니까?

⑥ 위생관리 방법에 대해서 3가지 설명해 보십시오.

⑦ 급식실 위생관리를 위한 자신만의 철칙이 있다면 말해 보십시오.

⑧ 위생적으로 조리하기 위해 어떻게 할 것입니까?

⑨ 조리할 때 적절한 위생적 복장에 관해 말해 보십시오.

⑩ 조리 시 화재 예방하는 방법을 상세히 설명해 보십시오.

⑪ 조리할 때 안전사항에 관해 설명해 보십시오.

⑫ 식품위생법에 관해서 3가지 말해 보십시오.

⑬ 식재료 유통기한을 어떻게 관리할 것입니까?

⑭ 해산물은 어떻게 보관하고 관리할 것입니까?

⑮ 육류의 신선도 구분은 어떻게 하시겠습니까?

⑯ 식재료 품질상태 관능 검사법에 대해서 아는 것을 설명해 보십시오.

⑰ 식중독 위험을 피하기 위한 방법을 3가지 설명해 보십시오.

⑱ 소독제와 같은 약품 취급법에 관해서 설명해 보십시오.

⑲ HACCP 과정에 대해서 설명해 보십시오.

⑳ 학생들의 잘못된 식습관을 두 가지 말해 보시오.

㉑ 학교 급식 업무를 수행하며 학생들의 건강을 위해 특별히 신경 쓰는 점은 무엇입니까?

㉒ 반복적인 조리업무를 성실히 수행하기 위해 수행하는 본인만의 방법이 있나요? 있다면 설명해보세요.

㉓ 동료 조리사나 영양사와 협력할 때 가장 중요하게 생각하는 것은 무엇입니까?

㉔ 학생들의 건강과 영양 균형을 위해 어떤 점을 고려하겠습니까?

㉕ 학생들이 급식을 맛있게 먹을 수 있도록 메뉴를 조리할 때 특별히 신경 쓰는 점은 무엇인가요?

Section 05 | 상황질문

① 조리한 음식이 짜다고 한다면 어떻게 대처할 것입니까?

② 조리한 음식을 무례하게 항의를 하면 어떻게 대처할 것입니까?

③ 조리실에서 노후화된 급식기구를 본다면 어떻게 대처하겠습니까?

④ 학생들이 배식을 맛있는 것만 달라고 할 경우 대처법을 말해 보시오.

⑤ 배식이 늦어지면서 면이 끊어지고 튀김이 눅눅해지는 경우에 어떻게 대처할 것인가?

⑥ 배식 도중에 학생에게 응급상황이 발생한다면 어떻게 대처하겠습니까?

⑦ 급식품의 조리 후 식재료의 유통기한이 지난 것을 알았다면, 어떻게 할 것입니까?

⑧ 상한 식재료로 요리를 하는 것을 발견한다면 어떻게 하겠습니까?

⑨ 하자가 있는 식재료가 납품된 것을 발견한다면 어떻게 하겠습니까?

⑩ 신규 조리원에게 식재료 작업 위생에 대해서 교육해야한다면 어떻게 알려줄 것입니까?

⑪ 영양(교)사가 퇴근 무렵에 연장근무를 요구한다면 어떻게 할 것입니까?

⑫ 나이가 어린 영양(교)사와의 관계에서 의견충돌이 있을 경우 어떻게 대처할 것입니까?

⑬ 함께 일하는 조리사 중에 관계가 서툰 사람이 있다면 어떻게 할 것입니까?

⑭ 근무하는 조리사 중에서 발열 및 복통 증상이 있는 경우 어떻게 할 것입니까?

⑮ 개인위생 관리가 소홀한 동료가 있다면 어떻게 하겠습니까?

⑯ 상관이 반찬을 개인적으로 포장을 요청한다면 어떻게 할 것입니까?

⑰ 조리 중에 기름이 바닥에 떨어졌다면 어떻게 대처하겠습니까?

⑱ 음식물 쓰레기를 줄이기 위한 방법을 제안해달라고 할 때 어떻게 할 것입니까?

⑲ 배정받은 학교가 사는 곳과 멀거나 기숙사 학교와 같이 먼 지역으로 배정된다면 어떻게 할 것인가?

⑳ 조리사의 실수로 음식이 탄 경우에 어떻게 대처하겠습니까?

㉑ 조리 과정에서 재료가 부족하거나 품질에 문제가 있는 경우 어떻게 대처하겠습니까?

㉒ 조리 중 발생한 화상이나 기구 파손 등과 같은 문제를 해결했던 경험이 있다면 말해보세요.

㉓ 조리 중 갑작스럽게 장비가 고장 나거나 식재료가 부족한 경우 어떻게 대처하겠습니까?

㉔ 역할 분담이 제대로 이루어지지 않을 경우 어떻게 대처하겠습니까?

㉕ 학생들에게 배식 중 갑작스럽게 식품 알레르기나 건강 문제가 발생한 경우 어떻게 대처하시겠습니까?

조리실무사 면접기출

필요능력, 업무내용, 면접질문을 확인한다.

Section 01 | 필요능력

① 주요능력 : 조리시설 위생관리능력, 갈등해결능력

② 필요지식 : 조리법, 식재료 보관법, 위생수치에 대한 이해

Section 02 | 업무내용

① 학교급식의 조리 등 관련 업무

② 식품의 위생적인 취급 및 식재료 전처리, 조리, 배식, 후처리 등 전 과정

③ 급식품 검수 지원

④ 조리실, 식당의 청소, 소독 등 위생관리

⑤ 급식시설, 설비 및 기구의 세척 · 소독 · 안전 관리

⑥ 식품보관실(저장창고) 저장관리

⑦ 급식 위생 · 안전에 관한 사항 보조

Section 03 | 빈출 면접질문 및 답변

Q 급식에서 재료를 구매할 때 안전 관리를 위해서 해야 하는 것을 설명해보세요.

A 품질, 신선도, 위생, 유통기한 등을 확인해서 구입하여야 합니다. 또한 식품을 제공하는 업체의 음식물
배상책임보험과 같은 보험의 가입여부를 확인합니다.

Q 부득이하게 학교 인근 음식점에서 음식을 사서 간식을 제공해야 하는 경우 무엇을 확인해야하나요?

A 식품안전나라에 영업이 신고 된 음식점인가를 확인해보아야 합니다. 또한 배달이 된 도시락이나 음식은
조리 후 2시간 이내에 섭취할 수 있도록 해야 합니다.

Q 음식을 조리하고 배식할 때 관리해야 하는 것을 설명해보세요.

A 조리를 하고 배식을 하는 환경은 항상 청결하고 위생적으로 관리를 해야 합니다. 너무 뜨거운 음식을 배식할 때에는 화상위험을 방지하기 위해서 약간 식힌 상태로 배식을 해야 합니다. 또한, 알레르기를 발생시킬 수 있는 음식에 대해서 명확히 기재하여 알려주어야 합니다.

Q 보존식을 보관하는 방법에 대해서 설명해보세요.

A 식품위생법령상으로 보존식은 보관 의무대상은 아닙니다. 하지만 음식을 종류별로 정리하여 1인분 분량으로 보존해야 합니다. 또한 개별로 포장이 된 음식은 포장된 상태 그대로 보존해야 합니다. 보존식을 보관하는 용기는 스테인레스 재질의 전용용기를 사용해야 하고, 담고 난 이후에는 용기뚜껑에 채취일시, 채취자, 메뉴명 등을 부착합니다. −18℃이하 전용냉장고에서 6일(144시간) 보관을 합니다.

Q 냉장보관 창고 위생상태를 확인할 때 무엇을 관리해야 하는 것을 말해보세요.

A 냉장고의 식재료 보관상태가 중요합니다. 상한 재료는 바로 정리하고 신선한 식품들로 보관하도록 해야 합니다. 또한 식품의 유통기한을 확인하여야 합니다. 냉장고가 바르게 작동되고 있는가를 확인할 수 있도록 부착된 온도계도 잘 확인해야 합니다.

Section 04 | 인성 및 직무 관련 기출복원질문

① 조리실 작업도구의 청결을 위해 관리해야 하는 것을 말해보세요.
② 복장의 청결을 위해서 확인해야 하는 것을 말해보세요.
③ 사용한 조리기구나 기계를 위생적으로 관리하기 위해서 관리해야하는 것을 말해보세요.
④ 식재료별 보관방법에 대해서 설명해보세요.
⑤ 조리와 관련된 일을 해본 경험이 있다면 말해보세요.

Section 05 | 상황질문

① 학생이 급식을 먹고 식중독 증상을 보이는 경우 어떻게 대처하겠습니까?
② 영양사와 음식 조리과정에 대해서 트집을 잡고서 다시 만들라고 하는 경우 어떻게 대처하겠습니까?
③ 냉장고의 청결이 불량한 경우 어떻게 대처하시겠습니까?
④ 조리 업무량이 많아져 시간이 부족한 상황에서 시간을 어떻게 관리하겠습니까?
⑤ 조리사와 의견이 맞지 않아 갈등이 발생했을 때 어떻게 대처하겠습니까?

당직실무원 면접기출

필요능력, 업무내용, 면접질문을 확인한다.

Section 01 | 필요능력

① 주요능력 : 돌발 상황 대처능력, 시설안전 점검능력
② 필요지식 : 상황별 대처방안, 시설물 관리 지식

Section 02 | 업무내용

① 야간 및 학교 휴무일에 학교 시설물 경비
② 학교장이 지정하는 업무

Section 03 | 빈출 면접질문 및 답변

Q 당직실무원이 하는 업무는 무엇인가?

A 도난, 무단침입, 기타 불법행위를 감시하고 예방합니다. 사고를 조기에 발견하고 긴급대처를 합니다. 순찰을 하고, 긴급사태가 발생하면 파출서나 소방서에 신고를 합니다. 또한 동절기 동파예방, 전자경비시스템을 관리하고 차량 및 출입자를 통제합니다. 교직원이나 학생 등·하교 시 출입문 개방을 관리하고 반출·반입물품을 통제합니다. 또한 민원인이나 관계 직업에게 친절하게 응대합니다.

Q 당직실무원으로 근무하면서 주민 또는 일반인들이 학교에 와서 말썽을 부릴 경우 어떻게 응대할 것인가?

A 우선 주민들에게 학생들이 머무르는 장소임을 인지시키고 설득합니다. 그래도 말썽을 부릴 경우 경찰의 도움을 받아서 해결합니다.

Q 순찰을 하는 목적이 무엇인가?

A 정해진 구역을 순회하면서 안전사고와 관련한 위해요소를 조사 또는 점검하기 위함입니다. 안전사고나 범죄가 발생할 가능성을 사전에 방지하고 위해요소를 제거할 수 있습니다.

Section 04 | 인성 및 직무 관련 기출복원질문

① 당직실무원을 지원하게 된 동기는 무엇인가?

② 당직실무원의 보수에 대하여 어떻게 생각하는가?

③ 당직실무원의 업무를 말해보세요.

④ 당직실무원이 가져야 하는 자질은 무엇이라고 생각합니까?

⑤ 시설물을 점검할 때 무엇을 주요하게 보아야 합니까?

⑥ 화재가 발생 시 신고절차와 상황전파 방법에 대해서 설명하시오.

⑦ 침입 및 안전사고 발생을 예방하기 위해서 해야 하는 일은 무엇입니까?

⑧ 소방 설비를 관리하기 위해서 무엇을 해야 합니까?

⑨ 타일의 유지관리 방법에 대해서 설명하시오.

⑩ 유리벽에 미세한 상처가 있는 경우 어떻게 관리해야 합니까?

Section 05 | 상황질문

① 학생들이 야간에 방문 했을 경우 어떻게 대처할 것인가?

② 근무하는 중에 항의를 하는 민원인에 대하여 어떻게 응대할 것인가?

③ 근무시간에 외부에서 무단침입을 알았을 경우 어떻게 대처할 것인가?

④ 거동이 수상한 인물이 주변에서 서성이는 것을 발견할 경우 어떻게 대처할 것인가?

⑤ 퇴근시간 이후 교장 선생님이 새로운 일을 시킬 경우 어떻게 대처하겠습니까?

⑥ 상사가 무리한 것을 요구한다면 어떻게 대처할 것인가?

⑦ 근무시간에 수도관 파손 문제가 발생한 것을 발견하였을 경우 어떻게 대처할 것인가?

⑧ 벽돌에 균열이 발견되었다면 어떻게 대처하겠습니까?

⑨ 학교 벽에 광고물을 부착한 것을 발견한 경우 어떻게 대처할 것입니까?

⑩ 외부바닥 마감재가 변형되거나 가라앉은 경우 어떻게 대처하겠습니까?

미화원 면접기출

필요능력, 업무내용, 면접질문을 확인한다.

Section 01 | 필요능력

① **주요능력** : 의사소통능력, 문제해결능력, 기술능력, 대인관계능력, 직업윤리

② **필요지식** : 미화관리 대상물에 대한 지식 및 마감재별 관리기법, 청소범위 요소에 대한 지식, 미화장비 구조에 대한 지식, 사용약품에 대한 지식, 작업자 안전사고 예방 대처방법

Section 02 | 업무내용

① 환경미화 및 실내 미화 업무 지원

② 시설 및 자산 운영 관리 지원에 관한 업무

Section 03 | 빈출 면접질문 및 답변

Q 미화 업무는 무엇을 하는 것입니까?

A 건축 · 시설물의 청결을 유지하고 쾌적한 환경을 위해 관리하는 것입니다. 보건위생 수준 향상을 위하여 청소 계획을 수립하고 청소 활동 및 사후 관리 활동을 합니다.

Q 청소 중에 바닥에서 넘어지는 것을 방지하기 위해서 해야 하는 것은?

A 작업 전 · 중 · 후에 바닥에 있는 물기를 수시로 점검하고 제거하면서 작업합니다. 넘어짐 방지를 위해 미끄럼방지 신발을 착용하고 작업에 방해가 되는 물건을 정리합니다. 물이나 세제를 사용하는 경우에 바닥에 미끄럼주의 표지판을 설치하고 세제를 작업장 전체 바닥에 미리 도포하는 것을 지양합니다.

Q 청소 중에 높은 곳에서 떨어지는 것을 방지하기 위해서 해야 하는 것은?

A 거울이나 유리창 청소 시에는 봉이 달린 청소 도구를 사용합니다. 높은 곳에서는 안전한 작업발판을 사용합니다. 떨어질 위험이 있는 곳을 청소할 때에는 개인보호구를 착용하며, 경사진 곳을 청소할 때에는 아래에서 위 방향으로 작업을 합니다.

Section 04 | 인성 및 직무 관련 기출복원질문

① 미화원이 가져야 하는 가장 중요한 덕목은 무엇입니까?

② 미화원에 지원하게 된 이유가 무엇입니까?

③ 복도청소를 할 때 사용하는 제품은 무엇인가?

④ 화장실을 청소할 때 사용하는 제품은 무엇인가?

⑤ 높은 벽을 청소하기 전에 해야 하는 조치는 무엇이 있는가?

⑥ 복도를 청소할 때 다른 사람과 충돌을 방지하기 위해 지켜야 하는 것은 무엇인가?

⑦ 소독을 위해 주로 사용하는 소독 약품으로 무엇이 있습니까?

⑧ 무거운 물건을 운반할 때 주의해야하는 점을 말해보세요.

⑨ 화학물질을 사용할 때 해야 하는 안전대책에 대해서 말해보세요.

⑩ 분리수거 방법에 대해서 말해보세요.

Section 05 | 상황질문

① 퇴근시간이 되었는데 교내에 쓰레기가 버려진 것을 발견한다면 어떻게 대처하겠습니까?

② 특정 구역의 청소가 끝난 후 청소 상태에 불만을 들었다면 어떻게 해결하겠습니까?

③ 화장실 청소도중에 타일이 깨지거나 비어있는 부분을 발견한다면 어떻게 하겠는가?

④ 화장실 청소를 하기 전에 내부에 사람이 있다면 어떻게 하겠는가?

⑤ 화장실 청소 중에 변기나 세면대 위에서 청소하는 동료를 본다면 어떻게 하겠는가?

⑥ 청소를 마친 후 예상치 못하게 추가적인 청소 요청이 들어온다면 어떻게 대처하겠습니까?

⑦ 행사나 특별활동이 끝난 후 예상보다 많은 쓰레기와 오염물이 발생했을 때 효율적으로 처리하는 방법에 대해서 설명해보세요.

⑧ 미끄러운 바닥에서 학생이나 교직원의 안전을 확보하기 위해 어떤 조치를 취하겠습니까?

⑨ 청소 장비나 용품이 고장이 났거나 부족한 상황이 발생했을 때 어떻게 해결하겠습니까?

⑩ 시설 자산 관리 업무 중 분실된 물품이 발생한 경우 어떻게 대처하겠습니까?

통학차량실무사 면접기출

필요능력, 업무내용, 면접질문을 확인한다.

chapter 20

Section 01 | 필요능력

① **주요능력** : 의사소통능력, 문제해결능력, 기술능력, 대인관계능력, 직업윤리
② **필요지식** : 도로교통법, 차량 시스템 작동 방법, 운행구간 정보, 운행일지 관련 정보 수집방법, 관련 법규 실천능력, 안전운전 기술

Section 02 | 업무내용

① 통학차량 이용학생 안전관리 및 학생 승하차 지원 및 인원점검
② 학생 안전사고 예방지도 및 안전관리
③ 학교장이 지정하는 업무

Section 03 | 빈출 면접질문 및 답변

Q 통학버스 운전자가 지켜야 하는 의무는 무엇인가?

A 「도로교통법」에 제53조에 따라 점멸등은 학생이 타고 내리는 경우에만 작동합니다. 또한 승차한 모든 학생이 좌석안전띠를 매도록 한 후에 출발하며, 내릴 때에는 보도나 길 가장자리에 세워 안전한 장소에서 정차합니다. 통학버스에 운전자 이외에 성년 보호자가 반드시 있어야 합니다. 또한 차량 운행이 마친 후에 차량 내에 학생이 없는지 점검합니다.

Q 아동의 승·하차를 보조할 때 발생할 수 있는 위험요인은 무엇인가?

A 급정거로 인한 넘어짐, 차량 문을 개폐하다가 손가락 끼임, 버스계단을 내려오다가 넘어짐, 승·하차 시 발생하는 교통사고 등이 있습니다.

Q 차량 내에서 넘어지는 것을 예방하기 위한 대책으로 무엇이 있습니까?

A 통학보조 실무자가 착석을 했는지 상호 확인합니다. 통학 보조 실무자가 출발해달라는 요청을 하고 상호로 확인한 뒤에 출발합니다. 또한 운행 중에 급발진이나 급정거를 하지 않도록 합니다.

Section 04 | 인성 및 직무 관련 기출복원질문

① 통학차량실무사가 가져야 하는 중요한 덕목은 무엇입니까?

② 제일 중요하다고 생각하는 교통법규가 무엇입니까?

③ 통학차량 운행 시에 안전사고 예방을 위해 제일 중요한 것이 무엇입니까?

④ 본인의 운행과 관련하여 문서작성능력 및 문서관리를 하게 된다면 어떻게 할 것인가?

⑤ 차량의 배터리가 방전된 경우 어떻게 해야 하는가?

⑥ 차량을 유지 및 관리하는 방법에 대해서 말해보세요.

⑦ 어린이 보호구역에서 차량의 규정 속도는 몇 km인가?

⑧ 횡단보도에서 우회전을 할 때 지켜야 하는 교통법규는 무엇인가?

⑨ 차량 청결을 위해 어떻게 관리할 것인가?

⑩ 학생이 차량을 조작을 방지하기 위한 대책으로 무엇이 있습니까?

Section 05 | 상황질문

① 사람과 차가 많이 없는 한적한 도로에 도착하였다. 시간이 촉박한데 신호가 빨간불일 경우 어떻게 대처할 것인가?

② 차량의 급발진·급정거로 학생이 넘어지는 사건이 발생한다면 어떻게 대처하겠는가?

③ 차가 없는 한적한 일차선 도로에서 규정 속도에 지켜서 느리게 가는 차량에 대처할 것인가?

④ 규정 속도에 맞춰서 가고 있는 본인의 차량 뒤에서 경적을 울리는 차량에게 어떻게 대처할 것인가?

⑤ 승·하차 보조 작업 중에 학생의 돌발행동이 나타난다면 어떻게 대처하겠는가?

⑥ 도로가 막혀서 정해진 시간 내로 도착하지 못할 것 같은 상황에 어떻게 대처할 것인가?

⑦ 학생이 운행 중에 안전벨트를 풀려고 하면서 난동을 피운다면 어떻게 대처할 것인가?

⑧ 차량 운행 중에 학생의 이상행동으로 응급상황이 발생한다면 어떻게 대처할 것인가?

⑨ 여름이면 발생하는 통학 차량 아동 갇힘 사고를 방지할 수 있는 방법을 말해 보십시오.

⑩ 학무보가 항의하여 갈등이 생긴다면 어떻게 대처하겠습니까?

사서 면접기출

필요능력, 업무내용, 면접질문을 확인한다.

Section 01 | 필요능력

① **주요능력** : 자료수집능력, 분류능력, 의사결정능력, 기획능력, 도서관 경영능력, 컴퓨터 활용능력

② **필요지식** : 문헌정보학이나 도서관학과 관련 지식, 도서관 경영 관련 지식, 자료선택 및 자료조직 관련
   지식

Section 02 | 업무내용

① 학교도서관 운영

② 도서 수집 및 자료의 분류, 보관, 정리

③ 도서관 관리에 관한 사항

Section 03 | 빈출 면접질문 및 답변

Q 학교 도서관의 정의에 대해서 말해보세요.

A ① 정의(「도서관법」 제2조) : 학교도서관이라 함은 「초 · 중등교육법」 제2조에 따른 고등학교 이하의 각급
   학교에서 교사와 학생, 직원에게 도서관서비스를 제공하는 것을 주된 목적으로 하는 도서관을 말한다.

   ② 정의(「학교도서관진흥법」 제2조) : 학교도서관이란 학교에서 학생과 교원의 학습 · 교수활동을 지원함
   을 주된 목적으로 하는 도서관이나 도서실을 말한다.

Q 학교 도서관의 역할은 무엇입니까?

A 「도서관법」 제40조에 따라 다음과 같습니다.

① 학교교육에 필요한 도서관자료의 수집 · 정리 · 보존 및 이용서비스 제공

② 학교 소장 교육 자료의 통합관리 및 이용 제공

③ 시청각자료 및 멀티미디어 자료의 개발 · 제작 및 이용 제공

④ 정보관리시스템과 통신망을 이용한 정보공유체제의 구축 및 이용 제공

⑤ 도서관 이용의 지도 및 독서교육, 협동수업 등을 통한 정보 활용의 교육

Q 학교 도서관에서 폐기 · 제적해야 하는 자료에 대해서 설명해보세요.

A 「학교도서관진흥법 시행령」 제8조에 따라 이용가치의 상실된 자료로서 보존이 필요 없다고 인정되는 자료, 훼손 또는 파손 · 오손된 자료로서 이용하기 어렵다고 인정되는 자료 불가항력적인 재해 · 사고, 그 밖에 이에 준하는 사태로 인하여 유실된 자료에 해당합니다.

Q KDC는 무엇인가?

A 한국십진분류표(Korean Decimal Classification)입니다. 지식을 0부터 9까지 10개의 범주로 구분하고 주류→강목→요목→세목 순으로 10진법에 의해 세분할 수 있도록 구성된다.

Q 도서관 자료의 종류로는 무엇이 있는가?

A 일반도서, 참고도서, 정부간행물, 학교발간자료, 정기간행물, 비도서가 있습니다.

구 분		내 용
도서	일반도서	단행본, 전집류, 총서류
	참고도서	사전류, 연감, 편람, 통계, 향토자료
	정부간행물	교육관련 기관에서 발간한 자료
	학교발간자료	규정집, 교지, 문예지, 앨범 등
정기간행물		신문, 잡지, 학술지, 연구보고서 등
비도서		CD, DVD, 전자책, 오디오북 등

Q 학생들의 독서 흥미를 높이기 위해 어떤 방식으로 도서를 선정하시겠습니까?

A 학생들의 독서 흥미를 높이기 위해, 먼저 학생들의 연령, 관심사, 독서 수준을 파악하기 위해 설문조사나 직접적인 피드백을 수집하겠습니다. 최신 도서 트렌드와 교육적 가치를 고려하여 다양한 장르와 주제의 책을 균형 있게 선정하며, 인기 있는 시리즈나 학생들이 추천한 책도 포함시켜 학생들이 책을 선택하는 폭을 넓히도록 하겠습니다. 이를 통해 학생들이 흥미를 느끼고 자발적으로 독서에 참여할 수 있도록 돕겠습니다.

Q 부족한 예산 안에서 효율적으로 도서를 구매하거나 자료를 확보한 경험이 있다면 말해보세요.

A 부족한 예산 안에서 효율적으로 도서를 구매하기 위해, 우선 학생들과 교사들의 요청을 수집해 우선순위를 정하고 꼭 필요한 자료부터 선정했습니다. 할인이나 공동 구매가 가능한 출판사와 협력하거나, 지역 도서관과 자료를 공유하는 방식으로 예산을 절약했습니다. 또한, 기증 도서를 적극적으로 활용해 필요한 자료를 확보했던 경험이 있습니다.

Section 04 | 인성 및 직무 관련 기출복원질문

① 사서가 가져야 하는 가장 중요한 자세는 무엇입니까?

② 도서자료 관리에 관한 지침에 대해서 말해보세요.

③ 자료를 정리하는 기본적인 순서에 대해서 말해보세요.

④ 장서점검을 하기 전에 해야 하는 절차를 말해보세요.

⑤ 학교 도서관을 학생들이 많이 사용하도록 하기 위한 프로그램을 기획한다면 어떤 것을 하고 싶은가?

⑥ 학교 도서관 업무에서 가장 중요한 가치는 무엇이라고 생각하는지 말해보세요.

⑦ 학생들에게 독서에 대한 재미와 도서관의 가치를 알리기 위해 어떠한 노력을 하겠습니까?

⑧ 최근에 읽은 책 중에서 학생들에게 추천해주고 싶은 책이 있나요? 있다면 그 이유는 무엇인가요?

⑨ 도서관에 새로 입고된 자료를 분류하고 배치할 때 고려해야 할 점에 대해서 말해보세요.

⑩ 학생들이 독서에 흥미를 느끼도록 도울 수 있는 프로그램을 설계한다면 무엇을 해보고 싶나요?

Section 05 | 상황질문

① 도서를 훼손한 뒤에 반납하는 학생을 발견하였다면 어떻게 대처하겠습니까?

② 희망 자료를 구입하지 않는다고 항의하는 민원인에게 어떻게 대처할 것인가?

③ 연락을 해도 도서 반납을 오랜 시간 하지 않는 학생에게 어떻게 할 것인가?

④ 운영하는 프로그램에 무단으로 참석하지 않는 학생에게 어떻게 대처하겠는가?

⑤ 학부모가 특정 도서를 부적합하다고 주장하며 비치 중단을 요구한다면 어떻게 설득하시겠습니까?

⑥ 업무가 과중하고 분쟁이 발생하여 스트레스를 받는 상황이 왔다. 이러한 상황을 극복한 경험이 있다면 설명해보세요.

⑦ 학교도서관에 배치되어 과중한 업무에 시달리고 있다. 이때 교무실 직원들 사이에서 분쟁으로 싸우는 상황이 발생했다. 이 상황을 어떻게 해결할 것인지 설명해보세요.

⑧ 교내에서 교무실 직원과 의견이 대립되어 갈등이 발생했다. 이러한 갈등이 발생하면 어떻게 해결하겠습니까?

⑨ 도서관 내에서 학생이 다치는 사고가 발생하면 어떻게 대처하시겠습니까?

⑩ 특정 학생이 도서관을 잘 활용하지 못하거나 독서에 흥미를 보이지 않을 때 어떻게 접근하시겠습니까?

간호사 면접기출

필요능력, 업무내용, 면접질문을 확인한다.

Section 01 | 필요능력

① 주요능력 : 응급처치, 감염병 예방 및 관리, 투약 지원, 건강검진 관리, 보건실 관리, 건강관리. 보건 교육 지원

② 필요지식 : 응급처치 방법, 감염병 관리방법, 투약방법 및 지원방안, 건강검진 관련 지식, 보건실 청결 관련 지식

Section 02 | 업무내용

① 외상 및 질병 악화 방지를 위한 응급처치

② 감염병 예방 및 관리

③ 가정 연계 원아 투약 지원

④ 영 · 유아 건강검진 관리

⑤ 보건실 관리

⑥ 담임교사의 보건 교육 지원

Section 03 | 빈출 면접질문 및 답변

Q 표준감염관리 방법에 대해서 말해보세요.

A 환자와 접촉을 할 때에는 장갑, 마스크, 가운, 앞치마 등 접촉을 줄일 수 있도록 착용해야 합니다. 또한 장갑이나 가운을 착용하였더라도 오염물질에 접촉을 했다면 장갑을 벗고 나서 손을 씻어서 청결을 유지 해야 합니다. 또한 날카로운 기구는 안전한 방법으로 버려야 합니다.

Q 홍역 환자 감염관리 방법에 대해서 말해보세요.

A 공기주의를 하여야 하며 홍역환자는 발진이 발생하고 4일 후까지 신속하게 격리를 해야 합니다. 전염력 이 높기 때문에 접촉자 관리도 필요합니다. 제2급 감염병으로 24시간 이내에 신고를 하여야 하고, 임상증상이 있더라도 감염병 신고를 하여야 합니다.

Q 아나필락시스 임상 증상과 치료에 사용되는 약물에 대해서 말해보세요.

A 피부에는 홍조와 소양증, 두드러기, 부종 등이 나타납니다. 심한 경우에는 청색증도 나타나게 됩니다. 호흡곤란, 기침, 후두부종 등이 나타나게 되고 천명음과 협착음도 들리게 됩니다. 또한 혈관이 확장하며 혈압이 저하합니다. 구토, 두통 등도 함께 발현하기도 합니다. 치료에 사용되는 일차 약제에는 에피네프린이 있고 그 이외에는 항히스타민제, 베타작용제 등이 있습니다.

Q 보건실에 갖춰야 하는 시설과 기구 및 용품은 무엇입니까?

A 일반 시설 및 기구, 환자안정용 기구, 건강진단 및 상담용 기구, 응급처치용 기구, 환경위생 및 식품위생검사용 기구 등이 있습니다.

① 일반 시설 및 기구 : 사무용 책상·의자, 건강기록부 및 서류 보관장, 약장·기기보관함, 소독(멸균)기, 냉·온장고, 물 끓이는 기구, 손전등, 가습기, 수도시설 및 세면대, 냉·난방시설, 통신시설, 컴퓨터·프린터기, 칠판·교육용 기자재 등이 있습니다.

② 환자안정용 기구 : 침대·침구류 및 보관장, 칸막이(가리개), 보온기구 등이 있습니다.

③ 건강진단 및 상담용 기구 : 신장계·체중계·줄자·좌고계, 비만측정기, 시력표·조명장치·눈가리개·시력검사용 지시봉, 색각검사표, 청력계, 혈압계·청진기, 혈당측정기, 스톱워치(stopwatch), 검안경·검이경(귀보개)·비경, 펜라이트(penlight), 치과용 거울, 탐침·핀셋, 상담용 의자·탁자 및 진찰용 의자 등이 있습니다.

④ 응급처치용 기구 : 체온계, 핀셋·핀셋통, 가위·의료용 쟁반·가제통·소독접시·상처소독용 이동식 수레, 부목·휴대용 구급기구·구급낭·들것·목발, 세안수수기·찜질기·켈리(지혈감자), 휴대용 산소기 및 구급처치용 침대 등이 있습니다.

⑤ 환경위생 및 식품위생검사용 기구 : 통풍건습계, 흑구온도계, 조도계, 가스검지기, 먼지측정기, 소음계 및 수질검사용 기구 등이 있습니다.

Q 독성물집 섭취 시 응급처치 방법에 대해서 말해보세요.

A 어떤 독성물질을 섭취했는지를 신속하게 파악하는 과정이 중요합니다. 섭취한 독소를 처치하기 위한 약물과 처치방법을 파악하기 위해서 환자를 평가해야 합니다. 그 이후에 독성 응급처치를 시작한다. 이때에는 구조자의 안전 확보가 가장 중요합니다. 그리고 환자를 안전한 장소로 이동시켜야 합니다. 이후에 기도유지, 호흡보조, 순환보조를 유지하면서 환자가 섭취한 오염을 제거하도록 합니다.

Section 04 | 인성 및 직무 관련 기출복원질문

① 본인만의 스트레스 해소방법은 무엇입니까?

② 제5차 국민건강증진종합계획(HP 2030)에 대해서 설명해보시오.

③ 심폐소생술 응급처치 시에 주의사항에 대해서 설명하시오.

④ 보건실 관리방법에 대해서 설명해보시오.

⑤ 가정과 연계하여 아동에게 투약지원을 해야 할 때 주의해야 하는 것은 무엇입니까?

⑥ 청소년 당뇨환자 간호방법에 대해서 설명해보시오.

⑦ 혈전을 방지하는 약물에 대해서 말해보세요.

⑧ 관장을 하는 목적은 무엇입니까?

⑨ 수혈을 할 때 부작용 증상에 대해서 말해보세요.

⑩ 간호사가 가져야 하는 자질은 무엇입니까?

Section 05 | 상황질문

① 학교에 수두에 걸린 학생이 발생한 경우 어떻게 대처하겠습니까?

② 응급처치에 대한 부분을 항의하는 민원이 들어온다면 어떻게 대처하겠습니까?

③ CPR을 하고 있는 도중에 보호자가 CPR을 중지해달라고 요청하는 경우 어떻게 대처할 것입니까?

④ 함께 일을 하는 동료가 퇴사를 하겠다고 말하는 경우에 어떻게 할 것입니까?

⑤ 상급자가 부당한 지시를 하는 경우에 어떻게 대처하겠습니까?

⑥ 학생이 갑자기 의식을 잃었을 경우에 어떻게 대처하시겠습니까?

⑦ 학부모가 치료 방법에 대해 이해하지 못하거나 거부할 때 어떻게 설득하겠습니까?

⑧ 학생이 극도로 불안해하고 있을 경우에 어떻게 진정시키고 신뢰를 얻을 것인가 설명해보세요.

⑨ 담임교사와 의견이 맞지 않아서 갈등이 발생한 경우에 어떻게 조율하겠습니까?

⑩ 학생이 치료를 거부하려고 하는 경우에 어떤 태도로 접근하겠습니까?

면접에 필요한 자료를 정리하였다. 면접장에서 자주 물어보는 질문들을 정리하여 마지막 준비 전까지 최대한 연습을 해볼 수 있도록 하였다.

교재와 함께 면접을 알차게 준비할 수 있도록 학습법을 정리하였다. 면접 질문을 답변 작성카드에 직접 써보면서 면접 답변을 준비해보면서 면접준비를 알차게 할 수 있다.

PART

06

면접 자료

면접장에서 자주 묻는 질문 TOP 5

chapter 01

교육공무직원 면접을 준비하기 위한 방법을 제시한다.

Section 01 | 매년 물어보는 면접 질문 TOP 5

① 교육청의 정책 및 특징

② 지원하는 직종에서 담당하는 업무

③ 지켜야하는 규범과 가져야하는 자세

④ 근무 중에 교사와 갈등이 생겼을 때 대처방법

⑤ 민원인이 강하게 항의를 할 때 대처방법

Section 02 | 자주 물어보는 인성질문 TOP 5

① 자기소개를 30초 이내로 해보세요.

② 본인만의 스트레스 해소법은 무엇입니까?

③ 동료와 의견이 맞지 않거나 갈등이 생긴다면 어떻게 조율하겠습니까?

④ 예상치 못한 어려움이 발생한다면 어떻게 해결하겠습니까?

⑤ 윤리적 갈등 상황이 발생했을 때 어떻게 해결하겠습니까?

Section 03 | 자주 물어보는 상황질문 TOP 5

① 학부모가 민원을 강하게 제기하거나 불만을 표현한다면 어떻게 대처하겠습니까?

② 교사와 의견 차이가 발생하여 갈등이 발생한 경우 어떻게 대처하겠습니까?

③ 여러 업무 요청이 동시에 들어왔을 때 효율적으로 처리하기 위해 어떻게 대처하겠습니까?

④ 긴급하게 자료 요청이 들어왔습니다. 업무과중으로 바쁜 와중에 어떻게 대응하겠습니까?

⑤ 업무 중 예기치 않은 시스템 오류가 발생했을 때 어떻게 해결하겠습니까?

chapter 02 | 교재와 함께 하는 면접 학습법

교육공무직원 면접을 준비하기 위한 방법을 제시한다.

Section 01 | 평정요소별로 정리한 면접 기출복원질문 SECTION별 학습방법

① 평정요소별 질문유형을 파악하고 해당 평정요소를 자주 묻는 질문을 확인한다.

② SECTION.01에서 출제가 예상되는 빈출 질문유형을 읽어보면서 해당 질문에 대한 답변을 고민하고 직접 손으로 작성하면서 적어본다.

③ SECTION.02에서 평정요소별 빈번하게 나오는 질문을 정리하였다. 해당하는 질문의 답변을 적는다.

④ SECTION.03에서는 SECTION.02에 제공되고 있는 질문지의 예상답변을 참고하여 답변의 질을 높인다.

Section 02 | 면접 답변 작성 TIP

① 부록에 있는 답변지에 공통으로 출제되는 질문의 답변을 직접 손으로 쓰면서 작성해본다.

② 작성한 답변지의 주요 키워드마다 동그라미 표시를 해서 답변을 정리하고 암기한다.

③ 면접질문의 키워드를 기반으로 말로 면접 질문에 대한 스피치를 영상으로 촬영한다.

④ 촬영된 영상을 확인하여 말을 할 때 더듬거나, 집중을 하지 못하는 모습이 있다면 면접 답변 작성지에 유의사항을 적어둔다.

면접 답변 키워드 정리 TIP

> 면접 질문 : 교사와 갈등이 생길 경우 어떻게 해결할 것입니까?
> 대화를 통해 해결하는 것이 가장 바람직하다고 생각합니다. 회피와 무시가 갈등을 심화시키는
> 요인이므로 대화를 통해 해결하는 것이 가장 바람직하다고 생각합니다. 이러한 일이 반복되지 않도록
> 고쳐나갈 것이며 업무 방식 차이로 인한 갈등이라면 의견공유를 통해 절충안을 찾아 해결하겠습니다.
> #대화, #회피와 무시가 갈등을 심화, #의견공유

1. 면접 질문의 답변을 답변지에 작성한다.
2. 작성한 답변에 키워드가 되는 주요한 단어에 표시를 한다.
3. 면접 질문 옆에 키워드로 정리를 하고서 암기를 하면서 답변지를 정리한다.

면접 전 알아두면 좋은 상식

면접에 대한 기본적인 원칙과 요령을 알아본다.

Section 01 | 행동강령

(1) 부정청탁 행위

① 누구든지 직무를 수행하는 공직자 등에게 직접 또는 제3자를 통한 부정청탁 금지

② 부정청탁에 대한 명확한 판단기준을 제시하기 위해 부정청탁 행위유형을 구체적으로 규정

③ 금지되는 부정청탁행위는 법에 열거된 14가지 부패 빈발분야의 대상 직무에 한정

④ 부정청탁 대상 직무

- 인 · 허가, 면허 등 처리 직무
- 각종 행정처분 또는 형벌부과의 감경 · 면제 직무
- 채용 · 승진 등 공직자등의 인사에 관한 직무
- 공공기관의 의사결정에 관여하는 직위의 선정 · 탈락 직무
- 각종 수상 · 포상 등 선정 · 탈락 직무
- 입찰 · 경매 등에 관한 직무상 비밀에 관한 직무
- 계약 당사자 선정 · 탈락 관련 직무
- 보조금 · 기금 등의 배정 · 지원 또는 투자 등에 관한 직무
- 공공기관의 재화 및 용역의 거래 관련 직무
- 각 학교의 입학 · 성적 등 관련 직무
- 병역 관련 직무
- 공공기관이 실시하는 각종 평가 · 판정 관련 직무
- 행정지도 · 단속 · 감사 · 조사 관련 직무
- 수사 · 재판 · 심판 · 결정 · 조정 · 중재 등 관련 직무

(2) 금품 수수

① 공직자 등이 동일인으로부터 직무 관련 여부에 관계없이 1회 100만 원 또는 매 회계연도 300만 원을 초과하는 금품 등을 수수한 경우 형사 처벌대상이다.

② 100만 원 이하 금품 등을 수수한 경우 직무와 관련한 금품 등을 수수 시 과태료 부과 대상이다.

③ 예외적으로 허용되는 금품
- 공공기관이 소속 공직자 등이나 파견 공직자 등에게 지급하거나 상급 공직자 등이 위로·격려·포상 등 목적으로 하급 공직자 등에게 제공하는 금품 등
- 원활한 직무수행 또는 사교·의례 또는 부조의 목적으로 제공되는 음식물·경조사비·선물 등으로서 대통령령(제17조)으로 정하는 가액 범위 안의 금품 등

구 분		가액범위
음식물	제공자와 공직자와 함께 하는 식사, 다과, 주류, 음료, 그 밖에 이에 준하는 것	3만원
경조사비	축의금, 조의금은 5만원. 다만, 축의금, 조의금을 대신하는 화환·조화는 10만원으로 한다.	5만원 (10만원)
선물	금전, 유가증권, 제1호의 음식물 및 제2호의 경조사비를 제외한 일체의 물품, 그 밖에 이에 준하는 것은 5만원. 다만, 「농수산물 품질관리법」 제2조 제1항 제1호에 따른 농수산물(이하 "농수산물"이라 한다) 및 같은 항 제13호에 따른 농수산가공품(농수산물을 원료 또는 재료의 50퍼센트를 넘게 사용하여 가공한 제품만 해당하며, 이하 "농수산가공품"이라 한다)은 10만원(제17조 제2항에 따른 설날·추석을 포함한 기간 중에는 20만원)으로 한다.	5만원 (10만원, 20만원)

④ 공직자 배우자의 금품 수수 금지
- 공직자 배우자는 공직자의 직무와 관련한 금품 수수 금지
- 배우자가 수수가 금지된 금품 등을 받은 사실을 공직자 등이 알았음에도 신고하지 않은 경우에는 공직자를 제재(공직자 또는 배우자가 금품 등을 반환·인도하거나 거부 의사 표시한 경우 제외)

Section 02 | 행정·교무 지원

(1) 청탁금지법 위반사례 발견 시 신고·처리과정

① 위반행위 목격자는 누구나 신고가 가능하다.
② 신고
- 접수기관 : 해당 공공기관, 감독기관, 감사원, 수사기관, 국민권익위원회
- 접수기관에서 신고내용에 대하여 조사·감사 또는 수사
- 조사기관 : 해당 공공기관, 감독기관, 감사원, 수사기관
③ 처리 : 징계처분, 공소 제기 과태료 부과 요청
④ 부정행위자 : 처분대상자는 관할 법원에서 형사 처벌이나 과태료 부과
⑤ 신고를 하려는 자는 신고의 취지·이용·내용을 적고 서명한 문서로 하고 허위 신고 및 무책임한 신고 방지를 위해 증거 제출 필요하다.

(2) 민원의 구분

민원의 구분		내 용
일반 민원	법정민원	법령·훈령·예규·고시·자치법규 등에서 정한 일정 요건에 따라 인가·허가·승인·특허·면허 등을 신청하거나 장부·대장 등에 등록·등재를 신청 또는 신고하거나 특정한 사실 또는 법률관계에 관한 확인 또는 증명을 신청하는 민원
	질의민원	법령·제도·절차 등 행정업무에 관하여 행정기관의 설명이나 해석을 요구하는 민원
	건의민원	행정제도 및 운영의 개선을 요구하는 민원
	기타민원	법정민원, 질의민원, 건의민원 및 고충민원 외에 행정기관에 단순한 행정절차 또는 형식요건 등에 대한 상담·설명을 요구하거나 일상생활에서 발생하는 불편사항에 대하여 알리는 등 행정기관에 특정한 행위를 요구하는 민원
고충민원		「부패방지 및 국민권익위원회의 설치와 운영에 관한 법률」 제2조 제5호에 따른 고충민원

(3) 세입세출외현금의 구분

세입세출외현금 종목		원가통계비목	과목해설 및 근거
종	목		
보 증 금	입찰보증금	입찰보증금	지방재정법시행령 제40조(세입세출예산 외로 처리할 수 있는 경비의 범위), 지방계약법 제12조(입찰보증금), 지방계약법시행규칙 제41조(입찰보증금의 납부), 지방계약법시행규칙 제51조(현금에 의한 보증금 납부)
	계약보증금	계약보증금	지방재정법시행령 제40조(세입세출예산 외로 처리할 수 있는 경비의 범위), 지방계약법 제15조(계약보증금), 지방계약법시행규칙 제49조(계약보증금 납부), 지방계약법시행규칙 제51조(현금에 의한 보증금 납부)
	하자보수보증금	하자보수보증금	지방재정법시행령 제40조(세입세출예산 외로 처리할 수 있는 경비의 범위), 지방계약법 제21조(하자보수보증금), 지방계약법시행규칙 제50조(하자보수보증금의 납부), 지방계약법시행규칙 제51조(현금에 의한 보증금 납부)
	기타보증금	기타보증금	기타보증금(전세 임대보증금 등)

보관금	채권압류금	채권압류금	민사집행법 제227조(금전채권의 압류)
	퇴직적립금	퇴직적립금	근로자퇴직급여보장법
	국유재산대부료	국유재산대부료	국유재산법 제32조(사용료), 국유재산법시행령 제39조(대부료 등의 귀속)
	소송비용	이행담보금	민사소송법 제98조(소송비용부담의 원칙)
	부가가치세	부가가치세	부가가치세법
	공공시설 손실부담	공공시설 손실부담	지방재정법시행령 제40조(세입세출예산 외로 처리할 수 있는 경비의 범위)
	시설적립금	시설적립금	감사원의 학교 재정분야 감사처분
	건강보험부담금	공무원 건강보험부담금	국민건강보험료 시행령 공무원 급여공제금 중 건강보험부담금
		비공무원 건강보험부담금	국민건강보험료 시행령 비공무원 급여공제금 중 건강보험부담금
	국민연금부담금	국민연금부담금	국민연금법 시행령 비공무원 급여공제금 중 국민연금부담금
	고용산재보험	고용보험부담금	고용보험 및 산업재해보상보험의 보험료징수 등에 관한 법률 및 동법 시행령 비공무원 고용보험부담금
		산재보험부담금	고용보험 및 산업재해보상보험의 보험료징수 등에 관한 법률 및 동법 시행령 비공무원 산재보험부담금
	기타세금	소득세	급여공제금 중 소득세
		지방소득세	급여공제금 중 지방소득세
	기타보관금	기타보관금	기타 법률 및 명령에 의한 보관금
잡종금	각종성금	각종성금	각종 성금
	이자수입	이자수입	납부자별 별도 보관금에 대한 이자를 제외한 순수 세입세출외현금 이자 수입
	연수경비	연수경비	교육청 주관 연수 시 교사 또는 학생의 개인부담액
	기타잡종금	기타잡종금	기타잡종금

(4) 세입예산

① **중앙정부이전수입** : 중앙정부에서 교부하는 국고보조금

② **지방자치단체이전수입** : 지방자치단체의 보조금, 시·군 및 자치구의 교육경비 보조에 관한 규정에 따라 지원하는 경비 등을 말하며 보조기관 또는 지원기관의 지침 등에 따라 정산한다.

③ **지방교육자치단체이전수입** : 교육비특별회계전입금수입, 기금회계전입금수입, 목적사업비 집행 잔액 처리

④ **기타이전수입** : 학교발전기금전입금, 다른학교회계전입금, 기타학교회계전입금, 기타공공이전수입

⑤ **자체수입** : 학부모부담수입, 행정활동수입

⑥ **자산수입**

(5) 세출예산

① **정책사업**
- 단위학교 교육활동을 수행하기 위한 최상위 사업 분류로 단위사업의 묶음
- 교육감 설정
- 인적자원운용, 학생복지·교육격차 해소, 기본적 교과 활동 등

② **단위사업**
- 정책사업 목표를 달성하는 수단으로써 사업 성격별로 통합·단순화한 사업 분류로 세부사업의 묶음
- 교육감 설정
- 예시 : 교직원보수, 교과활동, 방과후학교 운영 등

③ **세부사업**
- 단위사업을 구성하는 세부내역으로써 각 사업담당자가 실제 운용하는 최소단위의 사업
- 교육감 설정
- 예시 : 학교급식운영, 교과활동지원 등

④ **인건비** : 무기계약직보수, 기간제근로자보수 등

⑤ **운영비** : 단위학교 운영에 필요한 일반운영비, 교육운영비, 법정부담금 등

⑥ **자산 취득비** : 자산의 증가를 가져오는 자본적 지출 경비(시설비, 비품구입비, 시설적립금 등)

⑦ **예비비**

Section 03 | 수업지원

(1) 과학 실험 · 실습실 안전관리

① 응급조치
- 화재 : 옷에 불이 붙으면 바닥에 엎드려 불이 꺼질 때까지 뒹군다.
- 화상 : 흐르는 찬물에 열기를 식힌다. 화상부위가 넓다면 차가운 물수건으로 감싸서 의료기관에 이송한다.
- 외상 : 상처 부위를 깨끗한 물로 닦은 후에 소독을 하고 거즈를 붙인다. 심한 출혈이 있다면 압박과 지혈을 한 뒤에 의료기관에 간다.
- 관통 : 몸에 유리조각이나 나무, 철심 등이 박혀 있는 경우에는 움직이지 않는다.
- 산 · 염기 접촉 : 약물이 묻은 부위를 물로 씻는다. 눈에 들어간 경우에는 물로 신속하게 씻겨낸다.
- 유독가스 흡입 : 신선한 공기가 있는 외부로 옮기고 119에 연락한다. 심정지가 있을 경우 심폐소생술을 한다.

② 사고발생 시 대응체계
- 신속하게 상황을 파악하고 지원을 요청한다.
- 사고가 발생하는 즉시 담임교사 및 보건교사에게 연락한다.
- 부상자가 있는 경우 상처 부위와 정도에 따른 응급처치 실시한다.
- 사고 상황 및 부상 정보를 보호자에게 통보한다.
- 보건교사와 협조 후 반드시 병원에 이송하여 전문가 조치 완료 후 귀가한다.

③ 장애영역별 대처방법

장애영역	대처방법
시각장애	• 교사나 보조인력과 함께 대피를 실시한다. • 화재 발생의 경우는 비상벨 소리로 상황을 알린다.
청각장애	• 시각을 통해서 상황을 전달한다. • 수화, 필담 등을 통해 재난 상황을 알리고 대피시킨다.
지적장애, 자폐성장애	• 학생의 특성을 잘 알고 있는 교사나 보조인력과 대피를 한다. • 정서적 안정 위한 조치를 한다. • 대피 시 발생할 수 있는 돌발 행동에 대비한다. • 짧은 문장이나 그림으로 상황을 설명한다.
지체장애	• 휠체어 이동이 가능한 대피로를 확보한다. • 휠체어 사용이 어려운 경우 들것을 사용한다. • 1~2명이 보조하면서 대피를 한다.

(2) 늘봄학교 운영

① 정의 : 정규수업 외에 학교와 지역사회의 다양한 교육자원을 연계하여 학생 성장·발달을 위해 제공하는 종합 교육프로그램에 해당한다. 기존의 초등학교 방과후와 돌봄을 통합·개선한 단일체제로, 추후에 초등학교 방과후와 돌봄은 없어지고 늘봄학교 하나의 체제로만 존재하게 된다.

② 특징
- 희망하는 초등학생은 누구나 이용할 수 있다.
- 초등학교 1~2학년에게는 맞춤형 프로그램을 매일 2시간 무상으로 제공한다.
- 초등학교 3~6학년 대상으로 양질의 프로그램을 운영한다. 사교육과 차별화되고 경쟁력 있는 미래역량 함량, 진로탐색 등의 프로그램을 제공한다. 프로그램에는 체육, 문화·예술, AI·디지털, 사회·정서, 기초학습, 진로체험 프로그램 등이 있다.
- 시도교육청별·학교별 특성에 맞는 다양한 모델 확산
- 교사의 늘봄학교 행정부담 해소

③ 비전 및 목표
- 비전 : 세계 최고 수준의 늘봄학교
- 목표 : 희망하는 학생·학부모 누구나 만족하며 누릴 수 있는 종합 교육프로그램 제공
- 정책방향 및 추진과제 : 누구나 누리고(희망하는 누구나 이용, 대상별 맞춤형 지원, 학교 안팎의 자원 연계), 누구나 만족하는(저학년 맞춤 프로그램 무료, 프로그램 질 제고 및 다양화, 식사 제공 및 안전 강화)

④ 늘봄 프로그램
- 목적 : 정규 교육과정을 보완하고 미래 신수요에 대응하는 양질의 프로그램을 제공하여 미래역량을 갖춘 창의융합인재 육성, 학생·학부모 수요를 반영한 소규모·수준별 강좌를 개설하여 맞춤형 학생성장 지원 및 과열된 사교육 수요 해소
- 내용 : 체육(운동과 체력, 건강한 생활습관, 안전한 활동, 스포츠 유형과 표현 등), 문화·예술(음악 연주와 감상, 미적 체험과 표현, 문예 창작, 연극, 영화·사진 등), 사회·정서(사회와 언어, 건강과 안전, 명상, 마음알기 등), 창의·과학(AI·디지털, 기술과 생활, 지구와 우주, 과학과 사회, 수학적 사고 등), 기후·환경(생태, 기후위기, 기후행동, 공동체성, 지속가능성 등) 프로그램 분야를 운영한다.
- 유형 : 아침늘봄(이른 등교로 정규수업 이전에 늘봄서비스가 필요한 초등 1~6학년), 오후늘봄(맞벌이가정·저소득층가정·한부모가정·다자녀가정·다문화가정·담임추천대상자 등의 학생), 저녁늘봄(오후늘봄 및 연계형늘봄 참여 학생 중 추가 늘봄서비스가 필요한 학생), 연계형늘봄(늘봄 프로그램에 참여하면서 늘봄교실을 이용하지 못하는 학생), 방학 중 늘봄(학기 중 늘봄교실 참여 학생 또는 신규 참여 희망 학생)

⑤ 안전지도 내용
• 활동안전

구분		내용
실내 활동	교구	−KC 마크가 있는 교구, 날카로운 부분, 모서리, 갈라진 곳 없는 안전한 교구 사용
	문구	−칼이나 가위 등을 사용 시, 안전 지도 −유해 색소가 사용된 문구사용 시 지도
실외 활동	운동장	−정해진 장소에서만 활동을 하도록 안내 −늘봄전담사 시선 밖의 장소에서 놀지 않도록 점검
	놀이기구	−연령에 맞는 놀이 기구 사용 안내 −파손, 녹, 깨진 곳, 페인트칠이 벗겨진 놀이 기구 유무 확인 −여름철의 놀이기구에 화상을 입을 수 있으므로 주의
	실외운동	−놀이규칙 준수하며 준비운동을 철저히 하여 부상 예방

• 귀가안전

구분	내용
안전 귀가	−보호자 동행귀가 원칙, 보호자 동행하여 귀가할 수 없는 경우 보호자가 지정한 대리자(성인)와 동행귀가 −귀가관리대장을 구비하여 보호자 이외의 대리 귀가 동행자는 반드시 보호자 동의후 귀가조치 −학생 개인별 관리카드 작성(기재 방법은 초등돌봄교실 운영 길라잡이에 따름) 및 안전 귀가일지 작성 −입·퇴실 통보 문자서비스를 통한 학생 안전귀가 지도 −수시 귀가 시 배움터지킴이의 협조를 받아 안전한 귀가지도 실시 −차량 이용 시 반드시 승·하차 도우미 동승 −학교 인근 경찰 지구대와 협조하여 학생 귀가 시간 순찰 강화

• 감염병 안전

구분	내용
예방 확인	−개인위생관리 요령을 지도하고, 특히 손 씻기와 기침예절 지도 −교실 내 또는 늘봄교실 화장실에 손 세정제(비누)가 항상 비치 −감염병 병력이 있는 학생의 경우, 학부모로부터 증세를 파악
확인 및 조치	−감염병의 주요 증상을 정확하게 인지하고 외부인의 교실 출입을 제한 −단체 활동을 자제시키며 지속적으로 상태를 관찰함 −감염병 증상이 확인 시, 즉시 귀가시키고, 정확한 진단 및 치료안내 −의심 증상 확인 시, 보건 및 담임교사에게 연락하고, 관찰 또는 귀가

- 응급처치

구분	내용
상황 대비	−늘봄전담사 : 응급처치법과 상해예방, 감염성 질병 예방 훈련 이수 −학생 비상연락망, 응급기관 연락처, 응급처리절차를 늘봄교실에 부착 −체험활동 시, 휴대용 구급상자 및 비상연락망 준비
처치 절차	−응급여부 판단 후 119 신고 혹은 응급처치 실행 후 의료기관 후송 −응급상황보고 후 학부모 연락 −원인 파악 및 경과 기록(날짜, 시간, 장소, 사고 현황, 환자상태, 응급 처치 내용 등) 및 교육 (지원)청에 보고
응급 처치 기본 원칙	−응급처치자 자신의 안전과 현장 상황의 안전을 확보 −전문가의 정확한 진단 전까지는 의약품을 남용 금지 −기도 폐쇄와 응급수술이나 중요 검사의 지연 방지를 위해 음식물을 주는 것은 금지 −현장에서 응급처치로 의식이 회복 후에도 전문 의료인에게 인계

⑥ 늘봄지원센터 회계 관리 기본원칙
- 늘봄지원센터의 회계는 「교육비특별회계 회계기준에 관한 규칙」에 따르며, 늘봄학교의 목적과 용도에 맞게 집행해야 한다.
- 단위 학교 늘봄지원실의 회계는 「국립 유치원 및 초ㆍ중등학교회계규칙」, 「시도별 공립학교회계규칙」, 「사학기관재무ㆍ회계규칙」에 따르며, 늘봄학교의 목적과 용도에 맞게 운영되고 있는지 관리한다.

⑦ 늘봄지원센터 위탁업체 계약체결 금지 사항
- 자체 프로그램 없이 강사 송출을 전문으로 하는 업체와의 계약
- 금품 및 향응 수수, 시설 및 기자재 기부 등을 조건으로 하는 계약
- 기관장의 직계 존ㆍ비속 및 배우자의 계열회사 등과 체결하는 계약
- 부정당업자 제재에 의한 입찰 참가자격이 제한된 자와 체결하는 계약
- 부적격업체로 제재기간 중인 자와 체결하는 계약
- 영업정지중인 자 또는 다른 법령에 의하여 영업 또는 사업행위가 일시 중지된 경우
- 당해 지방자치단체장이나 지방의회의원이 사업자인 경우로 그들이 종사하는 당해 지방자치단체와 영리 목적으로 체결하는 계약(지방계약법 제33조)
- 당해 지방자치단체의 장, 지방의원의 직계 존ㆍ비속 및 배우자 계열회사 등이 당해 지방자치단체와 체결하는 수의계약(지방계약법 제33조)
- 법령에 의하여 인ㆍ허가 등 자격요건을 갖추지 않은 경우
- 소득세법, 법인세법, 부가가치세법에 의한 사업자등록자 또는 납세번호 부여가 되지 않은 자와 체결하는 계약
- 보안 측정 등 조사가 필요함에도 이를 이행하지 않는 자와 체결하는 계약

(3) 방과후학교 운영

① 목적 : 학교 밖에서 이루어지고 있는 과외 활동을 학교에서 할 수 있도록 하는 것이다. 학부모로부터 신뢰받는 교육풍토를 조성하고, 학생들의 학습 선택 기회를 확대하고 학습자의 흥미와 적성에 맞는 다양한 방과후학교 교육활동을 추진하여 교육의 효과를 극대화하는 것이다.
- 학생의 소질·적성 계발 및 취미·특기 신장 교육의 기회를 제공한다.
- 수요자 중심 수준별 선택 프로그램을 구안·적용한다.
- 학교의 시설 및 지역사회의 인적·물적 자원 활용을 극대화한다.
- 방과 후 과외활동의 교내 흡수를 통한 학부모의 사교육비 경감을 돕는다.
- 교육적 보살핌이 필요한 학생들이 안전하고 교육적인 방과 후 생활을 할 수 있도록 돕는다.

② 운영 방향
- 학생 안전을 최우선으로 하여 학사운영과 연계하여 학생·학부모의 의견을 수렴하여 운영한다.
- 방과후학교 운영 교실 방역소독 등 환경위생 관리를 철저하게 한다.

③ 안전관리방안
- 방과후학교 환경 관리 및 개인 방역 관리를 실시한다.
- 방과후학교 강사 안전·위생 관리를 실시한다.
- 가정 및 지역사회 연계 : 각 가정과의 긴밀한 연락 체계 지속 운영을 위한 비상연락체계 점검한다. 유관기관 간 긴밀한 협력 및 신속한 보고 체계 유지 및 상황 발생 시 즉시 대응 할 수 있도록 비상연락체계 점검한다.

(4) 돌봄교실 운영

① 위치 : 가급적 1층 설치를 권장하고, 가급적 관리실 및 화장실 등과 인접하게 설치한다. 위기 상황 시 대피가 가능하도록 출입구를 확보하고, 창문에는 추락사고를 예방하기 위해서 안전망 또는 안전바를 설치한다.

② 가구 및 침구
- 학생들이 사용하는 가구는 모서리가 둥글고 표면이 매끄러운 것을 사용한다.
- 뾰족한 모서리에 안전덮개 설치한다.
- 교구장 가구는 바닥과 벽에 흔들리지 않게 고정한다.
- 침구는 수시로 점검하여 청결하게 관리한다.

③ 콘센트 및 전기·전자 제품
- 사용하지 않는 콘센트에는 안전덮개를 부착한다.
- 전기 안전을 위하여 콘센트는 개별 멀티콘센트를 사용한다.
- 누전의 위험을 줄이기 위해서 콘센트의 먼지를 수시로 제거한다.
- 콘센트 및 전기·전자 제품은 감전의 위험이 있으므로 물이 있는 곳으로부터 떨어져 있도록 설치한다.

④ 방역·안전 관리 방안 : 건강관리 강화, 소독방역, 방역 물품 확보, 비상연락망 관리

(5) 안전 귀가

① 안전귀가 계획 수립 : 학생 개인별 관리카드를 작성(귀가 시간, 하교 후 가는 곳, 귀가 방법, 귀가동행보호자 및 연락처 등)한다.

② 귀가 안전지도
  - 퇴실 시 귀가 동의서에 의한 귀가
  - 차량 이용 시 반드시 승·하차 도우미 동승 및 귀가 안전교육 실시

③ 귀가 안전 실시
  - 버스 승하차 시 최종 인원 확인 및 차량 운행 상황을 학부모에게 제공
  - 학교 인근 경찰 지구대와 협조하여 학생 귀가 시간 순찰 강화

④ 안전귀가 지도
  - 안전돌봄을 위한 안내장 발송하고 안전귀가일지를 작성한다.
  - 돌봄교실에 참여하는 학생의 안전돌봄(안전귀가)을 위해 방과 후 일정을 확인한다.
  - 돌봄교실 별로 안전귀가일지를 작성한다.
  - 입·퇴실통보 문자서비스를 통한 학생 안전귀가를 지도한다.
  - 학부모 안내 및 학생 안전교육을 통한 안전관리를 한다.
  - 안전한 돌봄교실 환경 조성을 위해서 지구대와 연계한다.
  - 수시 귀가 시 배움터지킴이의 협조를 받아 안전한 귀가 지도를 실시한다.

(6) 보조공학

① 의미 : 장애학생을 돕기 위한 첨단 공학의 원리로 만들어진 기기 및 도구이다. 장애학생의 학습을 돕고 삶의 질을 높여줄 수 있다.

② 기능에 따른 분류
  - 일상생활지원 보조공학 : 손잡이가 개조된 수저, 높낮이 조절이 가능한 세면대 등
  - 컴퓨터사용지원 보조공학 : 목소리에 움직이는 마우스, 모니터에 입력하는 터치스크린, 점자프린터 등
  - 이동지원 보조공학 : 보행기, 휠체어, 특수 승강기 등
  - 의사소통지원 보조공학 : 손짓 기호, 디지털 기기 등
  - 자세유지지원 보조공학 : 스탠딩 테이블 등
  - 보기 및 듣기활동지원 보조공학 : 보청기, 큰 글씨 책 등
  - 읽기 및 쓰기활동지원 보조공학 : 필기보조도구, 점판 등
  - 여가활동지원 보조공학 : 소리 나는 공, 산악용 휠체어 등

(7) 돌봄교실 내 문제 행동 발생 시 협력적 문제 해결체계

① 초등돌봄전담사 : 문제 행동에 대한 내용을 일지에 기록하여 돌봄 업무 담당교사에게 전달한다.

② 돌봄업무 담당교사 : 문제 행동 학생에 관한 사항을 담임교사에게 전달한다.

③ 담임교사 · 관리자 : 학부모 및 상담 교사의 도움을 받아 문제를 해결하기 위해 노력한다.

(8) 응급상황

① 응급처치 기본 원칙
- 상황이 아무리 긴박하더라도 응급처치자의 안전을 확보한다.
- 전문가가 판단하기 전까지 환자나 부상자의 생사를 판단하지 않는다.
- 전문가에 의해 정확한 진단이 내려지기 전까지는 의약품을 남용하지 않는다.
- 음식물을 주는 것은 기도 폐쇄의 위험과 응급수술이나 중요한 검사의 지연을 초래할 수 있으므로 금지한다.
- 긴급한 문제부터 해결한다.
- 현장에서 응급처치로 의식이 회복되었더라도 전문 의료인에게 반드시 인계한다.

② 응급상황 판단 기준

• 기도폐쇄	• 중등도 이상의 화상	• 전기 손상
• 호흡 곤란	• 경련 및 마비 또는 심장마비	• 중독
• 숨을 쉬지 않는 경우	• 의식이 없는 경우	• 익수
• 심장질환이나 흉통	• 심한 출혈	• 척추 손상 의심

③ 응급환자 신고 시 전달할 기본 정보
- 환자가 발생한 위치, 주소 및 전화번호
- 응급상황이 발생한 경위와 환자 상태
- 주위의 위험요소 유 · 무(화재, 사고, 위험물질 등)
- 환자의 수

(9) 학교폭력

① 정의 : 학교 내외에서 학생을 대상으로 신체 · 정신 · 재산상에 피해를 주는 모든 폭력적인 행위이다.

② 유형 : 언어폭력(명예훼손, 모욕, 협박), 신체폭력(감금, 상해 · 폭행, 약취, 유인), 사이버폭력, 금품갈취, 따돌림, 성폭력, 강요

③ 학생 유형별 행동 징후

구분	내용
피해 학생	• 학생들의 놀이에서 술래를 하거나 궂은 심부름을 한다. • 단체놀이에서 어울리지 못하거나 다른 학생들의 눈치를 본다. • 친구들과 놀이에서 혼자 놀거나 책을 보는 등 어울리지 못한다. • 자주 울음을 터뜨리거나 다른 친구들의 사소한 말에도 상처를 받는다. • 돌봄교실에 오는 것을 싫어하는 행동이 나타난다.
가해 학생	• 돌봄교실에서 큰 소리를 많이 지르고 약해 보이는 친구에게 짓궂은 장난을 자주 건다. • 장난감을 가지고 놀거나 단체놀이를 할 때 자기 마음대로 하려는 성향이 강하다. • 쉽게 화를 내고 자신이 원하는 대로 상황이 흐르지 않을 경우 주먹다툼을 한다. • 친구들이 하지 말라고 해도 계속 장난을 걸거나, 짓궂게 놀이에 가담시킨다. • 좋은 물건을 많이 가지고 있고 친구들의 물건을 자기 것인 것처럼 마음대로 사용한다.

(10) 가정폭력 및 아동학대

구분	내용
신체적/ 언어적 징후	• 다치기 어려운 부위인 겨드랑이, 팔뚝, 허벅지 안쪽, 목 부위 등에 상흔이 있다. • 화상 자국 혹은 사용된 도구의 모양이 나타나는 상처가 있다. • 신체적 상흔으로 자주 병원에 방문하는 경우가 잦다. • 갑자기 말수가 줄어들거나 욕설을 심하게 한다.
정서적 징후	• 다른 아동이 울 때 공포심을 보인다. • 부모나 친구 등에 지나친 두려움을 가지고 있다. 빈번하게 가족을 비난한다. • 집으로 돌아가는 것을 싫어하고 다소 두려워한다. • 갑자기 소심해지거나 우울해 보인다.
행동적 징후	• 갑작스럽게 난폭하고 폭력적인 행동을 하거나 행동 장애를 보인다. • 친구들과 어울리지 않고 혼자 있고 어른과 접촉을 회피한다. • 나이에 맞지 않은 성적 행동을 하거나 해박하고 조숙한 성지식이 있다. • 특정 물건을 계속 빨고 있거나 물어뜯는다. • 계절에 맞지 않은 옷차림을 하고 있다. • 그림에서 극단적인 정서상태가 나타난다.

Section 04 | 급식지원

(1) 학교급식 시설·설비의 종류와 기준 「학교급식법 시행령 제7조」

① 조리장 : 교실과 떨어지거나 차단되어 학생의 학습에 지장을 주지 않는 시설로 하되, 식품의 운반과 배식이 편리한 곳에 두어야 하며, 능률적이고 안전한 조리기기, 냉장·냉동시설, 세척·소독시설 등을 갖추어야 한다.

② 식품보관실 : 환기·방습이 용이하며, 식품과 식재료를 위생적으로 보관하는데 적합한 위치에 두되, 방충 및 쥐 막기 시설을 갖추어야 한다.

③ 급식관리실 : 조리장과 인접한 위치에 두되, 컴퓨터 등 사무 장비를 갖추어야 한다.

④ 편의시설 : 조리장과 인접한 위치에 두되, 조리종사자의 수에 따라 필요한 옷장과 샤워시설 등을 갖추어야 한다.

(2) 급식시설 세부기준 「학교급식법 시행규칙 별표1」

① 조리장 시설·설비

- 조리장은 침수될 우려가 없고, 먼지 등의 오염원으로부터 차단될 수 있는 등 주변 환경이 위생적이며 쾌적한 곳에 위치하여야 하고, 조리장의 소음·냄새 등으로 인하여 학생의 학습에 지장을 주지 않도록 해야 한다.
- 조리장은 작업과정에서 교차오염이 발생되지 않도록 전처리실(前處理室), 조리실 및 식기구세척실 등을 벽과 문으로 구획하여 일반작업구역과 청결작업구역으로 분리한다. 다만, 이러한 구획이 적절하지 않을 경우에는 교차오염을 방지할 수 있는 다른 조치를 취하여야 한다.
- 조리장은 급식설비·기구의 배치와 작업자의 동선(動線) 등을 고려하여 작업과 청결유지에 필요한 적정한 면적이 확보되어야 한다.
- 내부벽은 내구성, 내수성(耐水性)이 있는 표면이 매끈한 재질이어야 한다.
- 바닥은 내구성, 내수성이 있는 재질로 하되, 미끄럽지 않아야 한다.
- 천장은 내수성 및 내화성(耐火性)이 있고 청소가 용이한 재질로 한다.
- 바닥에는 적당한 위치에 상당한 크기의 배수구 및 덮개를 설치하되 청소하기 쉽게 설치한다.
- 출입구와 창문에는 해충 및 쥐의 침입을 막을 수 있는 방충망 등 적절한 설비를 갖추어야 한다.
- 조리장 출입구에는 신발소독 설비를 갖추어야 한다.
- 조리장 내의 증기, 불쾌한 냄새 등을 신속히 배출할 수 있도록 환기시설을 설치하여야 한다.
- 조리장의 조명은 220룩스(lx) 이상이 되도록 한다. 다만, 검수구역은 540룩스(lx) 이상이 되도록 한다.
- 조리장에는 필요한 위치에 손 씻는 시설을 설치하여야 한다.
- 조리장에는 온도 및 습도관리를 위하여 적정 용량의 급배기시설, 냉·난방시설 또는 공기조화시설(空氣調和施設) 등을 갖추도록 한다.

② 조리장 설비 · 기구

- 밥솥, 국솥, 가스테이블 등의 조리기기는 화재, 폭발 등의 위험성이 없는 제품을 선정하되, 재질의 안전성과 기기의 내구성, 경제성 등을 고려하여 능률적인 기기를 설치한다.
- 냉장고(냉장실)와 냉동고는 식재료의 보관, 냉동 식재료의 해동(解凍), 가열 조리된 식품의 냉각 등에 충분한 용량과 온도(냉장고 5℃ 이하, 냉동고 −18℃ 이하)를 유지한다.
- 조리, 배식 등의 작업을 위생적으로 하기 위하여 식품 세척시설, 조리시설, 식기구 세척시설, 식기구 보관장, 덮개가 있는 폐기물 용기 등을 갖추어야 하며, 식품과 접촉하는 부분은 내수성 및 내부식성 재질로 씻기 쉽고 소독 · 살균이 가능한 것이어야 한다.
- 식기세척기는 세척, 헹굼 기능이 자동적으로 이루어지는 것이어야 한다.
- 식기구를 소독하기 위하여 전기살균소독기, 자외선소독기 또는 열탕소독시설을 갖추거나 충분히 세척 · 소독할 수 있는 세정대(洗淨臺)를 설치한다.
- 급식기구 및 배식도구 등을 안전하고 위생적으로 세척할 수 있도록 온수공급 설비를 갖추어야 한다.

③ 식품보관실

- 식품보관실과 소모품보관실을 별도로 설치하여야 한다. 다만, 부득이하게 별도로 설치하지 못할 경우에는 공간구획 등으로 구분한다.
- 바닥의 재질은 물청소가 쉽고 미끄럽지 않으며, 배수가 잘 되어야 한다.
- 환기시설과 충분한 보관선반 등이 설치되어야 하며, 보관선반은 청소 및 통풍이 쉬운 구조이어야 한다.

④ 급식관리실, 편의시설

- 급식관리실, 휴게실은 외부로부터 조리실을 통하지 않고 출입이 가능하여야 하며, 외부로 통하는 환기시설을 갖추어야 한다. 다만, 시설 구조상 외부로의 출입문 설치가 어려운 경우에는 출입 시에 조리실 오염이 일어나지 않도록 필요한 조치를 취한다.
- 휴게실은 외출복장으로 인하여 위생복장이 오염되지 않도록 외출복장과 위생복장을 구분하여 보관할 수 있는 옷장을 둔다.
- 샤워실은 외부로 통하는 환기시설을 설치하여 조리실 오염이 일어나지 않도록 한다.

⑤ 식당 : 안전하고 위생적인 공간에서 식사를 할 수 있도록 급식인원 수를 고려한 크기의 식당을 갖추어야 한다. 다만, 공간이 부족한 경우 등 식당을 따로 갖추기 곤란한 학교는 교실배식에 필요한 운반기구와 위생적인 배식도구를 갖추어야 한다.

(3) 학교급식의 영양관리기준 「학교급식법 시행규칙 제5조」

① 학교급식의 영양관리기준은 한끼의 기준량을 제시한 것으로 학생 집단의 성장 및 건강상태, 활동정도, 지역적 상황 등을 고려하여 탄력적으로 적용할 수 있다.

② 준수범위(영양관리기준은 계절별로 연속 5일씩 1인당 평균영양공급량을 평가)

- 에너지는 학교급식의 영양관리기준 에너지의 ±10%로 하되, 탄수화물 : 단백질 : 지방의 에너지 비율이 각각 55~65% : 7~20% : 15~30%가 되도록 한다.

- 단백질은 학교급식 영양관리기준의 단백질량 이상으로 공급하되, 총공급에너지 중 단백질 에너지가 차지하는 비율이 20%를 넘지 않도록 한다.
- 비타민A, 티아민, 리보플라빈, 비타민C, 칼슘, 철은 학교급식 영양관리기준의 권장섭취량 이상으로 공급하는 것을 원칙으로 하되, 최소한 평균필요량 이상이어야 한다.

③ 식단작성 시 고려하여야 할 사항
- 전통 식문화(食文化)의 계승 · 발전을 고려할 것
- 곡류 및 전분류, 채소류 및 과일류, 어육류 및 콩류, 우유 및 유제품 등 다양한 종류의 식품을 사용할 것
- 염분 · 유지류 · 단순당류 또는 식품첨가물 등을 과다하게 사용하지 않을 것
- 가급적 자연식품과 계절식품을 사용할 것
- 다양한 조리방법을 활용할 것

(4) 학교급식 위생·안전관리기준 「학교급식법 시행규칙 별표4」

① 시설관리
- 급식시설 · 설비, 기구 등에 대한 청소 및 소독계획을 수립 · 시행하여 항상 청결하게 관리하여야 한다.
- 냉장 · 냉동고의 온도, 식기세척기의 최종 헹굼수 온도 또는 식기소독보관고의 온도를 기록 · 관리한다.
- 급식용수로 수돗물이 아닌 지하수를 사용하는 경우 소독 또는 살균하여 사용한다.

② 개인위생
- 식품취급 및 조리작업자는 6개월에 1회 건강진단을 실시하고, 그 기록을 2년간 보관하여야 한다. 다만, 폐결핵검사는 연1회 실시할 수 있다.
- 손을 잘 씻어 손에 의한 오염이 일어나지 않도록 한다. 손 소독은 필요시 실시할 수 있다.

③ 식재료 관리
- 잠재적으로 위험한 식품 여부를 고려하여 식단을 계획하고, 공정관리를 철저히 하여야 한다.
- 식재료 검수 시 「학교급식 식재료의 품질관리기준」에 적합한 품질 및 신선도와 수량, 위생상태 등을 확인하여 기록하여야 한다.

④ 작업위생
- 칼과 도마, 고무장갑 등 조리기구 및 용기는 원료나 조리과정에서 교차오염을 방지하기 위하여 용도별로 구분하여 사용하고 수시로 세척 · 소독하여야 한다.
- 식품 취급 등의 작업은 바닥으로부터 60㎝ 이상의 높이에서 실시하여 식품의 오염이 방지되어야 한다.
- 조리가 완료된 식품과 세척 · 소독된 배식기구 · 용기등은 교차오염의 우려가 있는 기구 · 용기 또는 원재료 등과 접촉에 의해 오염되지 않도록 관리하여야 한다.
- 해동은 냉장해동(10℃ 이하), 전자레인지 해동 또는 흐르는 물(21℃ 이하)에서 실시하여야 한다.
- 해동된 식품은 즉시 사용하여야 한다.
- 날로 먹는 채소류, 과일류는 충분히 세척 · 소독하여야 한다.

- 가열조리 식품은 중심부가 75℃(패류는 85℃) 이상에서 1분 이상으로 가열되고 있는지 온도계로 확인하고, 그 온도를 기록·유지하여야 한다.
- 조리가 완료된 식품은 온도와 시간관리를 통하여 미생물 증식이나 독소 생성을 억제하여야 한다.

⑤ 배식 및 검식
- 조리된 음식은 안전한 급식을 위하여 운반 및 배식기구 등을 청결히 관리하여야 하며, 배식 중에 운반 및 배식기구 등으로 인하여 오염이 일어나지 않도록 조치하여야 한다.
- 급식실 외의 장소로 운반하여 배식하는 경우 배식용 운반기구 및 운송차량 등을 청결히 관리하여 배식 시까지 식품이 오염되지 않도록 하여야 한다.
- 조리된 식품에 대하여 배식하기 직전에 음식의 맛, 온도, 조화(영양적인 균형, 재료의 균형), 이물(異物), 불쾌한 냄새, 조리상태 등을 확인하기 위한 검식을 실시하여야 한다.
- 급식시설에서 조리한 식품은 온도관리를 하지 않은 경우에는 조리 후 2시간 이내에 배식을 마친다.
- 조리된 식품은 매회 1인분 분량을 섭씨 영하 18도 이하에서 144시간 이상 보관해야 한다.

⑥ 세척 및 소독 등
- 식기구는 세척·소독 후 배식 전까지 위생적으로 보관·관리하여야 한다.
- 「감염병의 예방 및 관리에 관한 법률 시행령」 제24조에 따라 급식시설에 대하여 소독을 실시하고 소독필증을 비치하여야 한다.

⑦ 안전관리
- 관계규정에 따른 정기안전검사(가스·소방·전기안전, 보일러·압력용기·덤웨이터(dumbwaiter)검사 등)를 실시하여야 한다.
- 조리기계·기구의 안전사고 예방을 위하여 안전작동방법을 게시하고 교육을 실시하며, 관리책임자를 지정, 그 표시를 부착하고 철저히 관리하여야 한다.
- 조리장 바닥은 안전사고 방지를 위하여 미끄럽지 않게 관리하여야 한다.

(5) 학교 식재료의 품질기준 「학교급식법 시행규칙 별표2」

① **농산물** : 원산지가 표시된 농산물을 사용, 인증 받은 유기식품 등 및 무농약농산물 표준규격품 중 농산물표준규격이 "상" 등급 이상인 농산물, 우수관리인증농산물, 이력추적관리농산물, 지리적 표시의 등록을 받은 농산물, 쌀은 수확연도부터 1년 이내의 것 등
② **축산물** : 위해요소중점관리기준을 적용하는 도축장에서 처리된 식육, 위해요소중점관리기준 적용 작업장으로 지정받은 축산물가공장 또는 식육포장처리장에서 처리된 축산물, 등급판정의 결과 3등급 이상인 한우 및 육우, 돼지고기는 등급판정의 결과 2등급 이상, 닭고기는 등급판정의 결과 1등급 이상, 계란은 등급판정의 결과 2등급 이상, 오리고기는 등급판정의 결과 1등급 이상
③ **수산물** : 원산지가 표시된 수산물, 지리적 표시의 등록을 받은 수산물 또는 상품가치가 "상" 이상에 해당하는 것을 사용 등

④ 가공식품 및 기타 : 품질인증을 받은 전통식품, 농업표준 적합 인증을 받은 농축수산물 가공품, 지리적 표시의 등록을 받은 식품, 식품안전관리인증기준을 적용하는 업소에서 생산된 가공식품, 영업 등록된 식품제조·가공업소에서 생산된 가공식품, 위해요소중점관리기준을 적용하는 업소에서 가공 또는 처리된 축산물가공품, 제조업소, 유통기한 등이 표시된 축산물 가공품, 식품안전관리인증기준을 적용하는 업소에서 생산된 제품 등 식품위생법령에 적합한 것

(6) 품질 및 안전을 위한 준수사항「학교급식법 제16조」

① 원산지 표시를 거짓으로 적은 식재료, 유전자변형농수산물의 표시를 거짓으로 적은 식재료, 축산물의 등급을 거짓으로 기재한 식재료, 표준규격품의 표시·품질인증의 표시·지리적 표시를 거짓으로 적은 식재료에 해당하는 식재료를 사용하지 않는다.

② 알레르기 유발물질 표시 대상이 되는 식품을 사용하는 경우 표시 사항
 • 공지방법 : 알레르기를 유발할 수 있는 식재료가 표시된 월간 식단표를 가정통신문으로 안내하고 학교 인터넷 홈페이지에 게재할 것
 • 표시방법 : 알레르기를 유발할 수 있는 식재료가 표시된 주간 식단표를 식당 및 교실에 게시할 것

(7) 식중독

① 월별 식중독 발생 예방방법
 • 4~6월 병원성 대장균 : 숙성김치, 볶음김치 제공한다. 채소류의 세척과 소독을 철저하게 진행한다.
 • 4~6월 캠필로박터 제주니 : 생 닭의 교차오염을 주의한다.
 • 4~6월 이물질 : 엽채류의 세척과 소독을 철저하게 진행한다.
 • 8~9월 병원성 대장균 : 냉방기를 가동하여 실내온도를 적정하게 유지한다. 채소류를 냉장으로 보관하며 세척과 소독을 철저하게 한다.
 • 8~9월 살모넬라 : 계란 껍질을 제거할 때 주의한다.
 • 12월 노로바이러스 : 지하수를 사용하는 곳에서 염소소독장치가 작동하는지를 잘 점검한다. 개인위생 관리를 철저하게 진행한다.

② 식중독 환자 발생 시 대응체계 : 학교에서는 학교급식에서 제공한 식품 등으로 인하여 식중독 유사증세 환자가 2인 이상 동시 발생한 경우 인지 즉시 관할 교육청과 시·군·구(보건소)에 보고(신고)한다.
 • 학교급식에서 제공한 식품 등으로 인하여 동일 증상의 식중독 증세로 의심되는 환자 2명 이상 발생
 • 보건실 방문 학생 관찰 및 교내 학교장 등에 먼저 상황을 보고
 • 담임교사를 통한 유증상자 파악
 • 긴급한 상황에는 당일 급식중단 여부 결정
 • 유증상자 발생 원인을 학교급식 식중독으로 제한하여 판단하지 말고 장염 및 인체간 전염에 의한 감염병 가능성도 염두
 • 교육(지원)청 보고 및 관할 보건소(위생과) 신고

(8) 급식과정별 위해요소 관리방안

단계	위해요소	관리방안
검수	종사자 비말에 의한 식품 오염	검수 담당자는 검수 전 마스크 착용 및 손 세척 · 소독
	배송직원과 접촉	배송직원은 학교 도착 시 발열검사 실시 및 건강상태 확인, 마스크 착용 및 일회용 위생장갑 착용 후 손 소독
	종사자 간 접촉	검수 후 카트 등을 이용하여 식재료 이동
보관	종사자 비말에 의한 식품오염	식품창고, 냉장 · 냉동고에서 식품 입 · 출고 시 마스크 착용 철저
전처리 및 조리	종사자 비말에 의한 식품 오염	종사자는 모든 급식공정에서 마스크를 올바른 방법으로 착용
	종사자 간 접촉	급식 인원 증가로 배식 시간이 길어지는 경우 분산 조리 권장
배식	배식 대기 중 학생 간 접촉	• 학생은 식사 전 발열검사 및 마스크 착용 후 식사장소로 이동 • 식당 입구에 손소독제를 비치하여, 식사 전 사용 • 배식 대기 시 적정 간격 유지 • 급식 게시판 등을 활용하여 방역수칙 등 교육자료 게시
	손에 의한 식기구 오염	지정된 직원이 마스크와 위생장갑을 착용 후 식판 · 수저를 제공하거나, 학생이 식사 전에 손 세척 · 소독 또는 위생장갑 착용 후 식기구를 가져가도록 함
	배식원 – 학생 접촉	• 배식 종사자는 배식 전 발열 또는 호흡기 증상 등 건강상태 확인 • 배식 전 마스크 착용 및 손 씻기 · 소독, 배식용 복장과 위생장갑 착용 • 배식 시 배식 담당 직원과 학생 모두 불필요한 대화 삼가
	자율배식대 운영에 의한 접촉	• 사람 간 및 식기구 접촉 예방을 위해 자율배식대 운영 지양 • 자율배식대 운영 시 일회용 위생장갑 제공 및 손잡이가 긴 배식 도구 사용
	식수대에서의 학생 접촉	• 입을 대고 물을 마시는 식수대 운영 지양(금지) • 음용수 섭취 등을 위해 식사 장소 내에서 이동 시 반드시 마스크 착용
	추가배식 시 학생 비말오염 및 접촉	• 학생들이 추가 배식을 위해 식사 장소 내 이동 시 반드시 마스크 착용 • 지정된 직원이 마스크 및 위생장갑 착용 후 추가 배식
식사	식사 시 학생 간 접촉	• 마스크는 식사 직전에 벗고 식사 직후에는 바로 착용 • 식사는 정해진 식사장소에서만 조용히 섭취 • 후식 등 일부 음식을 이동하면서 먹는 사례가 없도록 학생 지도 • 식사 시 대화 삼가 • 식사 중 다른 학생과 음식을 나눠 먹지 않도록 지도
청소 및 소독	식당 환기 부족	급식 전 · 후 수시 환기 강화
	학생 접촉 기구 오염	• 학생 접촉이 빈번한 시설 · 기구 매일 청소 · 소독 • 희석한 차아염소산나트륨 등을 사용하여 소독하고, 소독 후 충분한 환기 실시

Section 05 | 복지지원

(1) 학교도서관 운영 방침

① 방역물품 구비 및 위생 관리
- 발열 체크, 손 소독을 위한 방역물품 구비와 감염 예방을 위한 위생 관리를 실시한다.
- 반납 빛 이용도서는 소독 권장, 일정 기간 경과 후에 대출한다.

② 학교도서관 이용 분산 유도 : 학년별 요일 지정 또는 시간대별 예약 지정, 학급문고 대출, 자가대출 반납기 이용 등 학교 상황에 따라 탄력적으로 운영한다.

③ 학교도서관 활용 수업 시 방역지침을 철저하게 지킨다.

④ 집단 대면 행사를 자제한다.

⑤ 학부모 등 외부인 학교도서관 출입을 자제한다.

(2) 학교도서관 위생 및 개인위생 관리 수칙

① 담당자 건강상태 자가진단을 철저하게 한다.

② 담당자와 출입자 전원 마스크 착용을 한다.

③ 입실 전과 후에는 손 소독제를 사용한다.

④ 출입구 또는 실내 쓰레기통은 뚜껑 있는 것을 사용한다.

⑤ 학생 사이 두 팔의 간격으로 충분하게 약 1m 이상의 거리를 유지한다.

⑥ 자리를 배치할 때에는 마주보는 자리 피한다.

⑦ 출입문 손잡이와 검색대의 키보드와 마우스 등을 1일 1회 이상 소독 관리를 한다.

⑧ 1일 1회 이상 학교도서관 내에 대출대, 반납함, 책상, 의자, 소파, 서가 등의 소독을 한다.

⑨ 창문을 수시 개방하여 환기를 한다.

(3) 교육취약 학생 지원

① 교육(지원)청, 학교, 지역교육복지센터, 지역유관기관과의 연계 협력을 강화하여 교육취약학생 맞춤형 지원을 한다.

② 지원체계
- 교육(지원)청 : 지역교육복지공동체와 권역별협의체 운영 · 지원, 지역 유관기관 협력 · 지원
- 교육복지 학교
- 지역교육복지센터

③ 학생 지원방법

- 교육취약학생 맞춤형 지원
- 대면·비대면 교육복지우선지원 프로그램 운영 : 교육복지실을 활용한 프로그램 운영, (사제)멘토링 등 교육복지 프로그램, 교육복지상담, 가정방문 등 학교별 대면·비대면 학생 개인별 맞춤형 프로그램(문화·체험, 심리·정서, 학습, 보건, 복지 지원 등) 자율 운영으로 교육력 회복 및 학생 성장을 지원한다.
- 학생 생활 점검을 위한 유·무선 모니터링 : 개별 학생건강 상태 및 등교(원격) 수업 학습활동 파악, 개인위생 수칙 준수 안내 등 온라인 및 유선 주기적 점검(위기상황 시 수시 및 가정방문 등 병행)한다. 모니터링을 통한 지원 대상 학생·가정의 필요 및 욕구 파악한다. 가족 단위 지원이 필요하지만 학교에서 직접 도움이 어려운 경우 지역교육복지센터나 지역교육복지공동체와 연계 협력한다.

Section 06 | 시설지원

(1) 통학차량 운행 시 안전을 위한 수칙

① 차량 운행 전

- 통학버스 안전 점검을 철저하게 한다.
- 통학버스 이용 학생 행동 유형·건강 정보를 수집하고 학생 의사소통 수단의 정보를 파악한다.
- 통학버스 안전교육을 이수한다.
- 장애학생의 특성에 대해 사전 정보를 습득한다.
- 정확한 통학 노선을 선정하고 파악한다.

② 차량에 오를 때

- 학생이 반대편 버스를 타려고 무단횡단을 하지 않도록 지도한다.
- 통학버스 승차 시에는 한 줄로 서서 안전하게 타도록 지도한다.
- 휠체어를 이용하는 학생 리프트에 고정시켜 승차를 돕는다.
- 학생 승차 후에는 안전을 확인한 후 출발한다.
- 안전하게 정지한 것을 확인 후 학생들을 승차시켜 안전벨트 착용을 실시한다.
- 주변에 학생이 있는지 확인 후 운전자에게 알린 후에 천천히 출발한다.

③ 운행 중일 때

- 안전벨트가 풀어진 경우 즉시 착용 실시한다.
- 차창 밖으로 손이나 물건 등을 내밀거나 장난치지 않도록 교육한다.
- 학생을 보호하기 위한 안전 운전을 한다.
- 급출발, 급가감속, 급회전, 급정거, 앞지르기, 끼어들기 운행은 하지 않는다.
- 앞 차와의 충분한 안전거리를 유지한다.
- 통학 노선을 자의적으로 변경하지 않는다.
- 빗길, 눈길, 교차로에서는 서행한다.
- 학생들에게 일관성 있는 태도를 유지한다.

④ 차량에서 내릴 때
- 하차 장소의 안전을 확보한 후에 차 문을 열어준다.
- 안전하게 정지한 것을 확인 후에 안전벨트를 풀어준다.
- 하차 지점에 주변을 확인한 후에 학생들을 하차시킨다. 등교 시에는 담당 교사에게, 하교 시에는 보호자에게 인계한다.
- 휠체어 리프트 사용 시 2인 1조로 작업하고 문을 개폐할 때 학생의 손이 문에 끼지 않도록 주의한다.
- 장애학생이 하차를 할 때에는 방해물이 없는 평탄한 곳에서 하차시킨다.
- 반드시 보조인력 등의 도움을 받으며 차량에서 내리게 한다.
- 학생 한 명씩 안전하게 하차시켜 보호자에게 인계한다.
- 최종 하차 후 버스에 남은 학생이 없는지 확인한다.
- 하차 후 출발 전 버스 주위 반드시 확인하고 출발한다.

⑤ 사고 시 대처 방법
- 부상자 응급조치 실시한다.
- 학교에 피해사항 보고한다.
- 학생들을 안전한 장소로 대피시킨다.
- 학생들의 인원파악을 실시한다.

(2) 당직근무자

① 긴급상황 발생 시
- 관할 소방서 또는 경찰서에의 연락
- 내부의 화재 경보 관리
- 자체 소화시설에 의한 진화 작업
- 주요시설의 경비 강화
- 긴급 상황 발생 시 소속기관의 장 및 상급기관의 당직실에 보고

② 준수사항
- 근무시간 중 어떠한 경우에도 음주를 하지 않고 공무 사유 이외에는 근무지를 이탈하지 않는다.
- 근무지 내의 각종 시설 및 장비를 담당자 허락 없이 임의로 조작·변경하지 않는다. 다만, 비상사태 발생 등 담당자의 허락을 얻을 시간적인 여유가 없을 때에는 가능하다.
- 근무 중에 습득한 물건은 관리부서의 책임자에게 습득위치 및 시간 등을 기록하여 인계한다.
- 중대 사고발생, 천재지변, 전쟁, 폭동, 기타 비상사태를 대비하여 항상 비상연락체제를 유지한다.

면접 답변 작성카드

면접에 답변을 원활하게 하기 위해 적어진 방법에 따라 양식을 작성한다.

면접 답변 작성카드 사용방법

1. 지원하는 직종별 면접기출 질문의 페이지를 확인하세요.

2. 위의 기출복원질문지를 확인하고 작성 양식에 '면접질문'을 작성하세요.

3. 면접질문의 답변을 '말'로 바로 답하는 것이 아니라 '글'로 먼저 작성해보세요.

4. 글로 작성한 '면접답변'을 읽고 확인해보고 중요한 키워드에 동그라미를 그려보세요.

5. 동그라미를 그린 키워드를 '면접 키워드' 칸에 작성해보세요.

면접 질문	교육공무직원의 지켜야 한다고 생각하는 의무 두 가지를 말해보세요.

면접 답변

교육공무직원 복무의무 중에서 '법령 및 직무상 명령을 준수하고, 그 직무를 성실히 수행하여야 한다.' 그리고 '직무와 관련하여 직접적이든 간접적이든 사례·증여, 향응을 주거나 받을 수 없다.' 입니다. 업무의 시작과 끝은 성실함이라고 생각합니다. 또한 직무와 관련하려 사례를 주고받는 일은 직무 수행 과정에서 우대 혹은 차별을 방지하기 위해 반드시 지켜야 합니다. 교육공무직원에게 가장 기본이고 중요한 자세라고 생각합니다.

면접 키워드	# 복무의무, # 사례 · 증여 또는 향응을 주거나 받을 수 없다.

6. 질문에 따른 키워드와 질문을 함께 암기해보세요.

7. 절취선에 따라서 자른 후에 면접장에서 읽어보면서 답변을 준비해보세요.

면접 질문	
면접 답변	
면접 키워드	

면접 질문	
면접 답변	
면접 키워드	

면접 질문	
면접 답변	
면접 키워드	

면접 질문	
면접 답변	
면접 키워드	

면접 질문	
면접 답변	
면접 키워드	

면접 질문	
면접 답변	
면접 키워드	

면접 질문	
면접 답변	
면접 키워드	

면접 질문	
면접 답변	
면접 키워드	

면접 질문	
면접 답변	
면접 키워드	

면접 질문	
면접 답변	
면접 키워드	

면접 질문	
면접 답변	
면접 키워드	

면접 질문	
면접 답변	
면접 키워드	

면접 질문	
면접 답변	
면접 키워드	

면접 질문	
면접 답변	
면접 키워드	

면접 질문	
면접 답변	
면접 키워드	

면접 질문	
면접 답변	
면접 키워드	

면접 질문	
면접 답변	
면접 키워드	

면접 질문	
면접 답변	
면접 키워드	

면접 질문	
면접 답변	
면접 키워드	

면접 질문	
면접 답변	
면접 키워드	

면접 질문	
면접 답변	
면접 키워드	

필기시험에서 보는 직무능력검사를 영역별로 정리하여 알짜 이론을 수록하였다.
면접 뿐만아니라 필기시험에도 유용한 도움이 될 수 있도록 정리하였다.

PART

07

직무능력검사

01 | 문제해결력

문제의 이해도와 해결능력을 알아본다.

Section 01 | 명제

01 명제

그 내용이 참인지 거짓인지를 명확하게 판별할 수 있는 문장이나 식을 말한다.

02 가정과 결론

어떤 명제를 'P이면 Q이다.'처럼 조건문의 형태로 나타낼 때, P는 가정에 해당하고 Q는 결론에 해당한다. 명제 'P이면 Q이다.'는 P→Q로 나타낸다.

03 역, 이, 대우

명제의 역	어떤 명제의 가정과 결론을 서로 바꾼 명제를 그 명제의 역이라고 한다. 예 명제 'P이면 Q이다.'(P→Q)의 역은 'Q이면 P이다.'(Q→P)가 된다.
명제의 이	어떤 명제의 가정과 결론을 부정한 명제를 그 명제의 이라고 한다. 부정형은 앞에 '~'을 붙여 나타낸다. 예 명제 'P이면 Q이다.'(P→Q)의 이는 'P가 아니면 Q가 아니다.'(~P→~Q)가 된다.
명제의 대우	어떤 명제의 가정과 결론을 서로 바꾼 뒤, 가정과 결론을 모두 부정한 명제를 그 명제의 대우라고 한다. 즉, 어떤 명제의 역인 명제의 이는 처음 명제의 대우가 된다. 처음 명제와 대우 관계에 있는 명제의 참·거짓은 항상 일치한다. 그러나 역, 이 관계에 있는 명제는 처음 명제의 참·거짓과 항상 일치하는 것은 아니다. 예 명제 'P이면 Q이다.'(P→Q)의 대우는 'Q가 아니면 P가 아니다.'(~Q→~P)가 된다.

04 명제와 역, 이, 대우의 관계

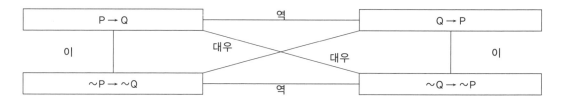

01. 다음 명제가 참일 때, 항상 참인 것을 고르시오.

> 현명한 사람은 과소비를 하지 않는다.

① 과소비를 하지 않는 사람은 현명한 사람이다.
② 현명하지 않은 사람은 과소비를 한다.
③ 과소비를 하면 현명한 사람이 아니다.
④ 현명하지 않은 사람은 과소비를 하지 않는다.

02. 다음의 말이 참일 때 항상 참인 것을 고르시오.

> • 산에 사는 모든 동물은 풀을 먹는다.
> • 풀을 먹는 동물은 털이 부드럽다.
> • 털이 부드러운 동물은 겨울에 겨울잠을 잔다.

① 털이 부드러운 동물은 풀을 먹지 않는다.
② 풀을 먹지 않는 동물도 겨울잠을 잔다.
③ 산에 살지 않는 동물은 풀을 먹지 않는다.
④ 산에 사는 동물은 겨울잠을 잔다.

01. 제시된 명제에서 조건 P는 '현명한 사람'이고 결론 Q는 '과소비를 하지 않는다.'이다. 이 명제의 역, 이, 대우는 각각 다음과 같다.
명제와 대우는 참·거짓이 항상 일치하므로, 항상 참인 것은 ③이다.
• 역 : 과소비를 하지 않는 사람은 현명한 사람이다. → ①
• 이 : 현명하지 않은 사람은 과소비를 한다. → ②
• 대우 : 과소비를 하면 현명한 사람이 아니다. → ③

답 ③

02. 산에 사는 동물 → 풀을 먹는다 → 털이 부드럽다 → 겨울잠을 잔다'가 되므로 '산에 사는 동물은 겨울잠을 잔다'는 문장 역시 항상 참이다.

답 ④

Section 02 | 여러 가지 추론

01 연역추론

① **직접추론** : 한 개의 전제에서 새로운 결론을 이끌어 내는 추론이다.

② **간접추론** : 두 개 이상의 전제에서 새로운 결론을 이끌어 내는 추론이다.

정언삼단논법	'모든 A는 B다', 'C는 A다', '따라서 C는 B다'와 같은 형식으로 일반적인 삼단논법이다.
	예 • 대전제 : 인간은 모두 죽는다. • 소전제 : 소크라테스는 인간이다. • 결론 : 소크라테스는 죽는다.
가언삼단논법	'만일 A라면 B다', 'A이다', '그러므로 B다'라는 형식의 논법이다.
	예 • 대전제 : 봄이 오면 뒷 산에 개나리가 핀다. • 소전제 : 봄이 왔다. • 결론 : 그러므로 뒷 산에 개나리가 핀다.
선언삼단논법	'A거나 B이다'라는 형식의 논법이다.
	예 • 대전제 : 내일은 눈이 오거나 바람이 분다. • 소전제 : 내일은 눈이 오지 않는다. • 결론 : 그러므로 내일은 바람이 분다.

02 귀납추론

특수한 사실로부터 일반적이고 보편적인 법칙을 찾아내는 추론 방법이다.

통계적 귀납추론	어떤 집합의 구성 요소의 일부를 관찰하고 그것을 근거로 하여 같은 종류의 모든 대상들에게 그 속성이 있을 것이라는 결론을 도출하는 방법이다.
인과적 귀납추론	어떤 일의 결과나 원인을 과학적 지식이나 상식에 의거하여 밝혀내는 방법이다.
완전 귀납추론	관찰하고자 하는 집합의 전체 원소를 빠짐없이 관찰함으로써 그 공통점을 결론으로 이끌어 내는 방법이다.
유비추론	두 개의 현상에서 일련의 요소가 동일하다는 사실을 바탕으로 그것들의 나머지 요소도 동일하리라고 추측하는 방법이다.

01. 주어진 전제를 바탕으로 추론한 결론으로 옳은 것을 고르시오.

> [전제]
> • A기업에 다니는 사람은 모두 영어를 잘한다.
> • 철수는 A기업에 다닌다.
> [결론]
> 그러므로 _____

① A기업에 다니는 사람은 수학을 잘한다.

② 영어를 잘하면 A기업에 채용된다.

③ 철수는 영어를 잘한다.

④ 철수는 연봉이 높다.

02. 주어진 전제를 바탕으로 추론한 결론으로 옳은 것을 고르시오.

> [전제]
> • A는 나의 어머니이다.
> • B는 C의 딸이다.
> • C의 남편은 D이다.
> • A와 C는 자매이다.
> [결론]
> 그러므로 _____

① D는 나의 이모이다.

② B는 A를 고모라고 부른다.

③ 나와 B는 사촌 관계이다.

④ A와 D는 가족관계가 아니다.

01. 정언삼단논법이다. A기업에 다니는 사람은 모두 영어를 잘하는데, 철수는 A기업에 다니므로 철수도 영어를 잘한다는 결론을 얻을 수 있다.
①②④ 주어진 전제만으로는 결론으로 이끌어 낼 수 없다.

답 ③

02. ① '나'의 어머니와 자매인 C는 '나'의 이모이고 D는 '나'의 이모부이다.
② B의 어머니인 C는 A와 자매이므로 B는 A를 이모라고 불러야 한다.
④ D는 A의 동생과 결혼을 한 사이이므로 사족이라고 할 수 있다.

답 ③

Section 03 | 논리적 오류

01 자료적 오류

주장의 전제 또는 논거가 되는 자료를 잘못 판단하여 결론을 이끌어 내거나 원래 적합하지 못한 것임을 알면서도 의도적으로 논거로 삼음으로써 범하게 되는 오류이다.

성급한 일반화의 오류	특수한 경우를 근거로 하여 성급하게 일반화하는 오류이다.
우연의 오류 (원칙 혼동의 오류)	특수한 경우에도 일반화하여 잘못 생각하는 오류이다.
무지에의 호소	결론이 증명된 것이 없다는 이유로 거절되어야 한다고 주장하는 오류이다.
잘못된 유추의 오류	부당하게 적용된 유추에 의해 잘못된 결론을 이끌어 내는 오류이다.
흑백논리의 오류	어떠한 주장에 선택 가능성이 두 가지밖에 없다고 생각하는 오류이다.
원인 오판의 오류	단순히 시간상의 선후관계만 있을 뿐인데 시간상 앞선 것을 뒤에 발생한 사건의 원인으로 보거나 시간상 뒤에 발생한 것을 앞의 사건의 결과라고 보는 오류이다.
복합질문의 오류	둘 이상으로 나누어야 할 것을 하나로 묶어 질문하여 발생하는 오류이다.
논점 일탈의 오류	원래의 논점에 관한 결론을 내리지 않고 이와 관계없는 새로운 논점을 제시하여 엉뚱한 결론에 이르게 되는 오류이다.
순환 논증의 오류	동의어에 불과한 명제를 논거로 삼을 때 범하는 오류이다.
의도 확대의 오류	의도하지 않은 행위의 결과를 의도가 있었다고 판단할 때 생기는 오류이다.

02 언어적 오류

언어를 잘못 사용하거나 잘못 이해하는 데서 발생하는 오류이다.

애매어의 오류	두 가지 이상의 의미로 사용될 수 있는 단어의 의미를 명백히 분리하여 파악하지 않고 혼동함으로써 생기는 오류이다.
강조의 오류	문장의 한 부분을 불필요하게 강조함으로써 발생하는 오류이다.
은밀한 재정의의 오류	용어의 의미를 자의적으로 재정의하여 사용함으로써 생기는 오류이다.
범주 혼동의 오류	서로 다른 범주에 속한 것을 같은 범주의 것으로 혼동하여 생기는 오류이다.
'이다' 혼동의 오류	비유적으로 쓰인 표현을 무시하고 사전적 의미로 해석하여 생기는 오류이다.

◆03 심리적 오류

어떤 주장에 대해 논리적으로 타당한 근거를 제시하지 않고 심리적인 면에 기대어 상대방을 설득하려고 할 때 발생하는 오류이다.

인신공격의 오류 (사람에의 논증)	논거의 부당성을 지적하기보다 그 주장을 한 사람의 인품이나 성격을 비난함으로서 그 주장이 잘못이라고 하는 데서 발생하는 오류이다.
동정에 호소하는 오류	사람의 동정심을 유발시켜 동의를 꾀할 때 발생하는 오류이다.
피장파장의 오류 (역공격의 오류)	비판받은 내용이 비판하는 사람에게도 역시 동일하게 적용됨을 근거로 비판에서 벗어나려는 오류이다.
힘에 호소하는 오류	물리적 힘을 빌어서 논의의 종결을 꾀할 때의 오류이다.
대중에 호소하는 오류	군중의 감정을 자극해서 자신의 결론에 동조하도록 하는 오류이다.
원천 봉쇄에 호소하는 오류	반론의 가능성이 있는 요소를 원천적으로 비난하여 봉쇄하는 오류이다.
정황적 논증의 오류	주장이 참인가 거짓인가 하는 문제는 무시한 채 상대방이 처한 정황 또는 상황으로 보아 자기의 생각을 받아들이지 않으면 안된다고 주장하는 오류이다.

예제문제풀이 논리적 오류

01. 다음에 제시된 글에서 범하고 있는 논리적 오류를 고르시오.

> 훌륭한 미술 평론가는 위대한 그림을 평하는 사람이다. 왜냐하면 위대한 그림을 평하는 사람은 훌륭한 미술 평론가이기 때문이다.

① 논점일탈의 오류

② 원칙혼동의 오류

③ 순환논증의 오류

④ 흑백논리의 오류

01. 두 문장의 구조를 보면 다음과 같다.
- 훌륭한 미술 평론가 = 위대한 그림을 평하는 사람
- 위대한 그림을 평하는 사람 = 훌륭한 미술 평론가

즉, 서로 다른 두 전제로부터 새로운 결론이 도출된 것이 아니라 논증의 결론 자체를 전제로 사용하여 결론을 이끌어 내는 오류인, 순환논증의 오류를 범하고 있다.

답 ③

Section 04 | 수·문자·도형추리

🔷01 수열추리

① **등차수열** : 앞의 항에 항상 일정한 수를 더하여 다음 항을 얻는 수열이다. 등차수열의 일반항은 $a_n = a + (n-1)d$이다.

> **예** 첫째 항이 2, 공차가 3인 등차수열은 다음과 같이 전개되며, 일반항 공식에 따라 여섯째 항을 구하면 $a_6 = 2 + (6-1) \times 3 = 17$이 된다.

2	5	8	11	14
+3	+3	+3	+3	

② **등비수열** : 앞의 항에 항상 일정한 수를 곱하여 다음 항을 얻는 수열이다. 등비수열의 일반항은 $a_n = a \times r^{n-1}$이다.

> **예** 첫째 항이 2, 공비가 3인 등비수열은 다음과 같이 전개되며, 일반항 공식에 따라 여섯째 항을 구하면 $a_6 = 2 \times 3^{6-1} = 2 \times 3^5 = 486$이 된다.

2	6	18	54	162
×3	×3	×3	×3	

③ **계차수열** : 어떤 수열 a_n의 이웃한 두 항의 차로 이루어진 수열 b_n을 수열 a_n의 계차수열이라고 한다. 계차수열 b_n의 일반항은 $a_{n+1} - a_n = b_n \, (n = 1, \ 2, \ 3 \cdots)$이다.

> **예** 수열 a_n의 계차수열 b_n은 다음과 같이 전개되며, 일반항 공식에 따라 다섯째 항을 구하면 $b_5 = a_6 - a_5$ $= 33 - 23 = 10$이 된다.

a_n	3	5	9	15	23
b_n	+2	+4	+6	+8	
	+2	+2	+2		

④ **조화수열** : 각 항의 역수가 등차수열을 이루는 수열을 말한다. 조화수열의 일반항은 $a_n = \dfrac{1}{2n-1}$이다.

> **예** $1 \quad \dfrac{1}{3} \quad \dfrac{1}{5} \quad \dfrac{1}{7} \quad \dfrac{1}{9} \quad \dfrac{1}{11}$

⑤ **피보나치수열** : 첫째 항의 값과 둘째 항의 값이 있을 때, 이후의 항들은 이전의 두 항을 더한 값으로 이루어지는 수열이다. 피보나치수열의 일반항은 $a_n + a_{n+1} = a_{n+2}$이다.

　예　1　1　2　3　5　8　13

⑥ **군수열** : 수열 중 몇 개 항씩 묶어서 무리 지었을 때 규칙성을 가지는 수열을 말한다.

　예　1　3　1　3　5　1　3　5　7　1　3　5　7　9
위 수열은 (1　3) (1　3　5) (1　3　5　7) (1　3　5　7　9)로 무리 지었을 때 규칙성을 가진다.

⑦ **묶음형 수열** : 각 항이 몇 개씩 묶어서 제시된 묶음에 대한 규칙을 찾아내야 한다.

　예　1 2 3　3 4 7　5 6 11
위의 수열은 (1 + 2 = 3), (3 + 4 = 7), (5 + 6 = 11)의 규칙성을 가진다.

⑧ **도형수열** : 원이나 삼각형, 표 등에 숫자가 배열된 응용 형태로 일반 수열과 같이 해결하면 된다.

예

20	?	5
18		10
20	10	8

칠해진 면을 기준으로 시계방향으로 볼 때 ×2, −2, +2가 반복되고 있다. 따라서 물음표에 들어갈 수는 40이다.

예제문제풀이　수열 추리

01. 다음 제시된 숫자의 배열을 보고 규칙을 적용하여 빈칸에 알맞은 숫자를 고르시오.

| 13　　61　　46　　94　　79　　( ) |

① 28
② 48
③ 82
④ 84

01. 제시된 수열은 첫 번째 수에서부터 +3을 한 뒤, 십의 자리와 일의 자리 수의 위치를 바꾼 것이다. 79+3 =82이므로 '82'의 십의 자리와 일의 자리 위치를 바꾸면 28이 된다.

답 ①

문자추리

숫자 대신 한글 자음이나 알파벳 등의 문자 배열에서 일정한 규칙을 찾아 다음에 올 문자를 추리하는 유형이다. 한글 자음이나 알파벳을 순서대로 숫자로 변환하여 규칙을 찾아 적용하면 빠르고 정확하게 풀 수 있다.

예 A C F J O

알파벳을 숫자로 변환하면 다음과 같다.

A	B	C	D	E	F	G	H	I	J	K	L	M	N	O	P	Q	R	S	T	U	…
1	2	3	4	5	6	7	8	9	10	11	12	13	14	15	16	17	18	19	20	21	…

즉, 위 문자열은 수열 1, 3, 6, 10, 15와 같다고 볼 수 있으며 +2, +3, +4, +5 …의 규칙이 적용되고 있다. 따라서 O 다음에 올 문자를 구하면 15 + 6 = 21이므로 U가 된다.

03 **도형추리**

표 안의 도형이 어떤 규칙을 가지고 변화하는지를 파악하여 빈칸에 들어갈 알맞은 도형을 고르는 유형이다. 행별 또는 열별로 규칙을 가지기도 하고 시계방향 또는 반시계방향으로 규칙을 가지기도 하기 때문에 충분한 문제풀이를 통해 빠른 시간 내에 규칙을 찾아내는 연습이 필요하다.

예제문제풀이 도형 추리

01. 다음 빈칸에 들어갈 알맞은 모양을 고르면?

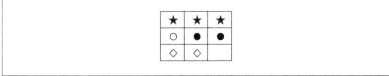

① ☆

② ○

③ ◇

④ ◆

01. 첫째 줄부터 별, 원, 다이아몬드 순으로 채워져 있으며 칠해진 도형의 수가 하나씩 줄어들고 있다. 따라서 빈칸에 들어가야 할 도형은 색칠된 다이아몬드임을 추론할 수 있다.

답 ④

Section 05 | NCS 직업기초

실제 업무 수행에 필요한 능력을 파악하기 위한 유형으로 문서이해, 자료분석, 문제해결, 상황판단, 자원관리, 조직이해, 정보능력, 대인관계, 직업윤리 등 다양한 영역을 망라하는 내용을 다룬다. 시험 출제 빈도는 높지 않지만, 다양한 유형의 파악을 위해 대비할 필요가 있다.

예제문제풀이 NCS 직업기초

01. A는 B로부터 가을 수련회 예산이 축소되어 불가피하게 비용을 줄여야 한다는 이야기를 들었다. 다음 중 줄일 수 있는 비용 항목으로 가장 적절한 것은 무엇인가?

〈○○중학교 가을 수련회〉

1. 대상 : 1학년 재학생 및 담임교사
2. 일정 : 2022년 10월 10일~11일(1박 2일)
3. 장소 : 강원도 속초 ☆☆캠핑장
4. 내용 : 설악산 등산, 장기자랑, 친교의 밤, 기타

① 숙박비

② 교통비

③ 식비

④ 기념품비

01. 한정된 예산을 가지고 과업을 수행할 때에는 중요도를 기준으로 예산을 사용한다. 위와 같은 상황에서는 숙박비, 교통비, 식비와 같이 기본적인 비용이 아닌 기념품비를 줄이는 것이 가장 적절하다.

답 ④

02. 다음 중 공문서 작성에 대한 설명으로 가장 적절하지 못한 것은?

① 공문서나 유가증권 등에 금액을 표시할 때에는 한글로 기재하고 그 옆에 괄호를 넣어 숫자로 표기한다.

② 날짜는 숫자로 표기하되 연·월·일의 글자는 생략하고 그 자리에 온점(.)을 찍어 표시한다.

③ 첨부물이 있는 경우에는 붙임 표시문 끝에 한 글자 띄우고 "끝"이라고 표시한다.

④ 공문서의 본문이 끝났을 경우에는 한 글자를 띄우고 "끝"이라고 표시한다.

02. 공문서 금액 표시
아라비아 숫자로 쓰고, 숫자 다음에 괄호를 하여 한글로 기재한다.
예 123,456원의 표시 : 금 123,456
(금 일십이만삼천사백오십육원)

답 ①

수리력

단위변환, 기초연산 등을 통하여 수리력을 알아본다.

Section 01 | 단위변환

길이, 넓이, 부피, 무게, 시간, 속도 등에 따른 단위를 이해하고, 단위가 달라짐에 따라 해당 값이 어떻게 변하는지 환산할 수 있는 능력을 평가한다. 소수점 계산 및 자릿수를 읽고 구분하는 능력을 요하기도 한다. 기본적인 단위환산을 기억해 두는 것이 좋다.

구분	단위환산
길이	1cm = 10mm, 1m = 100cm, 1km = 1,000m
넓이	1cm² = 100mm², 1m² = 10,000cm², 1km² = 1,000,000m², 1m² = 0.01a = 0.0001ha
부피	1cm³ = 1,000mm³, 1m³ = 1,000,000cm³, 1km³ = 1,000,000,000m³
들이	1mℓ = 1cm³, 1dℓ = 100cm³, 1L = 1,000cm³ = 10dℓ
무게	1kg = 1,000g, 1t = 1,000kg = 1,000,000g
시간	1분 = 60초, 1시간 = 60분 = 3,600초
할푼리	1푼 = 0.1할, 1리 = 0.01할, 1모 = 0.001할

예제문제풀이 단위 변환

01. 한 변의 길이가 4m인 정사각형 모양의 공원이 있다. 이 공원의 넓이를 잘못 표현한 것을 고르시오.

① 16m²

② 16,000cm²

③ 0.000016km²

④ 0.16a

01. 한 변이 길이가 4m인 정사각형 모양 공원의 넓이는 4m × 4m = 16m²이다.
② 1m는 100cm이므로 400cm × 400cm = 160,000cm²이다.
③ 1m는 0.001km이므로 0.004km × 0.004km = 0.000016km²이다.
④ 1m²는 0.01a이므로 16m² = 0.16a이다.

답 ②

Section 02 | 기초연산 및 대소비교

🔷01 기초연산

덧셈, 뺄셈, 곱셈, 나눗셈의 사칙연산을 활용한 기본적인 계산 문제이다.

🔷02 대소비교

분수와 소수	분수를 소수로, 또는 소수를 분수로 변환하여 둘을 같은 형태로 일치시킨 뒤 크기를 비교한다.
제곱근	어떤 수 x를 제곱하여 a가 되었을 때에, x를 a의 제곱근이라고 한다.
방정식 및 부등식 비교	두 방정식 또는 부등식 A, B가 있을 때 A − B 값이 0보다 크면 A > B, 0보다 작으면 A < B, 0이면 A = B이다.

예제문제풀이 기초연산 및 대소비교

01. 다음 A와 B의 대소 관계를 바르게 비교한 것을 고르시오.

$6a = 2b + 42$일 때,
- A : $10a + 4b - 14$
- B : $4a + 6b + 28$

① A > B

② A < B

③ A = B

④ 알 수 없다.

02. 다음 분수식을 풀이하시오.

$$\frac{3}{8} \times \frac{7}{5} \div \frac{9}{6}$$

① $\frac{7}{40}$　　　　② $\frac{21}{40}$

③ $\frac{7}{20}$　　　　④ $\frac{21}{20}$

01. A − B
$= (10a + 4b - 14) - (4a + 6b + 28)$
$= 6a - 2b - 42$에서
조건에 따라 $6a - 2b - 42 = 0$이므로 A = B이다.

답 ③

02. $\frac{3}{8} \times \frac{7}{5} \div \frac{9}{6} = \frac{3}{8} \times \frac{7}{5} \times \frac{6}{9}$
$= \frac{7}{20}$

답 ③

Section 03 | 응용계산

01 나이 · 금액 · 업무량

부모와 자식, 형제간의 나이를 계산하는 비례식 문제, 집합과 방정식을 이용한 인원 수, 동물의 수, 사물의 수를 구하는 문제 등이 출제된다.

나이 계산	① 문제에 나오는 사람의 나이는 같은 수만큼 증감한다. ② 모든 사람의 나이 차이는 바뀌지 않으며 같은 차이만큼 나이가 바뀐다.
	총액 / 잔액 지불하는 상대 등의 관계를 정확히 하여 문제를 잘 읽고, 대차 등의 관계를 파악한다.
금액 계산	① 정가 = 원가 + 이익 = 원가(원가 × 이율), 원가 = 정가 × (1 − 할인율) ② 단리 · 복리 계산 • 원금 : x, 이율 : y, 기간 : n, 원리금 합계 : S라고 할 때 • 단리 : $S = a(1 + rn)$, • 복리 : $S = a(1 + r)^n$
손익 계산	① 이익이 원가의 20%인 경우 : 원가 × 0.2 ② 정가가 원가의 20% 할증(20% 감소)의 경우 : 원가 × (1 + 0.2) ③ 매가가 정가의 20% 할인(20% 감소)의 경우 : 정가 × (1 − 0.2)
업무량 계산	① 인원수 × 시간 × 일수 = 전체 업무량 ② 일한 시간 × 개인의 시간당 능력 = 제품 생산개수

예제문제풀이 응용계산

01. 올해 엄마와 딸의 나이를 합하면 38이다. 아들은 딸보다 두 살 어리고, 3년 후의 딸과 아들의 나이를 합하면 20일 때, 올해 엄마의 나이는 몇 살인가?

① 28세 ② 30세
③ 32세 ④ 34세

01. 딸의 나이를 x세라 할 때,
엄마의 나이는 $38 - x$세,
아들의 나이는 $x - 2$세이다.
3년 후 딸과 아들의 나이의 합을 구하는 식은
$(x + 3) + (x - 2 + 3) = 20$
이므로, 딸의 올해 나이는 8세이다.
∴ 올해 엄마의 나이는 30세이다.

답 ②

날짜, 시계 계산	① 1일 = 24시간 = 1,440분 = 86,400초 ② 날짜와 요일 문제는 나머지를 이용하여 계산한다. ③ 분침에서 1분의 각도는 $360° \div 60 = 6°$ ④ 시침에서 1시간의 각도는 $360° \div 12 = 30°$ ⑤ 1시간 각도에서 시침의 분당 각도는 $30° \div 60 = 0.5°$
시간 · 거리 · 속 도	① 거리 = 시간 × 속도 ② 시간 = $\dfrac{거리}{속도}$ ③ 속도 = $\dfrac{거리}{시간}$ ④ 속도를 ν, 시간을 t, 거리를 s로 하면 $$\left(\dfrac{s}{\nu \times t}\right)$$ ※ 거리는 반드시 분자로 둘 것 ⑤ 속도 · 시간 · 거리의 관계를 명확히 하며, '단위'를 착각하지 않도록 주의한다.
물의 흐름	① 강 흐름의 속도 = (내리막의 속도 − 오르막의 속도) ÷ 2 ② 오르막과 내리막의 흐르는 속도의 차이에 주목한다. ③ 오르막은 강의 흐름에 역행이므로 '배의 속도 − 강의 흐름'이며 내리막은 강의 흐름이 더해지므로 '배의 속도 + 강의 흐름'이 된다.
열차의 통과	① 열차의 이동거리는, '목적물 + 열차의 길이'가 된다. ② 열차가 통과한다는 것은, 선두부터 맨 끝까지 통과하는 것이다. ③ 속도 · 시간 · 거리의 단위를 일치 시킨다. ④ 기차가 이동한 거리는 철교의 길이와 기차의 길이를 더한 것과 같다.

◆03 나무심기

① 직선위의 나무의 수는 최초에 심는 한 그루를 더하여 계산한다.
② 네 방향으로 심을 때는 반드시 네 모퉁이에 심어지도록 간격을 정한다.
③ 주위를 둘러싸면서 나무를 심을 경우에는 가로와 세로의 최대공약수가 나무사이의 간격이 된다.

<u>예제문제풀이</u> **나무심기**

01. 500m의 길이 양측에 가로수로 은행나무, 단풍나무, 벚나무의 세 가지를 심고자 한다. 은행나무는 7m마다, 단풍나무는 9m마다, 벚나무는 11m마다 심는다고 할 때, 총 몇 그루의 나무가 필요한가? (단, 처음과 끝에는 나무를 심지 않는다.)

① 298그루

② 302그루

③ 321그루

④ 342그루

01. 각각 길 한 측에 심을 수 있는 나무의 그루 수는 은행나무 71그루, 단풍나무 55그루, 벚나무 45그루이다. 양측에 모두 심어야 하므로 총 2(71 + 55 + 45) = 342그루가 필요하다.

답 ④

◆04 농도

① 식염의 양을 구한 후에 농도를 계산한다.
② 식염의 양(g) = 농도(%) × 식염수의 양(g) ÷ 100
③ 구하는 농도 = $\dfrac{식염① \times 100(\%)}{식염 + 물\,(= 식염수)}$ (%)

　㉠ 식염수에 물을 더할 경우 : 분모에 ($+x$g)의 식을 추가한다.

　㉡ 식염수에서 물을 증발시킬 경우 : 분모에 ($-x$g)을 추가한다.

　㉢ 식염수에 식염을 더한 경우 : 분모, 분자 각각에 ($+x$g)을 추가한다.

<u>예제문제풀이</u> **농도**

01. 4%의 소금물과 10%의 소금물을 섞은 후 물을 더 부어 4.5%의 소금물 200g을 만들었다. 10%의 소금물의 양과 더 부은 물의 양이 같다고 할 때, 4% 소금물의 양은 몇 g인가?

① 100g　　　　　　　② 105g

③ 110g　　　　　　　④ 120g

01. 4%의 소금물을 x, 10%의 소금물을 y라 하면
$x + 2y = 200 \cdots$ ①
$\dfrac{4}{100}x + \dfrac{10}{100}y = \dfrac{45}{1000} \times 200$
$\cdots$ ②
두 식을 연립하면 $x = 100$, $y = 500$이므로 4% 소금물의 양은 100g이다.

답 ①

Section 04 | 확률

💠 01 경우의 수

① 한 사건 A가 a가지 방법으로 일어나고 다른 사건 B가 b가지 방법으로 일어난다.

경우	내용
사건 A, B가 동시에 일어난다	동시에 일어나는 경우가 C가지 있을 때 경우의 수는 $a + b - c$가지이다.
사건 A, B가 동시에 일어나지 않는다	경우의 수는 $a + b$가지이다.

② 한 사건 A가 a가지 방법으로 일어나며 일어난 각각에 대하여 다른 사건 B가 b가지 방법으로 일어날 때 A, B 동시에 일어나는 경우의 수는 $a \times b$가지이다.

💠 02 확률

사건 A가 일어날 수학적 확률을 $P(A)$라 하면

$$P(A) = \frac{A\text{에 속하는 근원사건의 개수}}{\text{근원사건의 총 개수}}$$

임의의 사건 A, 전사건 S, 공사건 ϕ라면

$$0 \le P(A) \le 1, P(S) = 1, \ P(\phi) = 0$$

예제문제풀이 확률

01. 서울 사람 2명과 대전 사람 2명, 대구, 부산, 세종 사람 각 1명씩 모여 7개의 의자에 일렬로 앉았다. 양쪽 끝에 같은 지역의 사람이 앉아있을 확률은?

① $\dfrac{1}{21}$

② $\dfrac{2}{21}$

③ $\dfrac{4}{21}$

④ $\dfrac{8}{21}$

01. ㉠ 7명의 사람이 의자에 일렬로 앉을 수 있는 경우의 수 : 7!
㉡ 서울 사람이 양쪽 끝의 의자에 앉는 경우 : 5!×2
㉢ 대전 사람이 양쪽 끝의 의자에 앉는 경우 : 5!×2

$\therefore \dfrac{㉡ + ㉢}{㉠} = \dfrac{5! \times 2 \times 2}{7!} = \dfrac{2}{21}$

답 ②

Section 05 | 자료해석

01 자료해석 문제 유형

자료읽기 및 독해력	제시된 표나 그래프 등을 보고 표면적으로 제공하는 정보를 정확하게 읽어내는 능력을 확인하는 문제가 출제된다. 특별한 계산을 하지 않아도 자료에 대한 정확한 이해를 바탕으로 정답을 찾을 수 있다.
자료 이해 및 단순계산	문제가 요구하는 것을 찾아 자료의 어떤 부분을 갖고 그 문제를 해결해야 하는지를 파악할 수 있는 능력을 확인한다. 문제가 무엇을 요구하는지 자료를 잘 이해해서 사칙연산부터 나오는 숫자의 의미를 알아야 한다. 계산 자체는 단순한 것이 많지만 소수점의 위치 등에 유의한다. 자료해석 문제는 무엇보다도 꼼꼼함을 요구한다. 숫자나 비율 등을 정확하게 확인하고, 이에 맞는 식을 도출해서 문제를 푸는 연습과 표를 보고 정확하게 해석할 수 있는 연습이 필요하다.
응용계산 및 자료추리	자료에 주어진 정보를 응용하여 관련된 다른 정보를 도출하는 능력을 확인하는 유형으로 각 자료의 변수의 관련성을 파악하여 문제를 풀어야 한다. 하나의 자료만을 제시하지 않고 두 개 이상의 자료를 제시한 후 각 자료의 특성을 정확히 이해하여 하나의 자료에서 도출한 내용을 바탕으로 다른 자료를 이용해서 문제를 해결하는 유형도 출제된다.

02 대표적인 자료해석 문제 해결 공식

증감률	① 전년도 매출 : P ② 올해 매출 : N ③ 전년도 대비 증감률 $= \dfrac{N-P}{P} \times 100$
비례식	① 비교하는 양 : 기준량 = 비교하는 양 : 기준량 ② 전항 : 후항 = 전항 : 후항 ③ 외항 : 내항 = 내항 : 외항
백분율	비율 $\times 100 = \dfrac{\text{비교하는 양}}{\text{기준량}} \times 100$

01. 다음은 6명의 학생들의 지난 달 독서 현황을 나타낸 표이다. 이에 대한 설명으로 옳은 것은?

구분 ＼ 학생	A	B	C	D	E	F
성별	남	남	여	남	여	남
독서량(권)	2	0	6	4	8	10

① 학생들의 평균 독서량은 6권이다.

② 남학생이면서 독서량이 7권 이상인 학생은 전체 학생 수의 절반 이상이다.

③ 여학생이거나 독서량이 7권 이상인 학생은 전체 학생 수의 절반 이상이다.

④ 독서량이 2권 이상인 학생 중 남학생의 비율은 전체 학생 중 여학생 비율의 2배 이상이다.

02. 다음은 통신사 A, B의 휴대폰 요금표이다. 통신사 B를 선택한 사람의 통화량이 최소 몇 분이 넘어야 통신사 A를 선택했을 때 보다 이익인가?

통신사	월별 기본료	월별 무료통화	초과 1분당 통화료
A	40,000원	300분	60원
B	50,000원	400분	50원

① 500분

② 600분

③ 700분

④ 800분

01. ① 학생들의 평균 독서량은 5권이다.
② 남학생 중 독서량이 7권 이상인 학생은 F 한 명이다.
③ 여학생은 두 명이고 남학생 중 독서량이 7권 이상인 학생은 한 명이므로, 여학생이거나 독서량이 7권 이상인 학생은 세 명으로 전체 학생 수의 절반 이상이다.
④ 독서량이 2권 이상인 학생 중 남학생의 비율은 5분의 3이고 전체 학생 중 여학생의 비율은 3분의 1이므로 2배 이하이다.

답 ③

02. 통화량이 x분인 사람의 요금은
• 통신사 A의 경우
$40,000 + 60(x - 300)$,
• 통신사 B의 경우
$50,000 + 50(x - 400)$이므로
$50,000 + 50(x - 400)$
$< 40,000 + 60(x - 300)$일 때
A를 선택했을 때보다 더 이익이다.
∴ $x > 800$(분)

답 ④

언어논리력

chapter 03

언어관계를 파악하고 문제유형을 알아본다.

Section 01 | 단어관계

01 동의어

두 개 이상의 단어가 소리는 다르나 의미가 같아 모든 문맥에서 서로 대치되어 쓰일 수 있는 것을 동의어라고 한다. 동의어는 의미와 결합성의 일치로써 완전동의어와 의미의 범위가 서로 일치하지는 않으나 공통되는 부분의 의미를 공유하는 부분동의어로 구별된다.

완전동의어	둘 이상의 단어가 그 의미의 범위가 서로 일치하여 모든 문맥에서 치환이 가능하다. 예 사람 : 인간, 사망 : 죽음
부분동의어	의미의 범위가 서로 일치하지는 않으나 공통되는 어느 부분만 의미를 서로 공유하는 부분적인 동의어이다. 부분동의어는 일반적으로 유의어(類義語)라 불린다. 예 이유 : 원인

02 유의어

유의어는 뜻은 비슷하나 단어의 성격 등이 다른 경우에 해당하는 것이다. A와 B가 유의어라고 했을 때 문장에 들어 있는 A를 B로 바꾸면 문맥이 이상해지는 경우가 있다. 예를 들어 어머니, 엄마, 모친(母親)은 자손을 출산한 여성을 자식의 관점에서 부르는 호칭으로 유의어이다. 그러나 "어머니, 학교 다녀왔습니다."라는 문장을 "모친, 학교 다녀왔습니다."라고 바꾸면 문맥상 어색해진다.

03 동음이의어

둘 이상의 단어가 소리는 같으나 의미가 다를 때 동음이의어라고 한다. 동음이의어는 문맥과 상황에 따라, 말소리의 길고 짧음에 따라, 한자에 따라 의미를 구별할 수 있다.

예 밥을 먹었더니 배가 부르다. 과일 가게에서 배를 샀다. 항구에 배가 들어왔다.

04 다의어

하나의 단어에 뜻이 여러 가지인 단어로 대부분의 단어가 다의를 갖고 있기 때문에 의미 분석이 어려운 것이라고 볼 수 있다. 하나의 의미만 갖는 단의어 및 동음이의어와 대립되는 개념이다.

예 • 밥 먹기 전에 가서 손을 씻고 오너라. (신체)   • 너무 바빠서 손이 모자란다. (일손)

    • 우리 언니는 손이 큰 편이야. (씀씀이)   • 그 사람과는 손을 끊어라. (교제)

05 반의어

단어들의 의미가 서로 반대되거나 짝을 이루어 서로 관계를 맺고 있는 경우가 있다. 이러한 반의관계에 있는 어휘를 반의어라고 한다. 반의관계에서 중간 항이 허용되는 관계를 '반대관계'라고 하며, 중간 항이 허용되지 않는 관계를 '모순관계'라고 한다.

예 반대관계 : 크다 ↔ 작다, 모순관계 : 남자 ↔ 여자

06 상·하의어

단어의 의미 관계로 보아 어떤 단어가 다른 단어에 포함되는 경우를 '하의어 관계'라고 하고, 이러한 관계에 있는 어휘가 상의어·하의어이다. 상의어로 갈수록 포괄적이고 일반적이며, 하의어로 갈수록 한정적이고 개별적인 의미를 지닌다. 따라서 하의어는 상의어에 비해 자세하다.

상의어	다른 단어의 의미를 포함하는 단어를 말한다. **예** 꽃
하의어	다른 단어의 의미에 포함되는 단어를 말한다. **예** 장미, 국화, 맨드라미, 수선화, 개나리 등

예제문제풀이 상 · 하의어

01. 다음 제시된 단어와 의미가 유사한 단어를 고르시오.

> 협력

① 여유   ② 합세

③ 결말   ④ 분열

01. 협력 … 힘을 합하여 서로 도움
  ② 합세 : 흩어져 있는 세력을 한곳에 모음
  ① 여유 : 물질적 · 공간적 · 시간적으로 넉넉하여 남음이 있는 상태. 또는 느긋하고 차분하게 생각하거나 행동하는 마음의 상태
  ③ 결말 : 어떤 일이 마무리되는 끝
  ④ 분열 : 찢어져 나뉨. 또는 집단이나 단체, 사상 따위가 갈라져 나뉨

답 ②

Section 02 | 관용표현 및 생활어휘

01 관용표현

관용표현이란 둘 이상의 낱말이 합쳐져 원래의 뜻과는 전혀 다른 새로운 뜻으로 굳어져서 쓰이는 표현을 말한다.

예 발을 끊다 → 오가지 않거나 관계를 끊다
손이 크다 → 씀씀이가 후하고 크다

02 단위를 나타내는 말

① 길이

뼘	엄지손가락과 다른 손가락을 완전히 펴서 벌렸을 때에 두 끝 사이의 거리
발	한 발은 두 팔을 양옆으로 펴서 벌렸을 때 한쪽 손끝에서 다른 쪽 손끝까지의 길이
길	한 길은 여덟 자 또는 열 자로 약 3m에 해당함. 사람의 키 정도의 길이
치	길이의 단위. 한 치는 한 자의 10분의 1 또는 약 3.33cm
자	길이의 단위. 한 자는 한 치의 열 배로 약 30.3cm
리	거리의 단위. 1리는 약 0.393km
마장	거리의 단위. 오 리나 십 리가 못 되는 거리

② 부피

술	한 술은 숟가락 하나 만큼의 양
홉	곡식의 부피를 재기 위한 기구들이 만들어지고, 그 기구들의 이름이 그대로 부피를 재는 단위가 된다. '홉'은 그 중 가장 작은 단위(180ml에 해당)이며, 곡식 외에 가루, 액체 따위의 부피를 잴 때도 쓰임(10홉 = 1되, 10되 = 1말, 10말 = 1섬).
되	곡식이나 액체 따위의 분량을 헤아리는 단위. '말'의 10분의 1, '홉'의 10배이며, 약 1.8l
섬	곡식·가루·액체 따위의 부피를 잴 때 씀. 한 섬은 한 말의 열 배로 약 180l

③ 무게

돈	귀금속이나 한약재 따위의 무게를 잴 때 쓰는 단위. 한 돈은 한 냥의 10분의 1, 한 푼의 열 배로 3.75g
냥	한 냥은 귀금속 무게를 잴 때는 한 돈의 열 배이고, 한약재의 무게를 잴 때는 한 근의 16분의 1로 37.5g
근	고기나 한약재의 무게를 잴 때는 600g에 해당하고, 과일이나 채소 따위의 무게를 잴 때는 한 관의 10분의 1로 375g
관	한 관은 한 근의 열 배로 3.75kg

④ 낱개

개비	가늘고 짤막하게 쪼개진 도막을 세는 단위
그루	식물, 특히 나무를 세는 단위
닢	가마니, 돗자리, 멍석 등을 세는 단위
땀	바느질할 때 바늘을 한 번 뜬, 그 눈
마리	짐승이나 물고기, 벌레 따위를 세는 단위
모	두부나 묵 따위를 세는 단위
올(오리)	실이나 줄 따위의 가닥을 세는 단위
자루	필기 도구나 연장, 무기 따위를 세는 단위
채	집이나 큰 가구, 기물, 가마, 상여, 이불 등을 세는 단위
코	그물이나 뜨개질한 물건에서 지어진 하나하나의 매듭
타래	사리어 뭉쳐 놓은 실이나 노끈 따위의 뭉치를 세는 단위
톨	밤이나 곡식의 낱알을 세는 단위
통	배추나 박 따위를 세는 단위
포기	뿌리를 단위로 하는 초목을 세는 단위

⑤ 넓이

평	땅 넓이의 단위. 한 평은 여섯 자 제곱으로 약 $3.3058m^2$
홉지기	땅 넓이의 단위. 한 홉은 1평의 10분의 1
마지기	논과 밭의 넓이를 나타내는 단위. 한 마지기는 볍씨 한 말의 모 또는 씨앗을 심을 만한 넓이로, 지방마다 다르나 논은 약 150 ~ 300평. 밭은 약 100평 정도
되지기	넓이의 단위. 한 되지기는 볍씨 한 되의 모 또는 씨앗을 심을 만한 넓이로 한 마지기의 10분의 1
섬지기	논과 밭의 넓이를 나타내는 단위. 한 섬지기는 볍씨 한 섬의 모 또는 씨앗을 심을 만한 넓이로, 한 마지기의 10배이며, 논은 약 2,000평, 밭은 약 1,000평 정도
간	가옥의 넓이를 나타내는 말. '간'은 네 개의 도리로 둘러싸인 면적의 넓이로, 약 6자×6자 정도의 넓이

⑥ 수량

갓	굴비, 고사리 따위를 묶어 세는 단위. 고사리 따위 10모숨을 한 줄로 엮은 것
꾸러미	달걀 10개
동	붓 10자루
두름	조기 따위의 물고기를 짚으로 한 줄에 10마리씩 두 줄로 엮은 것을 세는 단위. 고사리 따위의 산나물을 10모숨 정도로 엮은 것을 세는 단위
벌	옷이나 그릇 따위가 짝을 이루거나 여러 가지가 모여 갖추어진 한 덩이를 세는 단위
손	한 손에 잡을 만한 분량을 세는 단위. 조기·고등어·배추 따위의 한 손은 큰 것과 작은 것을 합한 것을 이르고, 미나리나 파 따위 한 손은 한 줌 분량을 말함
쌈	바늘 24개를 한 묶음으로 하여 세는 단위
접	채소나 과일 따위를 묶어 세는 단위. 한 접은 채소나 과일 100개
제(劑)	탕약 20첩 또는 그만한 분량으로 지은 환약
죽	옷이나 그릇 따위의 10벌을 묶어 세는 단위
축	오징어를 묶어 세는 단위. 오징어 한 축은 20마리
켤레	신, 양말, 버선, 방망이 따위의 짝이 되는 2개를 한 벌로 세는 단위
쾌	북어 20마리
톳	김을 묶어 세는 단위. 김 한 톳은 100장

03 나이에 관한 어휘

나이	어휘	나이	어휘
10대	충년(沖年)	15세	지학(志學)
20세	약관(弱冠)	30세	이립(而立)
40세	불혹(不惑)	50세	지천명(知天命)
60세	이순(耳順)	61세	환갑(還甲), 화갑(華甲), 회갑(回甲)
62세	진갑(進甲)	70세	고희(古稀)
77세	희수(喜壽)	80세	산수(傘壽)
88세	미수(米壽)	90세	졸수(卒壽)
99세	백수(白壽)	100세	기원지수(期願之壽)

04 가족에 관한 호칭

구분	본인의 가족		타인의 가족	
	생전	사후	생전	사후
父(아버지)	家親(가친) 嚴親(엄친) 父主(부주)	先親(선친) 先考(선고) 先父君(선부군)	春府丈(춘부장) 椿丈(춘장) 椿當(춘당)	先大人(선대인) 先考丈(선고장) 先人(선인)
母(어머니)	慈親(자친) 母生(모생) 家慈(가자)	先妣(선비) 先慈(선자)	慈堂(자당) 大夫人(대부인) 萱堂(훤당) 母堂(모당) 北堂(북당)	先大夫人(선대부인) 先大夫(선대부)
子(아들)	家兒(가아) 豚兒(돈아) 家豚(가돈) 迷豚(미돈)		令郎(영랑) 令息(영식) 令胤(영윤)	
女(딸)	女兒(여아) 女息(여식) 息鄙(식비)		令愛(영애) 令嬌(영교) 令孃(영양)	

05 어림수를 나타내는 수사, 수관형사

한두	하나나 둘쯤	예 어려움이 한두 가지가 아니다.
두세	둘이나 셋	예 두세 마리
두셋	둘 또는 셋	예 사람 두셋
두서너	둘, 혹은 서너	예 과일 두서너 개
두서넛	둘 혹은 서넛	예 과일을 두서넛 먹었다.
두어서너	두서너	
서너	셋이나 넷쯤	예 쌀 서너 되
서넛	셋이나 넷	예 사람 서넛
서너너덧	서넛이나 너덧. 셋이나 넷 또는 넷이나 다섯	예 서너너덧 명
너덧	넷가량	예 너덧 개
네댓	넷이나 다섯가량	
네다섯	넷이나 다섯	
대엿	대여섯. 다섯이나 여섯가량	
예닐곱	여섯이나 일곱	예 예닐곱 사람이 왔다.
일여덟	일고여덟	예 과일 일여덟 개

예제문제풀이 어림수를 나타내는 수사, 수관형사

01. 다음 중 나이와 이름을 알맞게 짝지어진 것을 고르시오.

① 30세 – 이립(而立)

② 40세 – 지천명(地天命)

③ 50세 – 불혹(不惑)

④ 60세 – 환갑(還甲)

01. 환갑(環甲)은 61세이다.

　② 40세 : 불혹(不惑)

　③ 50세 : 지천명(地天命)

　④ 60세 : 이순(耳順)

답 ①

Section 03 | 어법

01 외래어 표기법

① 외래어는 국어의 현용 24자모만으로 적는다.

② 외래어의 1음운은 원칙적으로 1기호로 적는다.

③ 받침에는 'ㄱ, ㄴ, ㄹ, ㅁ, ㅂ, ㅅ, ㅇ'만을 쓴다.

④ 파열음 표기에는 된소리를 쓰지 않는 것을 원칙으로 한다.

⑤ 이미 굳어진 외래어는 관용을 존중하되, 그 범위와 용례는 따로 정한다.

02 자주 출제되지만 틀리기 쉬운 외래어 표기

잘못된 표기	올바른 표기	잘못된 표기	올바른 표기
초콜렛	초콜릿	요쿠르트	요구르트
부르조아	부르주아	카운셀링	카운슬링
비스켓	비스킷	플랭카드	플래카드
앰브란스	앰뷸런스	심포지움	심포지엄
스티로폴	스티로폼	팜플렛	팸플릿
상들리에	샹들리에	앵콜	앙코르
샌달	샌들	레미컨	레미콘
쇼파	소파	스폰지	스펀지
렌트카	렌터카	모라토리옴	모라토리엄

예제문제풀이 외래어 표기

01. 외래어 표기가 모두 옳은 것은?

① 뷔페 – 초콜렛 – 컬러

② 컨셉 – 서비스 – 위도

③ 파이팅 – 악세사리 – 리더십

④ 플래카드 – 로봇 – 캐럴

01. ① 초콜렛 → 초콜릿
　　② 컨셉 → 콘셉트
　　③ 악세사리 → 액세서리

답 ④

03 로마자 표기법

① 표기의 기본 원칙

  ㉠ 국어의 로마자 표기는 국어의 표준 발음법에 따라 적는 것을 원칙으로 한다.

  ㉡ 로마자 이외의 부호는 되도록 사용하지 않는다.

② 표기 일람

	단모음									
모음	ㅏ	ㅓ	ㅗ	ㅜ	ㅡ	ㅣ	ㅐ	ㅔ	ㅚ	ㅟ
	a	eo	o	u	eu	i	ae	e	oe	wi
	이중모음									
	ㅑ	ㅕ	ㅛ	ㅠ	ㅒ	ㅖ	ㅘ	ㅙ	ㅝ	ㅞ	ㅢ
	ya	yeo	yo	yu	yae	ye	wa	wae	wo	we	ui

	파열음								
자음	ㄱ	ㄲ	ㅋ	ㄷ	ㄸ	ㅌ	ㅂ	ㅃ	ㅍ
	g, k	kk	k	d, t	tt	t	b, p	pp	p
	파찰음								
	ㅈ			ㅉ			ㅊ		
	j			jj			ch		
	마찰음								
	ㅅ			ㅆ			ㅎ		
	s			ss			h		
	비음								
	ㄴ			ㅁ			ㅇ		
	n			m			ng		
	유음								
	ㄹ								
	r, l								

04 **높임 표현**

① **주체 높임법** : 용언 어간 + 선어말 어미 '-시-'의 형태로 이루어져 서술어가 나타내는 행위의 주체를 높여 표현하는 문법 기능을 말한다.

   예 선생님께서 그 책을 읽으셨(시었)다.

② **객체 높임법** : 말하는 이가 서술의 객체를 높여 표현하는 문법 기능을 말한다(드리다, 여쭙다, 뵙다, 모시다 등).

   예 나는 그 책을 선생님께 드렸다.

③ **상대 높임법** : 말하는 이가 말을 듣는 상대를 높여 표현하는 문법 기능을 말한다.

   ㉠ 격식체

등급	높임 정도	종결 어미	예
해라체	아주 낮춤	-아라	여기에 앉아라.
하게체	예사 낮춤	-게	여기에 앉게.
하오체	예사 높임	-시오	여기에 앉으시오.
합쇼체	아주 높임	-ㅂ시오	여기에 앉으십시오.

   ㉡ 비격식체

등급	높임 정도	종결 어미	예
해체	두루 낮춤	-아	여기에 앉아.
해요체	두루 높임	-아요	여기에 앉아요.

   ※ 공손한 뜻으로 높임을 나타낼 때는 선어말 어미 '-오-', '-사오-' 등을 쓴다.

   예 변변치 못하오나 선물을 보내 드리오니 받아 주십시오.

예제문제풀이 높임 표현

01. 다음 밑줄 친 부분의 높임 표현 중에서 그 용법이 다른 것은?

① 그저께는 할아버지께서 댁에 <u>계셨다</u>.
② 나는 어머니께 선물을 <u>드리고</u> 밖으로 나갔다.
③ 명절을 맞아 교수님을 <u>찾아뵈었다</u>.
④ 지수는 할머니를 집까지 <u>모시고</u> 와서 저녁을 대접했다. 럴

01. ① '계시다'를 통해 주체인 '할아버지'를 높이고 있으므로 주체 높임이 쓰였다.
   ② '드리다'를 통해 문장의 부사어로 쓰인 '어머니'를 높이고 있다.
   ③ '찾아뵙다'를 통해 문장의 목적어인 '교수님'을 높이고 있다.
   ④ '모시다'라는 특수 어휘를 통해 문장의 목적어인 '할머니'를 높이고 있다.

   답 ①

01 속담

- **가까운 제 눈썹 못 본다** : 멀리 보이는 것은 용케 잘 보면서도 자기 눈앞에 가깝게 보이는 것은 잘 못 본다.
- **가꿀 나무는 밑동을 높이 자른다** : 어떠한 일이나 장래의 안목을 생각해서 미리부터 준비를 철저하게 해 두어야 한다.
- **가난한 집 제사 돌아오듯 한다** : 힘들고 괴로운 일이 자주 닥쳐온다.
- **가난할수록 기와집 짓는다** : 가난할수록 업신여김을 당하기 싫어서 허세를 부린다.
- **가을에는 부지깽이도 덤빈다** : 바쁠 때는 모양이 비슷만 해도 사용된다.
- **가을 바람에 새털 날 듯 한다** : 가을 바람에 새털이 잘 날듯이 사람의 처신머리가 몹시 가볍다.
- **가지 따먹고 외수 한다** : 남의 눈을 피하여 나쁜 짓을 하고 시치미를 뗀다.
- **간다간다 하면서 아이 셋 낳고 간다** : 하던 일을 말로만 그만둔다고 하고서 실제로는 그만두지 못하고 질질 끈다.
- **갈치가 갈치 꼬리 문다** : 친근한 사이에 서로 모함한다.
- **감투가 크면 어깨를 누른다** : 실력이나 능력도 없이 과분한 지위에서 일을 하게 되면 감당할 수 없게 된다.
- **강아지 메주 먹듯 한다** : 강아지가 좋아하는 메주를 먹듯이 음식을 매우 맛있게 먹는다.
- **같은 값이면 다홍치마** : 같은 조건이라면 좀 더 좋고 편리한 것을 택한다.
- **개도 얻어맞은 골목에는 가지 않는다** : 한 번 실패한 경험이 있는 사람은 다시는 그 때의 전철을 밟지 않도록 경계한다.
- **개 못된 것은 들에 나가 짖는다** : 자기의 할 일은 하지 않고 쓸데없는 짓을 하는 사람을 말한다.
- **개미가 절구통을 물어 간다** : 개미들도 서로 힘을 합치면 절구통을 운반할 수 있듯이 사람들도 협동하여 일을 하면 불가능한 일이 없다.
- **개미 나는 곳에 범 난다** : 처음에는 개미만큼 작고 대수롭지 않던 것이 점점 커져서 나중에는 범같이 크고 무서운 것이 된다.
- **개살구가 먼저 익는다** : 개살구가 참살구보다 먼저 익듯이 악이 선보다 더 가속도로 발전하게 된다(개살구가 지레 터진다).
- **거미줄로 방귀동이 듯 한다** : 일을 함에 있어 건성으로 형용만 하는 체를 말한다.
- **게으른 놈 짐 많이 진다** : 게으른 사람이 일을 조금이라도 덜 할까 하고 짐을 한꺼번에 많이 지면 힘에 겨워 움직이지 못하므로 도리어 더 더디다.
- **경치고 포도청 간다** : 죽을 고비를 넘겨가면서도 또 제 스스로 고문을 당하려고 포도청을 가듯이 혹독한 형벌을 거듭 당한다.

- 군자는 입을 아끼고 범은 발톱을 아낀다 : 학식과 덕망이 높은 사람일수록 항상 말을 조심해서 한다.
- 굴러 온 돌이 박힌 돌 뺀다 : 외부에서 들어온 지 얼마 안 된 사람이나 물건이 원래의 것을 내쫓고 대치한다.
- 굽은 나무가 선산을 지킨다 : 쓸모없는 것이 도리어 소용이 된다.
- 굿하고 싶지만 맏며느리 춤추는 것 보기 싫다 : 무엇을 하려고 할 때 자기 마음에 들지 않는 미운 사람이 참여하여 기뻐함이 보기 싫어서 꺼려한다.
- 그물이 열 자라도 벼리가 으뜸이다 : 아무리 수가 많더라도 주장되는 것이 없으면 소용이 없다.
- 급하면 임금 망건 값도 쓴다 : 경제적으로 곤란에 빠지면 아무 돈이라도 있기만 하면 쓰게 된다.
- 기름 엎지르고 깨 줍는다 : 많은 손해를 보고 조그만 이익을 추구한다.

- 나무는 큰 나무 덕을 못 보아도 사람은 큰 사람의 덕을 본다 : 뛰어난 인물에게서는 알게 모르게 가르침이나 영향을 받게 된다.
- 내 발등의 불을 꺼야 아비 발등의 불을 끈다 : 급할 때는 남의 일보다 자기 일을 먼저 하기 마련이라는 뜻이다.
- 노름에 미치면 신주도 팔아먹는다 : 노름에 깊이 빠져든 사람은 노름 돈을 마련하기 위해 수단과 방법을 가리지 않고 나쁜 짓까지 해 가면서 노름하게 된다.
- 놀부 제사지내듯 한다 : 놀부가 제사를 지낼 때 제물 대신 돈을 놓고 제사를 지냈듯이 몹시 인색하고 고약한 짓을 한다.

- 다리가 위에 붙었다 : 몸체의 아래에 붙어야 할 다리가 위에 가 붙어서 쓸모 없듯이 일이 반대로 되어 아무 짝에도 소용이 없다.
- 다리 아래서 원을 꾸짖는다 : 직접 말을 못하고 안 들리는 곳에서 불평이나 욕을 한다.
- 대가리 삶으면 귀까지 익는다 : 제일 중요한 것만 처리하면 다른 것은 자연히 해결된다.
- 도깨비도 수풀이 있어야 모인다 : 의지할 곳이 있어야 무슨 일이나 이루어진다.
- 도둑놈 개 꾸짖듯 한다 : 남에게 들리지 않게 입 속으로 중얼거린다.
- 도둑은 뒤로 잡으랬다 : 도둑을 섣불리 앞에서 잡으려 하다가는 직접적으로 해를 당할 수 있기 때문에 뒤로 잡아야 한다.
- 도둑의 때는 벗어도 자식의 때는 못 벗는다 : 도둑의 누명은 범인이 잡히면 벗을 수 있으나 자식의 잘못을 그 부모가 지지 않을 수 없다.
- 독을 보아 쥐를 못 잡는다 : 독 사이에 숨은 쥐를 독 깰까봐 못 잡듯이 감정나는 일이 있어도 곁에 있는 사람 체면을 생각해서 자신이 참는다.
- 들은 풍월 얻은 문자다 : 자기가 직접 공부해서 배운 것이 아니라 보고 들어서 알게 된 글이라는 뜻이다.
- 등잔불에 콩 볶아 먹는 놈 : 어리석고 옹졸하며 하는 짓마다 보기에 답답한 일만 하는 사람을 말한다.

- 디딜방아질 삼 년에 엉덩이춤만 배웠다 : 디딜방아질을 오랫동안 하다보면 엉덩이춤도 절로 추게 된다.
- 떠들기는 천안(天安) 삼거리 같다 : 늘 끊이지 않고 떠들썩한 것을 말한다.
- 똥 싼 주제에 애화타령 한다 : 잘못하고도 뉘우치지 못하고 비위 좋게 행동하는 사람을 비웃는 말이다.

- 마디가 있어야 새순이 난다 : 어떤 일이든 특정한 계기가 있어야 참신한 일이 생긴다.
- 망건 쓰자 파장된다 : 일이 늦어져 소기의 목적을 이루지 못한다.
- 망신살이 무지갯 살 뻗치듯 한다 : 많은 사람으로부터 심한 원망과 욕을 먹게 되었을 때 쓰는 말이다.
- 망치로 얻어맞고 홍두깨로 친다 : 복수란 언제나 제가 받은 피해보다 더 무섭게 한다.
- 명태 한 마리 놓고 딴전 본다 : 곁에 벌여 놓고 있는 일보다는 딴 벌이하는 일이 있다.
- 물방아 물도 서면 언다 : 물방아가 정지하고 있으면 그 물도 얼듯이 사람도 운동을 하지 않고 있으면 건강이 나빠진다.

- 백일 장마에도 하루만 더 왔으면 한다 : 자기 이익 때문에 자기 본위로 이야기하는 것을 말한다.
- 뱁새는 작아도 알만 잘 낳는다 : 작아도 제 구실 못하는 법이 없다.
- 버들가지가 바람에 꺾일까 : 부드러워서 곧 바람에 꺾일 것 같은 버들가지가 끝까지 꺾이지 않듯이 부드러운 것이 단단한 것보다 더 강하다.
- 벌거벗고 환도 찬다 : 그것이 그 격에 어울리지 않음을 두고 이르는 말이다.
- 벙어리 재판 : 아주 곤란한 일을 말한다.
- 벼룩의 간에 육간 대청을 짓겠다 : 도량이 좁고 하는 일이 이치에 어긋남을 뜻한다.
- 변죽을 치면 복판이 울린다 : 슬며시 귀띔만 해 주어도 눈치가 빠른 사람은 곧 알아듣는다.
- 보리 주면 오이 안 주랴 : 제 것은 아끼면서 남만 인색하다고 여기는 사람에게 하는 말이다.
- 분다 분다 하니 하루 아침에 왕겨 석 섬 분다 : 잘한다고 추어주니까 무작정 자꾸 한다.
- 빛 좋은 개살구 : 겉만 그럴듯하고 실속이 없다.
- 뺨을 맞아도 은가락지 낀 손에 맞는 것이 좋다 : 이왕 욕을 당하거나 복종할 바에야 지위가 높고 덕망이 있는 사람에게 당하는 것이 낫다.

- 사람과 쪽박은 있는 대로 쓴다 : 살림살이를 하는 데 있어 쪽박이 있는 대로 다 쓰이고 사람도 다 제각기 쓸모가 있다.
- 사람 살 곳은 골골이 있다 : 이 세상은 어디에 가나 서로 도와주는 풍습이 있어 살아갈 수 있다.

- 사자 어금니 같다 : 사자의 어금니는 가장 요긴한 것이니 반드시 있어야만 하는 것을 말한다.
- 사주 팔자에 없는 관을 쓰면 이마가 벗어진다 : 제 분수에 넘치는 일을 하게 되면 괴롭다.
- 산 개가 죽은 정승보다 낫다 : 아무리 구차하고 천한 신세라도 죽는 것보다는 사는 것이 낫다.
- 산 밑 집에 방앗공이가 논다 : 그 고장 산물이 오히려 그곳에서 희귀하다.
- 산에 들어가 호랑이를 피하랴 : 이미 앞에 닥친 위험은 도저히 못 피한다.
- 산이 높아야 골이 깊다 : 원인이나 조건이 갖추어져야 일이 이루어진다.
- 산 호랑이 눈썹 : 도저히 얻을 수 없는 것을 얻으려 하는 것이다.
- 삼수 갑산을 가도 님 따라 가랬다 : 부부 간에는 아무리 큰 고생이 닥치더라도 같이 해야 한다.
- 삼촌 못난 것이 조카 짐만 지고 다닌다 : 체구는 크면서 못난 짓만 하는 사람을 비웃는 말이다.
- 새도 날려면 움츠린다 : 어떤 일이든지 사전에 만반의 준비가 있어야 한다.
- 새 옷도 두드리면 먼지 난다 : 아무리 청백한 사람이라도 속속들이 파헤쳐 보면 부정이 드러난다.
- 생나무에 좀이 날까 : 생나무에는 좀이 나지 않듯이 건실하고 튼튼하면 내부가 부패되지 않는다.
- 생 감도 떨어지고 익은 감도 떨어진다 : 늙은 사람만 죽는 것이 아니라 젊은 사람도 죽는다.
- 섣달 그믐날 개밥 퍼주듯 한다 : 섣달 그믐날은 먹을 것이 너무 많아서 개밥도 후하게 주듯이 남에게 음식을 후하게 준다.
- 섶을 지고 불로 들어가려 한다 : 짐짓 그릇된 짓을 하여 화를 더 당하려 한다.
- 소매 긴 김에 춤춘다 : 별로 생각이 없던 일이라도 그 일을 할 조건이 갖추어졌기 때문에 한다.
- 쇠가 쇠를 먹고 살이 살을 먹는다 : 동족끼리 서로 싸운다.
- 쇠가죽을 무릅쓰다 : 체면을 생각하지 아니한다.
- 숙수가 많으면 국수가 수제비 된다 : 일을 하는 데 참견하는 사람이 많으면 오히려 일을 그르치게 된다.
- 시루에 물 퍼붓기 : 아무리 비용을 들이고 애를 써도 효과가 나타나지 않는다.
- 신 신고 발바닥 긁기다 : 일하기는 해도 시원치 않다.
- 씻어놓은 흰 죽사발 같다 : 생김새가 허여멀건 한 사람을 말한다.

- 안방에 가면 시어머니 말이 옳고 부엌에 가면 며느리 말이 옳다 : 각각 일리가 있어 그 시비를 가리기 어렵다.
- 언 발에 오줌 누기 : 눈앞에 급한 일을 피하기 위해서 하는 임시변통이 결과적으로 더 나쁘게 되었을 때 하는 말이다.
- 얻은 떡이 두레 반이다 : 여기 저기서 조금씩 얻은 것이 남이 애써 만든 것보다 많다.
- 염불 못하는 중이 아궁이에 불 땐다 : 무능한 사람은 같은 계열이라도 가장 천한 일을 하게 된다.
- 오소리 감투가 둘이다 : 한 가지 일에 책임질 사람은 두 명이 있어서 서로 다툰다.
- 오동나무 보고 춤춘다 : 성미가 급하여 빨리 서둔다.
- 우박 맞은 호박잎이다 : 우박 맞아 잎이 다 찢어져 보기가 흉한 호박잎처럼 모양이 매우 흉측하다.

- 윷짝 가르듯 한다 : 윷짝의 앞뒤가 분명하듯이 무슨 일에 대한 판단을 분명히 한다.
- 이사가는 놈이 계집 버리고 간다 : 자신이 하는 일 중에서 가장 중요한 것을 잊어버렸거나 잃었다.
- 일단 먹기는 곶감이 달다 : 당장은 실속있고 이득이 되는 것 같지만 뒤에는 손해를 본다.

- 자는 범 침 주기 : 그대로 가만 두었으면 아무 일도 없었을 것을 공연히 건드려서 일을 저질러 위태롭게 된다.
- 자라 알 지켜보듯 한다 : 어떻게 일을 처리하려고 노력하지는 않고 그저 묵묵히 들여다 보고만 있다.
- 자루 속 송곳은 빠져나오게 마련이다 : 남들이 알지 못하도록 아무리 은폐하려 해도 탄로날 것은 저절로 탄로가 난다.
- 잔고기가 가시는 세다 : 몸집이 자그마한 사람이 속은 꽉 차고 야무지며 단단하다.
- 장구치는 놈 따로 있고 고개 까딱이는 놈 따로 있나? : 저 혼자서 할 수 있는 일을 남에게 나누어 하자고 할 때 핀잔주는 말이다.
- 적게 먹으면 명주요 많이 먹으면 망주라 : 모든 일은 정도에 맞게 하여야 한다.
- 접시 밥도 담을 탓이다 : 수단이나 성의를 다하면 어려운 일이라도 좋게 된다.
- 정성이 있으면 한식에도 세배 간다 : 마음에만 있으면 언제라도 제 성의는 표시할 수 있다.
- 주린 개 뒷간 넘겨다보듯 한다 : 누구나 배가 몹시 고플 때는 무엇이고 먹을 것을 찾기 위해 여기저기를 기웃거린다.
- 주인 많은 나그네 밥 굶는다 : 해 준다는 사람이 너무 많으면 서로 미루다가 결국 안 된다.
- 주인 모르는 공사 없다 : 무슨 일이든지 주장하는 사람이 모르면 안 된다.
- 죽 푸다 흘려도 솥 안에 떨어진다 : 일이 제대로 안 되어 막상 손해를 본 것 같지만 따지고 보면 결코 손해는 없다.
- 쥐 잡으려다가 장독 깬다 : 조그만 일을 하려다가 큰일을 그르친다.
- 지붕 호박도 못 따는 주제에 하늘의 천도 따겠단다 : 아주 쉬운 일도 못하면서 당치도 않은 어려운 일을 하겠다고 덤빈다.

- 참새가 허수아비 무서워 나락 못 먹을까 : 반드시 큰 일을 하려면 다소의 위험 정도는 감수해야 한다.
- 참외 장수는 사촌이 지나가도 못 본 척 한다 : 장사하는 사람은 인색하다.
- 책망은 몰래하고 칭찬은 알게 하랬다 : 남을 책망할 때에는 다른 사람이 없는 데에서 하고 칭찬할 때에는 다른 사람 보는 앞에서 하여 자신감을 심어주어야 한다.
- 처갓집에 송곳 차고 간다 : 처갓집 밥은 눌러 담았기 때문에 송곳으로 파야 먹을 수 있다는 말로, 처갓집에서는 사위 대접을 극진히 한다.

- 천둥에 개 놀라듯 한다 : 몹시도 놀라서 허둥대며 정신을 못 차리고 날뛴다.
- 천만 재산이 서투른 기술만 못하다 : 자기가 지닌 돈은 있다가도 없어질 수 있지만 한 번 배운 기술은 죽을 때까지 지니고 있기 때문에 생활의 안정을 기할 수 있다.
- 초사흘 달은 부지런한 며느리만 본다 : 부지런한 사람이 아니고서는 사소한 일까지 모두 헤아려서 살필 수 없다.
- 초상 술에 권주가 부른다 : 때와 장소를 분별하지 못하고 행동한다.
- 촌놈은 밥그릇 큰 것만 찾는다 : 무식한 사람은 어떠한 물건의 질은 무시하고 그저 양이 많은 것만 요구한다.
- 칠 년 가뭄에 하루 쓸 날 없다 : 오랫동안 날씨가 개고 좋다가도 모처럼 무슨 일을 하려고 하면 비가 온다.

- 콩 볶아 먹다가 가마솥 터뜨린다 : 작은 이익을 탐내다가 도리어 큰 해를 입는다.
- 콩 심은 데 콩 나고 팥 심은 데 팥 난다 : 원인에 따라서 결과가 생긴다.
- 콩으로 메주를 쑨다 하여도 곧이 듣지 않는다 : 거짓말을 잘하여 신용할 수 없다.

- 태산 명동에 서일필(泰山 鳴動에 鼠一匹) : 무엇을 크게 떠벌였는데 실제의 결과는 작다.
- 태산을 넘으면 평지를 본다 : 고생을 하게 되면 그 다음에는 즐거움이 온다.
- 털을 뽑아 신을 삼는다 : 자신의 온 정성을 다하여 은혜를 꼭 갚겠다.
- 토끼를 다 잡으면 사냥개를 삶는다 : 필요할 때에는 소중히 여기다가도 필요없게 되면 천대하고 없애 버린다.

- 평생 신수가 편하려면 두 집을 거느리지 말랬다 : 두 집 살림을 차리게 되면 대부분 집안이 항상 편하지 못하다.
- 포도청 문고리도 빼겠다 : 겁이 없고 대담한 사람을 말한다.
- 풍년거지 더 섧다 : 다른 사람들은 모두 잘 살아가는데, 혼자 고달프고 서러운 신세를 말한다.
- 핑계 없는 무덤 없다 : 무슨 일이라도 반드시 핑계거리는 있다.

- 함박 시키면 바가지 시키고, 바가지 시키면 쪽박 시킨다 : 어떤 일을 윗사람이 아랫사람에게 시키면 그는 또 제 아랫사람에게 다시 시킨다.
- 항우도 댕댕이 덩굴에 넘어진다 : 항우와 같은 장사라도 보잘 것 없는 덩굴에 걸려 낙상할 때가 있다는 말로 아무리 작은 일도 무시하면 실패하기 쉽다.
- 허허해도 빚이 열닷냥이다 : 겉으로는 호기 있게 보이나 속으로는 근심이 가득하다.
- 호랑이에게 개 꾸어 주기 : 빌려주면 다시 받을 가망이 없다.

ㄱ

- 家給人足(가급인족) : 집집마다 살림이 넉넉하고, 사람마다 의식에 부족함이 없음
- 街談巷說(가담항설) : 길거리나 항간에 떠도는 소문
- 苛斂誅求(가렴주구) : 조세 따위를 가혹하게 거두어들여, 백성을 못살게 들볶음
- 家無擔石(가무담석) : 담(擔)은 두 항아리, 석(石)은 한 항아리라는 뜻으로 집에 저축이 조금도 없음
- 可東可西(가동가서) : 이러나저러나 상관없음
- 佳人薄命(가인박명) : 여자의 용모가 아름다우면 운명이 기박함
- 刻骨難忘(각골난망) : 입은 은혜에 대한 고마움을 뼛속 깊이 새기어 잊지 않음
- 刻舟求劍(각주구검) : 판단력이 둔하여 세상일에 어둡고 어리석음
- 竿頭之勢(간두지세) : 댓가지 꼭대기에 서게 된 현상으로 어려움이 극도에 달하여 아주 위태로운 형세
- 敢不生心(감불생심) : 힘이 부치어 감히 마음을 먹지 못함
- 感之德之(감지덕지) : 몹시 고맙게 여김
- 甘呑苦吐(감탄고토) : 달면 삼키고 쓰면 뱉는다는 뜻으로 자신의 비위에 따라 사리(私利)를 꾀함
- 甲男乙女(갑남을녀) : 보통의 평범한 사람들
- 康衢煙月(강구연월) : 태평한 시대의 평화스러운 길거리의 모습
- 强近之親(강근지친) : 도와줄 만한 가까운 친척
- 江湖煙波(강호연파) : 강이나 호수 위에 안개처럼 보얗게 이는 잔물결
- 改過遷善(개과천선) : 지나간 허물을 고치고 착하게 됨
- 去頭截尾(거두절미) : 앞뒤의 사설을 빼놓고 요점만을 말함
- 車載斗量(거재두량) : 물건이나 인재 따위가 아주 흔하여 귀하지 않음
- 乾坤一擲(건곤일척) : 승패를 걸고 단판 승부를 겨룸
- 隔靴搔癢(격화소양) : 신을 신은 채 가려운 발바닥을 긁음과 같이 일의 효과를 나타내지 못함
- 牽强附會(견강부회) : 이치에 맞지 않는 말을 억지로 끌어 붙여 자신에게 유리하게 함
- 犬馬之勞(견마지로) : 임금이나 나라를 위하여 바치는 자기의 노력을 낮추어 말함
- 見物生心(견물생심) : 물건을 보면 욕심이 생김
- 見危致命(견위치명) : 나라의 위태로움을 보고는 목숨을 아끼지 않고 나라를 위하여 싸움
- 堅忍不拔(견인불발) : 굳게 참고 견디어 마음이 흔들리지 않음
- 結草報恩(결초보은) : 죽어 혼령이 되어도 은혜를 잊지 않고 갚음
- 經國濟世(경국제세) : 나라 일을 경륜하고 세상을 구함
- 傾國之色(경국지색) : 나라를 위태롭게 할 정도의 미인(美人)

- 輕佻浮薄(경조부박) : 마음이 침착하지 못하고 행동이 신중하지 못함
- 驚天動地(경천동지) : 하늘이 놀라고 땅이 흔들린다는 뜻으로 세상을 몹시 놀라게 함
- 鏡花水月(경화수월) : 거울에 비친 꽃과 물에 비친 달처럼 볼 수만 있고 가질 수 없는 것
- 鷄卵有骨(계란유골) : 뜻밖에 장애물이 생김
- 鷄鳴狗盜(계명구도) : 하찮은 재주 또는 그런 재주를 가진 사람
- 股肱之臣(고굉지신) : 자신의 팔, 다리와 같이 믿고 중하게 여기는 신하
- 孤掌難鳴(고장난명) : 손바닥 하나로는 소리가 나지 않는다는 뜻으로 상대가 없이 혼자 힘으로 일하기 어려움
- 苦盡甘來(고진감래) : 고생 끝에 낙이 온다는 말
- 曲學阿世(곡학아세) : 그릇된 학문을 하여 세속에 아부함
- 骨肉相殘(골육상잔) : 같은 혈족끼리 서로 다투고 해하는 것[骨肉相爭(골육상쟁)]
- 空手來空手去(공수래공수거) : 재물에 대한 욕심을 부릴 필요가 없음
- 誇大妄想(과대망상) : 사실보다 과대하게 평가하여 터무니없는 헛된 생각
- 過猶不及(과유불급) : 지나친 것은 미치지 못한 것과 같음
- 管鮑之交(관포지교) : 친구끼리의 매우 두터운 사귐
- 刮目相對(괄목상대) : 다른 사람의 학문이나 덕행이 크게 늘어남
- 矯角殺牛(교각살우) : 작은 일에 힘쓰다가 큰일을 망침
- 巧言令色(교언영색) : 교묘한 말과 보기 좋게 꾸민 얼굴 빛
- 膠柱鼓瑟(교주고슬) : 고지식하여 융통성이 없는 사람
- 敎學相長(교학상장) : 가르쳐 주거나 배우는 과정에서 함께 성장함
- 九十春光(구십춘광) : 노인의 마음이 청년같이 젊음
- 九折羊腸(구절양장) : 산길이 몹시 험하게 꼬불꼬불한 것
- 群鷄一鶴(군계일학) : 닭의 무리 속에 끼어 있는 한 마리의 학이란 뜻으로 평범한 사람 가운데서 뛰어난 사람
- 權謀術數(권모술수) : 목적 달성을 위해서는 인정이나 도덕을 가리지 않고 갖은 방법과 수단을 쓰는 술책
- 勸善懲惡(권선징악) : 착한 행실을 권장하고 악한 행실을 징계함
- 捲土重來(권토중래) : 한 번 실패에 굴하지 않고 몇 번이고 다시 일어남
- 近墨者黑(근묵자흑) : 나쁜 사람과 사귀면 그 버릇에 물들기 쉬움
- 金科玉條(금과옥조) : 금이나 옥같이 귀중한 법칙이나 규정
- 錦上添花(금상첨화) : 좋고 아름다운 것 위에 더 좋은 것을 더함
- 金石盟約(금석맹약) : 쇠와 돌같이 굳게 맹세하여 맺은 약속
- 錦衣還鄕(금의환향) : 타향에서 크게 성공하여 자기 집으로 돌아감
- 金枝玉葉(금지옥엽) : 임금의 자손이나 집안을 높여 이르거나 귀여운 자손

- 落井下石(낙정하석) : 다른 사람이 재앙을 당하면 도와주기는커녕 오히려 더 큰 재앙이 닥치도록 함
- 爛商公論(난상공론) : 여러 사람들이 모여서 충분히 의논함
- 難兄難弟(난형난제) : 사물의 우열을 가리기 어려움
- 南柯一夢(남가일몽) : 꿈과 같이 헛된 한때의 부귀영화
- 男負女戴(남부여대) : 가난에 시달린 사람들이 살 곳을 찾아 떠돌아 다님
- 南船北馬(남선북마) : 바쁘게 여기저기를 돌아다님
- 囊中之錐(낭중지추) : 재주가 뛰어난 사람은 숨어 있어도 저절로 사람들이 알게 됨
- 囊中取物(낭중취물) : 주머니 속의 물건을 꺼내는 것과 같이 매우 용이한 일
- 勞心焦思(노심초사) : 몹시 마음을 졸이는 것
- 綠衣紅裳(녹의홍상) : 곱게 차려 입은 젊은 아가씨의 복색을 뜻함
- 論功行賞(논공행상) : 공로를 논하여 그에 맞는 상을 줌
- 累卵之危(누란지위) : 달걀을 쌓아 놓은 것과 같이 매우 위태로움

- 多岐亡羊(다기망양) : 학문의 길이 다방면이어서 진리를 깨치기 어려움
- 多多益善(다다익선) : 많으면 많을수록 좋음
- 斷機之戒(단기지계) : 학문을 중도에 그만둔다는 것은 짜던 베의 끊음과 같음
- 簞食瓢飮(단사표음) : 변변치 못한 살림을 가리키는 말로 청빈한 생활을 이름
- 丹脣皓齒(단순호치) : 붉은 입술과 흰 이, 즉 미인의 얼굴
- 螳螂拒轍(당랑거철) : 제 분수도 모르고 강적에게 덤비는 무모한 행동거지
- 大器晩成(대기만성) : 큰 그릇은 이루어짐이 더디다는 뜻으로 크게 될 사람은 성공이 늦음
- 道聽塗說(도청도설) : 길거리에 떠돌아다니는 뜬소문
- 塗炭之苦(도탄지고) : 진흙탕이나 숯불에 빠져 몹시 고생스러움
- 東家食西家宿(동가식서가숙) : 먹을 곳, 잘 곳이 없이 떠도는 사람 또는 행동
- 棟樑之材(동량지재) : 기둥이나 들보가 될 만한 훌륭한 인재, 즉 한 집이나 한 나라의 요한 일을 맡을 만한 사람
- 同病相憐(동병상련) : 처지가 서로 비슷한 사람끼리 서로 동정하고 도움
- 東奔西走(동분서주) : 사방으로 이리저리 부산하게 돌아다님
- 同床異夢(동상이몽) : 같은 처지와 입장에서 저마다 딴 생각을 함
- 杜門不出(두문불출) : 세상과 인연을 끊고 출입을 하지 않음
- 得隴望蜀(득롱망촉) : 인간의 욕심은 한이 없음

- 磨斧爲針(마부위침) : 힘든 일이라도 끊임없는 노력과 인내가 있으면 성공함
- 馬耳東風(마이동풍) : 남의 말을 귀담아 듣지 않고 흘려 버림
- 萬頃蒼波(만경창파) : 한없이 넓고 푸른 바다
- 面從腹背(면종복배) : 겉으로는 순종하는 척하고 속으로 딴 마음을 먹음
- 明若觀火(명약관화) : 불을 보는 듯이 환하게 분명히 알 수 있음
- 命在頃刻(명재경각) : 곧 숨이 끊어질 지경에 이름
- 矛盾撞着(모순당착) : 같은 사람의 문장이나 언행이 앞뒤가 서로 어그러져서 모순됨
- 目不忍見(목불인견) : 차마 눈 뜨고 볼 수 없는 참상이나 꼴불견
- 無不通知(무불통지) : 무슨 일이든 모르는 것이 없음
- 門前成市(문전성시) : 집문 앞이 찾아오는 손님들로 가득 차서 시장을 이룬 것 같음
- 門前沃畓(문전옥답) : 집 앞 가까이에 있는 좋은 논, 즉 많은 재산을 말함

- 拍掌大笑(박장대소) : 손바닥을 치면서 크게 웃음
- 拔本塞源(발본색원) : 폐단의 근원을 아주 뽑아서 없애 버림
- 傍若無人(방약무인) : 언행이 방자하고 제멋대로 행동하는 사람
- 背恩忘德(배은망덕) : 은혜를 잊고 도리어 배반함
- 白骨難忘(백골난망) : 죽어서도 잊지 못할 큰 은혜를 입음
- 百年河淸(백년하청) : 아무리 세월이 가도 일을 해결할 희망이 없음
- 伯樂一顧(백락일고) : 남이 자기 재능을 알고 잘 대우함
- 白面書生(백면서생) : 한갓 글만 읽고 세상 일에 어두운 사람
- 百折不屈(백절불굴) : 아무리 꺾으려 해도 굽히지 않음
- 辟邪進慶(벽사진경) : 간사한 귀신을 물리치고 경사스러운 일로 나아감
- 夫唱婦隨(부창부수) : 부부 화합의 도리
- 附和雷同(부화뇌동) : 제 주견이 없이 남이 하는 대로 그저 무턱대고 따라함
- 粉骨碎身(분골쇄신) : 뼈가 가루가 되고 몸이 부서지도록 힘을 다하고 고생하며 일함
- 不共戴天之讐(불공대천지수) : 세상을 같이 살 수 없는 원수, 어버이의 원수
- 不問可知(불문가지) : 묻지 않아도 가히 알 수 있음
- 不問曲直(불문곡직) : 옳고 그름을 가리지 않고 함부로 일을 처리함
- 非夢似夢(비몽사몽) : 꿈인지 생시인지 알 수 없는 어렴풋함
- 氷炭之間(빙탄지간) : 얼음과 숯불처럼 서로 화합될 수 없음

- 四顧無親(사고무친) : 친척이 없어 의지할 곳 없이 외로움[四顧無人(사고무인)]
- 四面楚歌(사면초가) : 한 사람도 도우려는 자가 없이 고립되어 곤경에 처해 있음
- 四面春風(사면춘풍) : 항상 좋은 얼굴로 남을 대하여 누구에게나 호감을 삼
- 事必歸正(사필귀정) : 무슨 일이든지 결국은 옳은 대로 돌아감
- 死後藥方文(사후약방문) : 이미 때가 늦음
- 山海珍味(산해진미) : 산과 바다의 산물(産物)을 다 갖추어 썩 잘 차린 귀한 음식
- 殺身成人(살신성인) : 절개를 지켜 목숨을 버림
- 三顧草廬(삼고초려) : 인재를 얻기 위해 끈기 있게 노력함
- 三遷之敎(삼천지교) : 생활 환경이 교육에 있어 큰 구실을 함
- 桑田碧海(상전벽해) : 세상일의 변천이 심하여 사물이 바뀜
- 塞翁之馬(새옹지마) : 세상일은 복이 될지 화가 될지 예측할 수 없음
- 黍離之歎(서리지탄) : 세상의 영고성쇠가 무상함
- 仙姿玉質(선자옥질) : 용모가 아름답고 재질도 뛰어남
- 雪膚花容(설부화용) : 눈처럼 흰 살결과 꽃같이 예쁜 얼굴, 아름다운 여인의 모습
- 雪上加霜(설상가상) : 불행이 엎친 데 덮친 격으로 거듭 생김
- 說往說來(설왕설래) : 서로 변론(辯論)을 주고 받으며 옥신각신함
- 小隙沈舟(소극침주) : 작은 일을 게을리하면 큰 재앙이 닥치게 됨
- 首丘初心(수구초심) : 고향을 그리워하는 마음
- 壽福康寧(수복강녕) : 오래 살고 복되며 건강하고 편안함
- 袖手傍觀(수수방관) : 마땅히 해야 할 일에 그저 옆에서 보고만 있는 것
- 水深可知 人心難知(수심가지 인심난지) : 물의 깊이는 알 수 있으나 사람의 속마음은 헤아리기가 어려움
- 水魚之交(수어지교) : 교분이 매우 깊은 것[君臣水魚(군신수어)]
- 誰怨誰咎(수원수구) : 남을 원망하거나 책망할 것이 없음
- 脣亡齒寒(순망치한) : 서로 돕던 이가 망하면 다른 한쪽 사람도 함께 위험함
- 是是非非(시시비비) : 옳고 그름을 가림
- 識字憂患(식자우환) : 아는 것이 탈이라는 말로 학식이 있는 것이 도리어 근심을 사게 됨
- 身言書判(신언서판) : 사람됨을 판단하는 네 가지 기준, 신수(身手), 말씨, 문필, 판단력
- 心心相人(심심상인) : 마음에서 마음을 전한다는 뜻으로, 묵묵한 가운데 서로 마음이 통함
- 十匙一飯(십시일반) : 여러 사람이 힘을 합하면 한 사람을 쉽게 도울 수 있음

- 阿鼻叫喚(아비규환) : 참혹한 고통 가운데에서 살려 달라고 울부짖는 상태
- 我田引水(아전인수) : 제 논에 물대기. 자기에게 유리하도록 행동하는 것
- 安貧樂道(안빈낙도) : 빈궁한 가운데 편안하게 생활하여 도(道)를 즐김
- 眼下無人(안하무인) : 태도가 몹시 거만하여 모든 사람을 업신여김
- 暗中摸索(암중모색) : 확실한 방법을 모르는 채 이리저리 시도해 봄
- 羊頭狗肉(양두구육) : 겉모양은 훌륭하나 속은 변변치 않음
- 梁上君子(양상군자) : 도둑을 미화(美化)한 말
- 漁父之利(어부지리) : 둘이 다투는 사이에 제3자가 이득을 보는 상황
- 言中有骨(언중유골) : 예사로운 말 속에 깊은 뜻이 있음
- 如履薄氷(여리박빙) : 살얼음을 밟는 듯 아슬아슬하고 불안한 지경을 비유하여 말함
- 如反掌(여반장) : 손바닥을 뒤집는 것과 같이 매우 쉬움
- 緣木求魚(연목구어) : 나무에 올라가 물고기를 구하듯 불가능한 일을 하고자 함
- 寤寐不忘(오매불망) : 자나깨나 잊지 못함
- 烏飛梨落(오비이락) : 까마귀 날자 배 떨어진다는 뜻으로 공교롭게도 어떤 일이 같은 때에 일어나 남의 의심을 받게 됨
- 傲霜孤節(오상고절) : 서릿발 속에서도 굴하지 않고 외로이 지키는 절개, 국화
- 五十步百步(오십보백보) : 양자 간에 차이는 있으나 본질적으로는 같음
- 吳越同舟(오월동주) : 사이가 좋지 못한 사람끼리도 자기의 이익을 위해서는 행동을 같이 함
- 溫故知新(온고지신) : 옛 것을 익히고 나아가 새 것을 앎
- 臥薪嘗膽(와신상담) : 원수를 갚고자 고생을 참고 견딤
- 樂山樂水(요산요수) : 자연을 즐기고 좋아함
- 窈窕淑女(요조숙녀) : 마음씨가 얌전하고 자태가 아름다운 여자
- 欲速不達(욕속부달) : 일을 속히 하려고 하면 도리어 이루지 못함
- 龍頭蛇尾(용두사미) : 처음엔 그럴 듯하다가 끝이 부진한 현상
- 雲泥之差(운니지차) : 주로 사정이 크게 다를 경우나 서로의 차이가 매우 심함
- 有備無患(유비무환) : 어떤 일에 미리 준비가 있으면 걱정이 없음
- 唯我獨尊(유아독존) : 이 세상에는 나보다 더 잘난 사람이 없다고 뽐냄
- 流言蜚語(유언비어) : 근거 없는 좋지 못한 말
- 泣斬馬謖(읍참마속) : 큰 목적을 위해 아끼는 사람을 버림
- 以心傳心(이심전심) : 마음과 마음이 서로 통함
- 二律背反(이율배반) : 서로 모순되는 명제(命題)
- 李下不整冠(이하부정관) : 남에게 의심받을 일을 하지 않도록 주의하라는 말

- 耳懸鈴 鼻懸鈴(이현령 비현령) : 귀에 걸면 귀걸이, 코에 걸면 코걸이
- 益者三友(익자삼우) : 사귀어 이롭고 보탬이 되는 세 벗으로 정직한 사람, 신의 있는 사람, 학식 있는 사람
- 因果應報(인과응보) : 좋은 일에는 좋은 결과가, 나쁜 일에는 나쁜 결과가 따름
- 一擧兩得(일거양득) : 하나의 행동으로 두 가지의 성과를 거두는 것
- 一網打盡(일망타진) : 한꺼번에 모조리 다 잡음
- 一魚濁水(일어탁수) : 한 사람의 악행으로 여러 사람이 그 해를 입게 됨
- 一場春夢(일장춘몽) : 인생의 영화(榮華)는 한바탕의 봄꿈과 같이 헛됨
- 日就月將(일취월장) : 나날이 다달이 진보함
- 一筆揮之(일필휘지) : 단숨에 글씨나 그림을 줄기차게 쓰거나 그림

- 自家撞着(자가당착) : 자기의 언행이 전후 모순되어 들어맞지 않음
- 自繩自縛(자승자박) : 자신이 한 말이나 행동 때문에 자기가 얽매이게 됨
- 張三李四(장삼이사) : 평범한 사람
- 賊反荷杖(적반하장) : 잘못한 사람이 도리어 잘한 사람을 나무라는 경우에 쓰는 말
- 戰戰兢兢(전전긍긍) : 몹시 두려워 벌벌 떨면서 조심함
- 轉禍爲福(전화위복) : 궂은 일을 당하였을 때 그것을 잘 처리하여 좋은 일이 되게 하는 것
- 切磋琢磨(절차탁마) : 학문과 덕행을 갈고 닦음
- 漸入佳境(점입가경) : 점점 더 재미있는 경지로 들어감
- 頂門一鍼(정문일침) : 따끔한 비판이나 충고, 교훈
- 井底之蛙(정저지와) : 우물 안 개구리로 견문이 좁고 세상 형편을 모름
- 糟糠之妻(조강지처) : 가난을 참고 고생을 같이 하며 남편을 섬긴 아내
- 朝令暮改(조령모개) : 법령을 자꾸 바꾸어서 종잡을 수 없음
- 朝三暮四(조삼모사) : 눈앞에 당장 나타나는 차별만 알고 그 결과가 같음을 모름
- 鳥足之血(조족지혈) : 새 발의 피, 양이 아주 적음
- 左顧右眄(좌고우면) : 무슨 일에 얼른 결정을 짓지 못함[左右顧眄(좌우고면)]
- 坐不安席(좌불안석) : 마음에 불안이나 근심 등이 있어 한 자리에 오래 앉아 있지 못함
- 晝耕夜讀(주경야독) : 낮에 일하고 밤에 공부함. 바쁜 틈을 타서 어렵게 공부를 함
- 主客顚倒(주객전도) : 주되는 것과 종속되는 것의 위치가 뒤바뀜
- 走馬加鞭(주마가편) : 잘하는 사람에게 더 잘하도록 하는 것
- 走馬看山(주마간산) : 바빠서 자세히 보지 못하고 지나침
- 竹馬故友(죽마고우) : 죽마를 타고 놀던 벗, 어릴 때 같이 놀던 친한 친구
- 竹杖芒鞋(죽장망혜) : 먼 길을 떠날 때의 간편한 차림

- 衆寡不敵(중과부적) : 적은 수효로는 많은 수효를 대적하지 못함
- 衆口難防(중구난방) : 뭇사람의 말을 실로 막기는 어려움
- 重言復言(중언부언) : 한 말을 자꾸 되풀이 함
- 地鹿爲馬(지록위마) : 윗사람을 농락하여 권세를 마음대로 함
- 支離滅裂(지리멸렬) : 갈갈이 흩어지고 찢기어 갈피를 잡을 수 없음
- 知足不辱(지족불욕) : 모든 일에 분수를 알고 만족하게 생각하면 모욕을 받지 않음
- 盡人事待天命(진인사대천명) : 노력을 다한 후에 천명을 기다림
- 進退維谷(진퇴유곡) : 꼼짝할 수 없는 궁지에 빠짐[進退兩難(진퇴양난)]
- 嫉逐排斥(질축배척) : 시기하고 미워하여 물리침

- 創業易守成難(창업이수성난) : 어떤 일을 시작하기는 쉬우나, 이룬 것을 지키기는 어려움
- 滄海桑田(창해상전) : 세상일이 덧없이 바뀜[桑田碧海(상전벽해)]
- 滄海一粟(창해일속) : 넓은 바다에 떠 있는 한 알의 좁쌀, 아주 큰 물건 속에 작고 하찮은 것
- 天高馬肥(천고마비) : 하늘이 높고 말이 살찐다는 뜻으로 가을철
- 千慮一得(천려일득) : 아무리 바보같은 사람일지라도 한 가지쯤은 좋은 생각이 있음
- 千慮一失(천려일실) : 여러 번 생각하여 신중하게 한 일에도 때로는 한 가지 실수가 있음
- 天方地軸(천방지축) : 너무 바빠서 두서를 잡지 못하고 허둥대는 모습
- 泉石膏肓(천석고황) : 고질병이 되다시피 산수 풍경을 좋아함
- 千衣無縫(천의무봉) : 천사의 옷은 기울 데가 없다는 뜻으로 문장이 훌륭하여 손댈 곳이 없을 만큼 잘 되었음
- 千仞斷崖(천인단애) : 천 길이나 되는 깎아지른 듯한 벼랑
- 千紫萬紅(천자만홍) : 여러 가지 빛깔의 꽃이 만발함
- 千載一遇(천재일우) : 천 년에나 한 번 만날 수 있는 기회, 즉 좀처럼 얻기 어려운 기회
- 徹頭徹尾(철두철미) : 머리에서 꼬리까지 투철함. 처음부터 끝까지 투철함
- 靑天霹靂(청천벽력) : 맑게 갠 하늘에서 치는 벼락, 뜻밖에 생긴 사건
- 靑出於藍(청출어람) : 쪽에서 우러난 푸른빛이 쪽보다 낫다는 뜻으로 제자가 스승보다 더 뛰어남
- 草綠同色(초록동색) : 풀과 녹색은 같은 빛으로 같은 처지의 사람들은 그들끼리 함께 행동함
- 寸鐵殺人(촌철살인) : 간단한 말로도 사람을 실망시키거나 감동하게 할 수 있음
- 春秋筆法(춘추필법) : 대의명분을 밝히어 세우는 사실의 논법
- 醉生夢死(취생몽사) : 아무 뜻과 이룬 일도 없이 한평생을 흐리멍덩하게 살아감
- 七顚八起(칠전팔기) : 여러 번 실패해도 굽히지 않고 분투함
- 七縱七擒(칠종칠금) : 자유자재의 전술, 상대를 마음대로 함
- 針小棒大(침소봉대) : 바늘을 몽둥이라고 말하듯 과장해서 말함

- 他山之石(타산지석) : 다른 사람의 하찮은 언행일지라도 자기의 지덕을 연마하는 데에 도움이 됨
- 卓上空論(탁상공론) : 실현성이 없는 허황된 이론
- 太剛則折(태강즉절) : 너무 강하면 부러지기 쉬움
- 泰山北斗(태산북두) : 세상사람들에게 남에게 존경받는 뛰어난 존재
- 兎營三窟(토영삼굴) : 자신의 안전을 위하여 미리 몇 가지 술책을 마련함
- 吐盡肝膽(토진간담) : 솔직한 심정을 숨김없이 모두 말함

- 波瀾萬丈(파란만장) : 인생을 살아가는 데 있어 기복과 변화가 심함
- 波瀾重疊(파란중첩) : 일의 진행에 있어서 온갖 변화나 난관이 많음
- 破竹之勢(파죽지세) : 대를 쪼개는 것처럼 거침없이 나아가는 세력
- 弊袍破笠(폐포파립) : 해진 옷과 부서진 갓, 너절하고 구차한 차림새
- 抱腹絶倒(포복절도) : 배를 안고 몸을 가누지 못할 정도로 몹시 웃음
- 風樹之嘆(풍수지탄) : 부모가 이미 세상을 떠나 효도할 수 없음을 한탄함
- 風前燈火(풍전등화) : 바람 앞의 등불처럼 매우 위급한 경우에 놓여 있음
- 風餐露宿(풍찬노숙) : 큰일을 이루려는 사람이 고초를 겪는 모양
- 匹夫匹婦(필부필부) : 평범한 남자와 평범한 여자
- 必有曲折(필유곡절) : 반드시 어떠한 까닭이 있음

- 夏爐冬扇(하로동선) : 여름의 화로와 겨울의 부채라는 뜻으로 쓸모없는 재능
- 下石上臺(하석상대) : 임시변통으로 이리저리 둘러맞춤
- 鶴首苦待(학수고대) : 학의 목처럼 목을 길게 늘여 몹시 기다림
- 漢江投石(한강투석) : 한강에 돌 던지기라는 뜻으로 지나치게 미미하여 전혀 효과가 없음
- 緘口無言(함구무언) : 입을 다물고 아무런 말이 없음
- 含哺鼓腹(함포고복) : 배불리 먹고 즐겁게 지냄
- 咸興差使(함흥차사) : 심부름을 시킨 뒤 아무 소식이 없거나 회답이 더딜 때 쓰는 말
- 孑孑單身(혈혈단신) : 의지할 곳 없는 외로운 홀몸
- 螢雪之功(형설지공) : 고생하면서도 꾸준히 학문을 닦은 자세와 보람
- 糊口之策(호구지책) : 살아갈 방법. 그저 먹고 살아가는 방책

이해력

언어관계를 파악하고 문제유형을 알아본다.

Section 01 | 문장배열

01 글의 구성 요소

단어	분리하여 자립적으로 쓸 수 있는 말이나 이에 준하는 말이나 그 말의 뒤에 붙어서 문법적 기능을 나타내는 말이다.
문장	생각이나 감정을 말로 표현할 때 완결된 내용을 나타내는 최소의 단위로, 주어와 서술어를 갖추고 있는 것이 원칙이나 생략될 수도 있다.
문단	글에서 하나로 묶을 수 있는 짤막한 단위로, 한 편의 글은 여러 개의 문단으로 구성된다.
글	어떤 생각이나 일 따위의 내용을 문자로 나타낸 기록이다.

02 문단의 짜임

중심 문장	하나의 문단에서 나타내고자 하는 중심 내용이 담긴 문장이다.
뒷받침 문장	중심 문장의 내용을 효과적으로 전달하기 위해 보조적으로 쓰인 문장이다.

03 설명문과 논설문의 구조

① 설명문 : 처음 - 중간 - 끝

처음	설명할 대상, 배경, 동기, 목적, 방법 등을 제시하는 단계로, 독자의 관심을 불러일으키는 역할을 한다.
중간	다양한 설명 방법을 활용하여 설명하고자 하는 지식과 정보를 이해하기 쉽게 풀이하는 단계이다.
끝	중간부분에서 설명한 내용을 요약 · 정리하고 마무리하는 단계이다.

② 논설문 : 서론 – 본론 – 결론

서론	글을 쓰는 동기와 목적을 밝히고, 문제를 제기하는 단계이다.
본론	여러 가지 근거를 들어 자신이 주장하려는 바를 증명하는 단계로, 제시하는 근거의 타당성에 대한 검증이 필요하다.
결론	주장하는 내용을 요약하고 확인 · 강조하는 단계이다.

04 접속어

관계	내용	접속어의 예
순접	앞의 내용을 이어받아 연결시킴	그리고, 그리하여, 이리하여
역접	앞의 내용과 상반되는 내용을 연결시킴	그러나, 하지만, 그렇지만
인과	앞뒤의 문장을 원인과 결과로 또는 결과와 원인으로 연결시킴	그래서, 따라서, 그러므로
전환	뒤의 내용이 앞의 내용과는 다른 새로운 생각이나 사실을 서술하여 화제를 바꾸며 이어줌	그런데, 그러면, 다음으로, 한편
예시	앞의 내용에 대해 구체적인 예를 들어 설명함	예컨대, 이를테면, 예를 들면
첨가 · 보충	앞의 내용에 새로운 내용을 덧붙이거나 보충함	그리고, 더구나, 게다가
대등 · 병렬	앞뒤의 내용을 같은 자격으로 나열하면서 이어줌	그리고, 또는, 및, 혹은
확언 · 요약	앞의 내용을 바꾸어 말하거나 간추려 짧게 요약함	요컨대, 즉, 결국, 말하자면

예제문제풀이 문장배열

01. 다음 문장을 순서대로 바르게 나열한 것은?

> (가) 에너지는 일을 할 수 있는 능력이고 에너지 자원은 일을 할 수 있는 능력을 가진 물질이나 현상을 말한다.
> (나) 마라톤 경기에서 결승선까지 달려온 선수들의 지친 모습을 보면서 우리는 그들이 에너지를 다 써 버렸다고 말한다.
> (다) 도로 위를 달리는 트럭은 에너지 자원인 연료를 태워서 에너지를 발생시키고 이 에너지로 바퀴를 굴려 무거운 짐을 먼 곳까지 운반하는 일을 한다.
> (라) 여기서 에너지란 무슨 뜻일까?

① (나) – (라) – (가) – (다)
② (라) – (가) – (나) – (다)
③ (가) – (다) – (라) – (나)
④ (다) – (나) – (가) – (라)

01. (나) 에너지에 대한 일반적인 사용 예시
(라) 문제 제기
(가) 에너지의 의미와 에너지 자원의 의미
(다) (가)의 사례

답 ①

Section 02 | 주제 및 중심내용 찾기

01 핵심어

① 설명문의 내용 또는 제목 내의 중요한 내용을 요약한 핵심적인 단어 또는 문구를 핵심어라고 한다.

② 글의 처음이나 마지막 부분의 문장이 열쇠가 되는 경우가 많다.

③ 핵심어는 반복 사용되는 경향이 있다.

02 주제 파악하기의 과정

① 형식 문단의 내용을 요약한다.

② 내용 문단으로 묶어 중심 내용을 파악한다.

③ 각 내용 문단의 중심 내용 간의 관계를 이해한다.

④ 전체적인 주제를 파악한다.

03 주제를 찾는 방법

① 주제가 겉으로 드러난 글(설명문, 논설문 등)

 ㉠ 글의 주제 문단을 찾는다. 주제 문단의 요지가 주제이다.

 ㉡ 대개 3단 구성이므로 끝 부분의 중심 문단에서 주제를 찾는다.

 ㉢ 중심 소재(제재)에 대한 글쓴이의 입장이 나타난 문장이 주제문이다.

 ㉣ 제목과 밀접한 관련이 있음에 유의한다.

② 주제가 겉으로 드러나지 않는 글(문학적인 글)

 ㉠ 글의 제재를 찾아 그에 대한 글쓴이의 의견이나 생각을 연결시키면 바로 주제를 찾을 수 있다.

 ㉡ 제목이 상징하는 바가 주제가 될 수 있다.

 ㉢ 인물이 주고받는 대화의 화제나 화제에 대한 의견이 주제일 수도 있다.

 ㉣ 글에 나타난 사상이나 내세우는 주장이 주제가 될 수도 있다.

 ㉤ 시대적 · 사회적 배경에서 글쓴이가 추구하는 바를 찾을 수 있다.

01. 다음 글의 주제로 가장 적절한 것은?

법률 분야에서 특이한 점은 외국법에 낯가림이나 배타적 정서가 심하지 않다는 것이다. 어떤 경우는 오히려 적극적으로 외국법을 가져와 자기 나라에서 국내법으로 변형하여 사용하려 한다. 왜냐하면 주로 선진 법제를 가진 국가의 법은 오랜 기간 효과적으로 운용되어 살아남은 것이므로 충분히 주목할 가치가 있기 때문이다. 사실 법은 수시로 폐기되고 신설된다. 그런데 수정 조항 등을 거쳐 현실 속에서 잘 기능하고 있다면 그 법의 유용성은 검증된 것이나 다름없다. 후발 주자 입장에서는 선진 법제를 참고하여 법률을 제정하는 것이 여러모로 효율적이고 시행착오를 줄이는 길이다. 검증된 유효성이 설익은 독창성보다 중요하기 때문이다. 그러므로 어떤 법을 보면 외국법이나 국내법이나 그 내용이 대동소이한 경우가 많다. 단지 자국의 언어로 표현했다는 점만 다를 뿐, 실질적으로는 같은 내용의 법인 것이다. 이와 같이 선진 법제를 도입하는 형식으로 외국법을 자주 차용하는 영역에서는 국내법과 외국법이 하나로 융합되어 있다고 볼 수 있다.

① 외국법과 국내법의 융합
② 외국법을 받아들이는 우리의 태도
③ 법률제정의 시행착오를 줄이는 법
④ 외국법을 국내법으로 변형하여 사용하는 이유

01. ① 마지막 문장에서 이 글의 주제를 알 수 있다.

답 ①

Section 03 | 진위판별 및 내용추론

01 세부 내용 파악하기

① 제목을 확인한다.

② 주요 내용이나 핵심어를 확인한다.

③ 지시어나 접속어에 유의하며 읽는다.

④ 중심 내용과 세부 내용을 구분한다.

⑤ 내용 전개 방법을 파악한다.

⑥ 사실과 의견을 구분하여 내용의 객관성과 주관성 파악한다.

02 추론하며 읽기

① 글 속에 명시적으로 드러나 있지 않은 내용, 과정, 구조에 관한 정보를 논리적 비약 없이 추측하거나 상상하며 읽는다.

② 문장의 연결 관계를 통하여 생략된 정보를 추측한다.

③ 뜻이 분명하지 않은 문장의 의미를 자신의 배경 지식을 활용하여 정확하게 파악한다.

④ 글에 제시되어 있는 내용을 바탕으로 글 속에 분명히 드러나 있지 않은 중심 내용이나 주제를 파악한다.

⑤ 문맥의 흐름을 기준으로 문단의 연결 관계를 정확하게 파악한다.

⑥ 글의 조직 및 전개 방식을 기준으로 글 전체의 계층적 구조를 정확하게 파악한다.

예제문제풀이 진위판별 및 내용추론

01. 다음 글의 내용으로 추론할 수 없는 것은?

> 개인이 서로 의지하고 상호관계를 인식하는 곳에 공동사회가 존재한다. 공동사회에 소속된 사람들은 습관이나 전통에 따라 행동하며, 직접적 혜택을 통해서 보상받지 못하더라도 다른 이들을 위해서 무언가를 한다. 그러나 이익사회는 평화로운 방식으로 평등하게 생계를 꾸리고 함께 살아가는 개인들의 집단이다. 개인들이 관계를 맺는다 할지라도 그들은 서로 의존하지 않고 분리된 채 존재한다. 이익사회에서는 자신의 행위에 따른 최소한의 적절한 증여나 서비스가 보상으로 제공되지 않는 한 그 누구도 타인을 위해 무언가를 하지 않는다. 그러므로 이익사회는 자발적, 현실적 참여가 가능한 개인들의 집합체라 할 수 있다. 이러한 사실을 검토해 볼 때 우리는 문화 발전 과정에서 두 시대가 차례로 이어진다는 결론에 도달하게 된다.

① 공동사회에서 개인들은 사적인 관계를 맺는 것이 일반적이다.
② 이익사회 시대에는 공동사회 시대보다 사회 규모가 확대되었다.
③ 오늘날 공동사회는 완전히 사라졌다.
④ 이익사회 시대는 공동사회 시대보다 시장경제가 발전했다.

01. 마지막 문장에서 두 시대가 차례로 이어진다고 했으므로 ③의 내용은 옳지 않다.

답 ③

공간지각력

여러 문제 유형을 통하여 공간지각력을 확인해본다.

Section 01 | 도형 회전

01 제시된 도형과 다른 것 찾기

주어진 도형을 90°, 180°, 270° 등 다양한 각도로 회전시켰을 때 나타날 수 없는 형태를 고르는 유형이다.

예제문제풀이 제시된 도형과 다른 것 찾기

01. 다음 제시된 도형과 다른 것을 고르면?

①

②

③

④

01. ② 그림을 제시된 도형과 같은 위치로 돌려보면 오른쪽과 같은 모양이 된다. 왼쪽 삼각형의 모양이 다른 것을 알 수 있다.
① 제시된 그림을 오른쪽으로 90° 회전시킨 모양이다.
③ 제시된 그림을 왼쪽으로 90° 회전시킨 모양이다.
④ 제시된 그림을 180° 회전시킨 모양이다.

답 ②

같은 도형 찾기

보기로 제시된 네 가지 도형을 회전시켜 서로 같은 도형을 찾는 유형이다.

예제문제풀이 같은 도형 찾기

01. 다음 그림 중에서 회전시켰을 때 서로 일치하는 도형을 고르면?

①

②

③

④

01. ② ▲의 모양이 다르다.
　　④ 2의 위치가 다르다.

답 ①③

02. ①②④는 회전관계이다.
　　③은 모양이 다른 그림이다.

답 ③

02. 다음 중 나머지 셋과 다른 것을 고르시오.

①

②

③

④

Section 02 | 블록

01 블록 개수 세기

① 쌓아놓은 블록의 개수를 세는 유형의 경우 보이지 않는 부분을 추리하는 능력이 요구된다.

② 바닥면부터 각 층별로 블록 개수를 세어 맨 꼭대기 층까지의 블록 개수를 더해주는 방식으로 문제를 푸는 것이 효과적이다.

예제문제풀이 블록 개수 세기

01. 아래에 제시된 그림과 같이 쌓기 위해 필요한 블록의 수는?

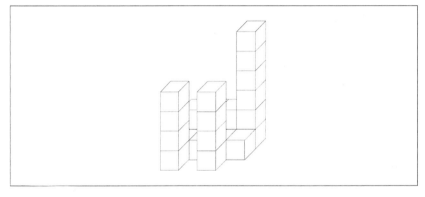

① 18   ② 20

③ 22   ④ 24

01. 제시된 그림을 따라 블록을 세어보면 총 24개이다.
   따라서 그림과 같이 쌓기 위한 블록의 개수는 ④이다.

답 ④

🔷02 방향에 따른 블록 모양 파악하기

방향에 따라 블록이 어떻게 보이는지 묻는 유형의 경우, 해당 방향에서 보았을 때 왼쪽에서 오른쪽으로 각 열별 블록의 높이를 숫자로 적어놓고 문제를 풀면 빠르고 정확하게 해결이 가능하다.

예제문제풀이 방향에 따른 블록 모양 파악하기

01. 아래에 제시된 블록들을 화살표 표시한 방향에서 바라봤을 때의 모양으로 알맞은 것은? (단, 바라보는 시선의 방향은 블록의 면과 수직을 이루며 원근에 의해 블록이 작게 보이는 효과는 고려하지 않는다.)

01. 제시된 그림을 오른쪽에서 본다고 가정하면 ②가 나타나게 된다.

답 ②

※ 블록은 모양과 크기는 모두 동일한 정육면체

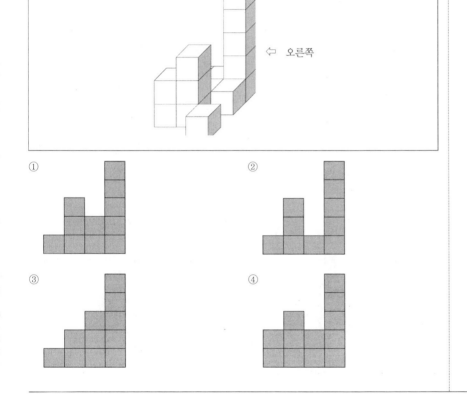

Section 03 | 전개도

01 기본적인 전개도의 모양

이름	입체도형	전개도
정사면체		
정육면체		
정팔면체		
정십이면체		
정이십면체		

02 **정육면체의 전개도**

정육면체의 전개도는 대략 다음의 11가지로 볼 수 있다. 각 유형의 전개도에 따라 마주보는 위치에 오는 면을 암기해 둔다면 보다 빠르게 문제를 풀 수 있다.

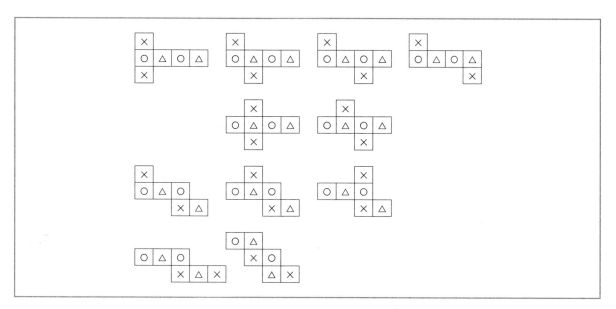

예제문제풀이 정육면체의 전개도

01. 다음 전개도를 접었을 때 만들어질 도형으로 올바른 것은?

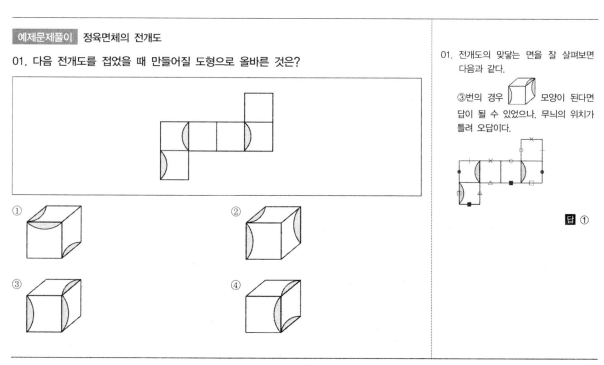

01. 전개도의 맞닿는 면을 잘 살펴보면 다음과 같다.

③번의 경우 ▨ 모양이 된다면 답이 될 수 있었으나, 무늬의 위치가 틀려 오답이다.

답 ①

Section 04 | 펀칭·절단면

01 펀칭

① 종이의 접힌 면을 잘 살펴본다.

② 접힌 면을 중심으로 펀칭구멍이 대칭으로 생긴다는 것을 염두한다.

③ 펀칭 순서를 역으로 추리해나간다.

예제문제풀이 펀칭

01. 다음 그림과 같이 화살표 방향으로 종이를 접은 후, 펀치로 구멍을 뚫어 다시 펼친 그림은?

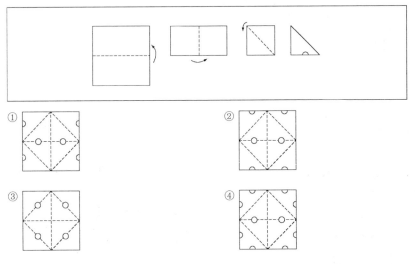

01. 역으로 순서를 유추해보면 다음 그림 과 같다. 접힌 면을 항상 염두해야 한다.

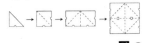

답 ①

---

02 절단면

① 원기둥은 밑면과 수직이 되도록 세로로 자르면 절단면은 직사각형 또는 정사각형이 된다.

② 원기둥을 밑면과 평행하도록 자르면 절단면은 원이 된다.

③ 원기둥을 비스듬하게 자르면 절단면은 타원형의 모습이 된다.

④ 구를 중심을 지나도록 단면으로 자르면 절단면은 원이 된다.

⑤ 구를 중심을 지나지 않는 단면으로 자르면 절단면은 타원이 된다.

예제문제풀이 절단면

01. 다음 입체도형을 평면으로 잘랐을 때 생기는 단면의 모양이 아닌 것은?

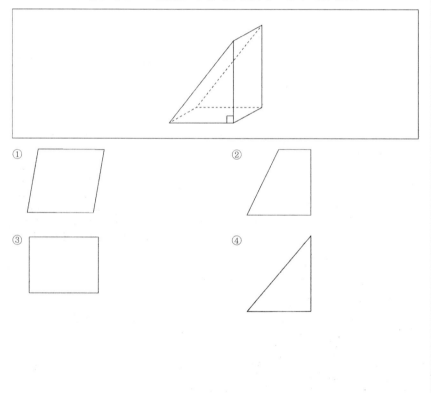

① ② ③ ④

01. 도형은 도형은 여러 가지 모양으로 자를 수 있는데 아래의 그림처럼 각각 ②로 자르면 사다리꼴 모양, ③으로 자르면 직사각형 모양, ④로 자르면 삼각형 모양이 나오게 된다.

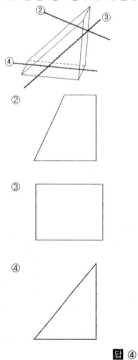

② ③ ④

답 ④

Section 05 | 회전체

01 동일한 전개도로 만들 수 있는(없는) 회전체 찾기

예제문제풀이 동일한 전개도로 만들 수 있는(없는) 회전체 찾기

01. 다음 중 동일한 전개도로 만들 수 없는 것은?

①

②

③

④

01. 회전체 맨 아래 부분의 길이가 ①②
④에 비해 짧다.

답 ③

---

02 축을 중심으로 회전시켰을 때의 회전체 찾기

예제문제풀이 축을 중심으로 회전시켰을 때의 회전체 찾기

01. 상자 안의 도형을 제시된 축을 중심으로 회전시켰을 때 생기는 입체의 모양은?

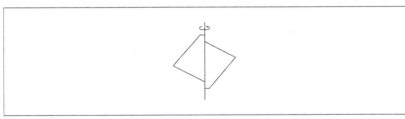

①

②

③

④

01. 회전축을 중심으로 두 도형이 서로
어긋난 모양으로 만나고 있다. 맨 위
와 맨 아래는 원기둥의 모양이 만들
어지게 되며, 옆면은 뾰족한 부분과
들어간 부분이 생기게 된다. ②번은
위아래에 원기둥의 모양이 생기지
않았기 때문에 오답이다.

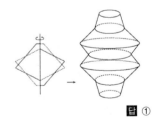

답 ①

관찰탐구력

문자 · 기호 · 숫자를 비교하여 다른 점을 찾아낼 수 있다.

Section 01 | 기호 · 문자 · 숫자 비교

숫자 · 문자 · 기호 등을 불규칙하게 나열해 놓고 좌우를 비교하는 유형이다. 시각적인 차이점을 정확히 찾아내는 능력을 파악하며, 비교적 간단한 문제들이 출제된다. 그러나 빠르게 찾아낼 수 있는 집중력이 더욱 필요한 파트이다. 한글, 알파벳, 로마자, 세 자리 숫자, 전각기호 등이 나왔고, 아랍어도 출제되었다. 사전에 비슷한 유형의 문제를 풀어보는 것이 중요하며 가장 직관적으로 접해야 한다. 전체적인 것을 보고 문제를 해결하면 안 되며, 특징적인 부분을 파악하여 해결하는 연습을 하면 빠른 시간 안에 풀 수 있다.

예제문제풀이 기호 · 문자 · 숫자 비교

01. 짝지어진 문자가 서로 다른 것은?

① abcdefghijklmn − abcdefghijklmn
② 가갸거겨고교구규그기 − 가갸거겨고교구규그기
③ 13421423455543 − 13421423455543
④ 小貪大失 − 小償大失

01. ①②③④를 좌우를 비교했을 때, ④는 '小貪大失 − 小償大失' 밑줄 친 글자가 다르다. 이렇게 양쪽을 비교하는 문제가 출제된다.

답 ④

02. 짝지어진 문자가 서로 다른 것은?

① 日就月將非夢似夢 − 日就月將非夢似夢
② 舊態依然九折羊腸 − 舊態依然九折羊腸
③ 塞翁之馬指鹿爲馬 − 塞翁之馬指鹿馬爲
④ 茫茫大海壯元及第 − 茫茫大海壯元及第

02. ①②③④를 좌우를 비교했을 때, ③은 '塞翁之馬指鹿爲馬 − 塞翁之馬指鹿馬爲' 밑줄 친 글자의 위치가 바뀌어 있다.

답 ③

Section 02 | 특정 문자 · 숫자 · 기호 찾기

큰 지문에 다양한 문자 · 숫자 · 기호들을 섞어놓고 문제에서 제시한 문자 · 숫자 · 기호를 지문 안에서 찾는 유형이다. 제시되지 않은 문자 또는 모형 고르기, 제시된 문자 또는 기호가 모두 몇 번 제시되었는지 개수 찾기 등이 있다.

예제문제풀이 특정 문자 · 숫자 · 기호 찾기

01. 다음에서 자극은 몇 번 제시되었나?

자각	자폭	자갈	자의	자격	자립	자유
자기	자극	자녀	자주	자성	자라	자랑
자조	자색	자만	자취	자수	자동	자존
자극	자진	자주	자라	자진	자해	자극

① 1번   ② 2번

③ 3번   ④ 4번

02. 다음 〈보기〉를 참고하여 제시된 단어가 바르게 표기된 것을 고르시오.

〈보기〉

1=이   2=상   3=대   4=명   5=학
6=공   7=생   8=교   9=경   0=보

대 명 공 이 생 상

① 3 4 6 1 7 2   ② 3 9 0 1 2 7

③ 3 4 0 1 2 7   ④ 3 9 6 1 7 2

---

01. 아래의 표를 보면 자극은 두 번 제시되었다.

자각	자폭	자갈	자의	자격	자립	자유
자기	<u>자극</u>	자녀	자주	자성	자라	자랑
자조	자색	자만	자취	자수	자동	자존
<u>자극</u>	자진	자주	자라	자진	자해	<u>자극</u>

답 ③

02. 대 명 공 이 생 상 – <u>3 4 6 1 7 2</u>

답 ①

MEMO

MEMO